이익상문학전집 Ⅳ
평론·기타

최 명 표 편

신아출판사

일러두기

- 『전집 4』는 성해 이익상의 평론과 산문을 한데 모았다.
- 이익상은 「廢墟 雜記」(『폐허』, 1921. 1)에서 '처녀시 여러 편'을 발표한다고 했으나, 시작품은 수록하지 않았다. 그는 『폐허』 창간 후에 동인으로 참가한 것으로 보인다.

이익상 전집을 펴내며

성해 이익상은 일제시대에 활약했던 소설가이자 비평가, 언론인이었다. 그는 전주에서 태어난 뒤, 일본 유학을 거쳐 언론인으로 생을 마감하였다. 그가 문학에 뜻을 둔 것은 유학생활 중으로 추측된다. 그는 일본에서 발행되던 유학생 잡지의 편집 일을 담당하였고, 그들과 교유하면서 자연스럽게 문학을 통한 구국 의지를 다졌을 것이다. 그런 점에서 그는 이 나라에 근대문학을 일으켰던 일본 유학생파의 선두 그룹에 속한다. 실제로 그는 언론사에 재직하는 동안에 작품을 발표하는 한편, 후배 문인들에게 발표 지면을 제공하는 데 힘을 기울였다.

그는 이 나라의 문학이 근대적 성격을 갖추어 갈 무렵에 태어났다는 사실을 운명으로 받아들이고 무거운 책무를 느꼈다. 그가 사회주의 운동 단체에 가입한 것이나, 카프의 발기에 참가한 것 등은 모두 이와 같은 시대적 소임에 충실하기 위함이었다. 우리는 그의 일거수일투족에 대해 삼가 경의를 표함과 동시에, 문학인의 자세를 배워야 할 것이다. 그것만이 젊은 나이에 유명을 달리한 그의 영전에 부끄러움을 짓지 않는 일이며, 나태해지기 쉬운 문학의 길을 걷는 명분을 얻는 일일 터이다.

이익상은 소설을 발표하면서 비평가의 역할을 동시에 감당하였다. 당시 몇 안 되는 지식인으로서의 소설가였던 그에게 비평의 임무는 시대적 당위라고 생각한다.

끝으로 이 전집을 만들어준 분과 읽어준 분들에게 고마움을 표한다. 적어도 그들은 이익상의 문학적 위상을 한국현대문학사에서 제대로 평가하는 분들이라 생각한다. 그런 분들이 있기 때문에, 번잡스럽고 지루하기 그지없는 전집 편찬 작업이 계속되는 것이다. 문학 연구는 그러한 애정에서 비롯됨은 말할 것도 없다.

2011년 새봄을 맞으며
편자 씀

차 례

성해 이익상 전집을 펴내며
일러두기

亡友 崔鶴 君의 追憶 ………………………………………… 7
『廢墟』雜記 …………………………………………………… 11
憑虛 君의「貧妻」와 牧星 君의「그날 밤」을 읽은 印象 ……… 13
藝術的 良心이 缺如한 우리 文壇 …………………………… 20
建設 途中에 잇는 우리 文壇을 爲하야 ……………………… 35
苦言 二三 ……………………………………………………… 43
生活의 傀儡 …………………………………………………… 48
童話에 나타난 朝鮮 情調 …………………………………… 52
文學運動을 하려거든 좀 더 活氣를 내보자 ………………… 58
十一月 創作評 ………………………………………………… 60
明年度 文壇에 對한 希望과 豫想 …………………………… 68
思想 文藝에 대한 片想 ……………………………………… 69
中學 時代 追憶 — 廉想涉論 ………………………………… 74
文藝의 永遠性 ………………………………………………… 76
親切이 적은 文壇 ……………………………………………… 82
三號室의 半身像 ……………………………………………… 83
文壇 散話 ……………………………………………………… 85
錯誤된 批評 …………………………………………………… 89
劇化하는 合評會 ……………………………………………… 101
運命의 戀愛 …………………………………………………… 104
現實 生活을 붓잡은 뒤에 …………………………………… 107
尹心悳 情死에 關하야 ………………………………………… 108
婦人 運動者와 會見記 ………………………………………… 112
沈滯된 半島 文壇 振興策 …………………………………… 129

그러케 問題삼을 것은 업다	130
어린이날을 當하야 — 少年運動의 統一을 提함	131
점잖은 態度를 變하지 말라	133
『키일흔 帆船』 前篇을 마치고	134
現下 出版과 文化	135
旅行地에서 본 女子의 印象, 異常한 奇緣	145
文壇 誹議에 對한 是非	150
닑히기 爲한 小說 — 新機運이 온 新聞小說을 봄	153
生活을 爲한 藝術	157
백모님과 싸우고	158
浪花의 凱歌를 쌀하 發動船도 一片 飄葉	160
高麗時에 水軍鎭, 海賊團의 小王國	163
南面島中 第一位, 天賦 寶庫의 安島	165
周衣廢止論 實行, 炎天에 黑色 바지	167
棺材 微祿도 간곳 업고, 生活苦의 叫呼만 騷然	169
鼎立한 三島를 擁據튼 英帝國의 雄大한 軍艦	171
能文之士 輩出로 '巨文'이라 島名 改稱	173
自我 忘却도 病弊	176
보고 생각하는 데서	179
祝辭	180
하로 時間을 엇더케 쓰나	181
當찬은 女性에게 抗議를 바더	182
半島 八景	185
저녁 산보	186

生活의 奇蹟 ··· 187
이쭐 저쭐 ··· 190
『짓밟힌 眞珠』와 내 心境 ·· 192
雅號의 由來 ·· 194
讀者 여러분께 보내는 名士 諸氏의 年頭感, 年賀狀 代身으로 ······ 195
一問一答記 ·· 196
白頭山 가는 길에 ··· 197
文士 座談會 ·· 199
술 업스면 다른 것으로 ·· 215
금년은 이러케 합시다 ·· 216
稱號부터 不可當 ··· 217
現代人의 心境 打診 ·· 219
海外로 遠走하려고 ·· 220
셰집 어드러 ·· 222
建設 途中의 國都 新京 ·· 223
各界 各人 新年 誌上 멘탈 테스트 ······························ 225

부록

생활 중심 문학의 선구적 모습 — 이익상론 ·················· 228
李益相 연보 ·· 250
이익상 작품 목록 ··· 254
연구 목록 ··· 257

亡友 崔彛 君의 追憶

　나는 亡友 崔 君을 생각한다. 서리바람이 나뭇가지에 놉흔 長々秋夜에 明月을 對할 때며, 狂亂과 暴雨가 거츠러 지난 봄날 아침에 閒暇히 허터지는 落花를 볼 때에, 戀人을 遠鄕에 두고 자나깨나 애처러히 생각하는 戀人의 생각과 갖이 나는 나의 사랑하든 故友, 나를 사랑하든 崔 君을 追憶한다. 遠鄕에 잇는 戀人을 사모하는 戀人의 생각에는 그래도 그 戀人에 對하여 엇더한 希望이 있고 期待가 있을 것이다만은, 나의 亡友를 생각함에는 그러한 希望도 없고 期待도 없다. 한갓 그를 생각하고 슬픈 회포를 禁치 못할 따름이다.
　君이 살어있섯드면 君이 至今토록 다른 사람이 갖은만콤의 壽命을 갖이고 娑婆에 있섯드면 하고, 내가 君을 爲하여 斷腸의 情을 禁치 못하며 愛情하고 恨歎함은 다만 君과 사랑하든 友誼로만 그러함도 안이요, 그 平和로운 얼골만을 對하고 십허 그러함도 안이다. 또한 나의 슯흔 懷抱는 父母를 여읜 孤兒의 슯음도 안이요, 喪妻나 僧寡의 슯음도 안이요, 愛兒를 일은 獨夫의 원통함도 안이다. 그와 갖은 才分을 가진 崔 君이 우리 暗黑한 社會에 아모 光明도 주지 못하고 살어진 것을 愛惜히 녁이며 슯어하는 것이다. 그 天才의 詩人의 氣質을 크게 發揮하여 보지 못하고, 天與한 珠玉을 가삼에 품은 채 그대로 이 世上을 떠나게 됨을 君을 爲하여 앗가워하고 슯어하며, 沈滯하고 寂寞한 우리 文壇과 思想界를 둘너볼 때에 더욱 痛歎함을 말지 안이 한다. 이러한 崔 君의 머리에 死의 運命을 내린 하날을 야속히 역일 따름이다.
　아! 떠나가든 君도 매우 戀々한 바이 잇엇슬 것이오, 애차라운 생각을 하엿슬 것이다. 君이 萬一 우리 쓸쓸한 社會를 도라보고, 또한 여러 사람의 自己에 對한 바램이 如何함을 알엇스면, 君은 파리한 가슴을 손으로 얼으만즈며『아々 主여! 〈 다만 얼마 동안이라도 이 불상하고 可憐한

罪人에게 좀더 生命을 주시옵소서.』하고 哀願하엿슬 것이다.

君과 肝膽을 相照하며 지낸 期間은 겨우 二年 동안에 不過하며, 그의 참 生涯를 아는 것도 그만한 동안이다. 내가 恒常 君을 爲하여 애차러운 생각을 하며 숨은 눈물을 흘니는 것도 그 二年 동안에 얻은 바, 모든 印象에서 일어나게 함이다. 君이 東京에 受學하게 된 以後의 思想 變遷이며 內外的 生活의 變化는 勿論 내의 想像에 지내지 못하나, 짧은 동안에 본 바 君은 人生을 모다 쓸々하고 冷薄하다고 크게 悲觀하엿섯다. 生을 極端으로 否定하엿섯다. 그는 말끗마다『나는 悲觀합니다. 이 人生이 이런 것을 咀呪합니다. 生에 齷齪하는 것을 크게 웃습니다.』하엿섯다. 글월마다『아! 나는 寂寞합니다. 나는 無人 絶島에서 大陸을 바라보는 것 갓습니다. 내에게는 이 世上에 對하여 愛着할 아모 것도 없읍니다. 兄이여! 〱 사랑하여 주시오. 나는 兄을 사랑합니다.』하엿섯다.

사람에게 사랑을 들이고 사랑을 바드냐는 것이 君의 唯一한 慰安이오, 君을 孤寂에서 救하여내는 光明이엇섯다. 君은 또한 그와 갓흔 熱情의 사람이엇섯다. 君은 누구든지 사랑하엿섯다. 그의 아모 惡意업고 平和로운 사랑이 뚝々 듯는 듯한 얼골을 接하는 누구든지 그의 사랑에 醉치 안이 할 수 업섯다. 君은 生來에 모든 사람에게 親愛를 받을 豊富한 素質을 갖고 왓섯다. 君은 愛의 덩어리이엇다. 愛의 덩어리(塊)를 意志의 날카로운 칼(刃)과 끌(鑿)로 깎으며 파서 만드러 노은 彫刻의 傑作品이라 할 것이다.

君은 그와 갓이 人生을 悲觀하며 生을 否定하면서도 사랑으로써 모든 것을 對하엿섯다. 사랑이 極度에 達하면 悲觀할 것이다. 不合理한 現實 社會가 愛에 타올으는 君으로 하여금 失望과 悲觀의 菴에 이르게 한 것은 勢의 自然함이라 할는지? 君은 겨울 얼어한 눈바람 불든 아침에 홋옷을 입고 배곯어 보이는 乞人이 떨니는 목소리로 털外套 입고 馬車를 모라가는 貴族인가 富豪에게『한 푼 줍시오.』哀乞하다가, 그자의 날카로운 책죽으로 손을 어더맛고『아이고! 아이고!』부르지々든 것을 보고, 그날 終日 울엇다고 한다. 君은 不平을 말할 때마닥 이것을 말하엿섯다. 君은 참으로 로맨틱이엿섯다. 조곰 슬픈 일을 當하면 잘 울엇섯다. 나는 故友를 생각할 제마닥 그에 對한 모든 印象이 幻影갓치 나타난다.

　君은 술이 醉하면 더 잘 울엇섯다. 나는 그때의 일을 至今것 明瞭하게 記憶한다. C 君이 東京에로 修學次 登程하랴든 數日 前의 밤이엇섯다. C 君은 崔 君과 역시 特別한 諒解를 갖이고 서로 사랑하든 사이엇섯다.

　彛 君은 自己와 C 君과의 親愛함을 내에게 말할 때에는 반다시 『나는 참으로 C을 이즐 수 업서요. 그는 眞情으로 나를 사랑합니다. 諒解합니다. 내가 病으로 있을 때에, 그는 靑石골 그의 집에서 湯藥을 自己가 親히 다려서 親히 들고 壽洞까지 와서 나를 勸하엿습니다. 나는 그 藥의 效驗보다도, 그의 사랑의 힘이 나의 病을 쉬웁게 낫도록 한 줄노 압니다.』 하엿다.

　多情하고 多恨한 君은 사랑하는 C 君을 보내게 됨에 勿論 크게 슬퍼하엿섯다. 그래서 同志들이 明洞 어느 집에서 섭々한 情을 잔술노 C 君을 보내게 되엿섯다. 崔 君은 섭々한 情을 이기지 못하여 亂酌하엿섯다. 君은 席上에서 북밧처 나오는 울음을 門 밖에로 홀노 나아가니 담을 부둥켜안고 소리를 내어 늣기어 울엇다. 輓留하는 C 君의 손목을 붓들고 『나는 엇지 하라고! 나는 엇지 하라고!』 하소연하면서, 엉々〻 울든 그 모양이 어느 때에든지 이즐 수 업다. 나도 不知中에 쌀어 울엇섯다.

　아! 君이여! 多情한 君이여! 多恨한 君이여! 그와 갓이 사랑하든 모든 무리를 바리고, 生命으로 알든 모든 사람의 사랑을 물니치고 홀노 다시 도라올 수 업는 길을 떠날 때, 얼마나 슯어하엿스며 얼마나 戀々하엿스랴!

　君아! 愛의 덩어리엇든 君아! 不平을 咀呪하든 君아! 人生을 悲觀하든 君아! 君이 生命갓치 알든 사람으로 이 世界는 이 人類는 化하랴는 徵兆가 보엿다. 君이 날마다 不公平하다 不合理하다 咀呪하든 이 社會는 張次 合理的으로 平和로 化하랴는 一條의 光明이 朦朧한 地平線上에서 擡頭하랴 한다. 君은 스사로 慰勞하고 깃버할 지어다. 君이 이것을 멀니 내려다볼 때에, 그 平和로운 그대의 얼골에는 會心의 微笑가 나터날 줄을 내가 안다.

君이 平日에 付託한 바를 어더케 하자든 바를 君이 娑婆에 잇지 안이함으로 忘却치는 아니 하엿다. 君아! 安心하라. 君이 모든 사랑하는 사람은 한갈가티 努力한다. 아아! 君이여 깃버할 지어다.

—『학지광』, 1921. 1.

『廢墟』雜記

廢墟는 永遠한 沈默이다. 이 釋墨의 意味를 언더스탠드할 수 잇는 者라야 廢墟를 論할 수 잇슬 것이다. 廢墟는 永遠한 沈默의 雄辯이다. 이 말업는 雄辯을 드를 수 잇는 이라야 우리의 벗일 것이다.

廢墟에선 우리의 몸은 썰닌다. 過去 人類의 先驅, 우리 祖上의 偉大한 努力, 文化, 繁榮을 思하야 斷腸의 念을 못 견대고, 현재 우리의 墮落, 衰殘, 無能, 無爲에 마음이 압흐다.

그러나 우리는 우리의 빈터―우리의 집, 우리의 나라, 우리의 쌍을 그대로 이대로 바려두고 십지는 안타. 우리는 復活의 曙光을 보고자 한다. 偉大한 未來를 創造코자 한다. 우리는 이 말할 수 업는 絶對命令의 欲求와 타오르는 情熱과 衝動에 뛰여 廢墟 우에 섯다. 廢墟 우에 서고 보니 過去는 杳然하야 우리의 가슴은 漠々하고, 현재는 荒凉하야 우리의 눈물을 자올닐 뿐이다.

우리는 이 말할 수 업는 心的 懊惱와 苦痛을 우리 가슴에 무겁게 품고 눈물 가지고 廢墟에 섯다. 날은 점을고 갈길 머-ㄴ 나그네의 心懷를 禁할 수 업다. 그러나 因循 姑息을 우리의 미워하는 바요, 彷徨 躊躇는 우리의 禁物이다. 우리의 生命은 未來에 잇다. 未來의 生命이 過去와 現在의 延長, 持續임은 勿論이겟다. 그러나 우리의 要求하는 새로운 生命은 오직 未來에 잇다. 過去와 現在는 有限하다.

그러나 未來는 無窮하다. 우리는 永遠한 未來에 살고자 한다.
『新生命은 廢墟로서 피여난다.』고 詩人은 말햇다. 이 말은 眞理일 것이다. 우리는 그것을 確信한다. 우리는 이 밋음 우에 서々 나가고자 한다. 나아간다. 이 밋음 업스면 우리의 想覺, 抱負, 希望, 經綸, 事業은 헛된 것이다. 죽은 偶像에 不過할 것이다. 우리의 營爲코자 하는 모든 일을 살니는 것은 오직 이 밋음이다. 우리의 活動을 不朽케 할 것은 다만 이 確信뿐이라 한다. 나는 다시 말한다. 우리의 衷情이 要求하는 新生

命이 廢墟 속에서 피어나오게 하리라는 『確信의 實現』은 오직 廢墟에서〻 宇宙의 興亡의 消息을 드를 수 잇는 者, 嚴肅하고 悲壯한 英雄的 感慨를 가질 수 잇는 者, 永遠한 人道的 精神에 타는 聖者의 눈물을 가질 수 잇는 者, 쩨여 놋는 발자곡에 피가 고일만한 敬虔한 精進의 巡禮者의 魂을 가진 者, 『廢墟美』에 陶醉할 수 잇는 者의 特權일 것이다.

나는 이번에 솜시 업고 맛업시 된 處女詩 멧 편을 붓그럼 머금고 올엿다.

우리의 하려 하는 『일』이 잘 자라나기를 바라는 고맙고 어진 이들이 內外에 적지 안은 줄 아는 우리는 衷情의 感謝를 드린다.

—『폐허』, 1921. 1.

憑虛 君의 「貧妻」와 牧星 君의 「그날 밤」을 읽은 印象

「貧妻」

『開闢』新年號에 난 것인데, 그 內容으로 말하면 어쩌한 無名作家의 貧窮한 生活의 紀錄이다.

主人公 K가 藝術的 衝動에 타오르는 情熱과 藝術의 동산에 憧憬을 두고 世間을 不知하고 時日을 보내엇다. 物質의 困難을 바다서 家庭에 小 風波가 일어나는 것과 그 神經質的인 性格의 所有者 K의 心的 變化가 일어나서, 나종에는 衣服什物까지 典當鋪에 집어너코 입을 것이 업게 된 自己의 妻를 괴롭게 하엿고, 깨처서는 天使와 가티 여기고 讚美하게 된 것이 此作의 梗槪이다. K가 自己의 妻에 對한 同情이던지 惻隱히 여기는 맘이 그와 가튼 貧窮한 生活의 渦中에서 翻弄을 當하는 동안에는 自然히 잇슬 것이 人情의 떳떳함이라 할 것이다. 表現한 바 事實이라던지 心理의 描寫에는 深刻한 맛이 確實히 잇다. 決코 遊蕩的인 것이 업다. 우리 가슴에서 울어나오는 內的 生活의 苦悶과 모든 葛藤이 이러한 作品에서 어든 바 印象에 自然히 울리움이 된다.

그러나 이 作品은 缺點과 美點이 相伴하다 할 수 잇다. 內容을 仔細히 삷히건대, 作品에 表現된 人物의 性格과 行爲가 互相 矛盾되는 것이라던지, 쪼한 폼도 一絲不亂한 統一을 缺한 듯하다. 이것으로 보면 作者에게 表現에 熟練한 手腕이 아주 업는 듯하다. 나는 이 作者가 아즉 老鍊한 맛이 업고, 生生한 기운이 뵈이는 것이, 卽 將來에 큰 囑望을 두게 하는 것이다.

K의 性格으로 말하면 自慢도 强하고, 쪼한 德義心도 相當하게 잇는 듯하다. 近者 藝術家로서의 突飛하고 偏奇한 個性은 그러케 뵈이지 안코, 그 裡面에는 이 世間과 融合하랴는 徵症이 보인다고 생각한다. 自己를 모르는 世間을 비웃으며, 서로 世間에 反抗하지 못하고 追窮하는

듯하다. 일로 보면 K는 藝術家로서는 넘우 本能을 抑壓하고, 그 創造의 特性이 암만 해도 不足치 아니한가 한다. 退嬰的인 人生觀『빌어먹을 것! 되어 가는 대로 되어라.』하는 중얼거림이라던지, 自己의 四圍 사람들이 自己를 惡評한다고 그것에 不平과 不滿을 품는 것이라던지, 남이 認定해주지 안는 것을 心苦로 여기는 것이던지, 世間과 自己의 處地가 背馳되는 것을 알면서도 如何한 特殊의 覺悟가 업는 듯한 것은 모두 K의 性格의 弱點인가 한다. 이러한 性格의 所有者에 對한 作家의 同情이 넘우 濃厚한 듯하다. 넘우 K의 行爲를 美化시키랴고 하고, 그것을 好意로 解釋하랴고 함이 過度하지 안혼가 한다.

K는 妻家德으로 生活을 하여 왓고, 那終에는 廉恥가 업서서 自家의 什物 衣服 等을 典當鋪나 古物商에 맛기고 生活하게 된 結果, 自己의 妻의 아끼던 手本緞 저고리 한 벌까지 잡히게 되엇다. 여긔에 作者의 小 主觀이 넘우 나타나지 아님인가 한다. 말하면 우리 朝鮮에는 家族끼리나 親戚끼리 相互扶助하는 것을 自古로 美風으로 알앗섯다. 이러한 意味에서 K의 妻家에서 K의 生活을 保障하여 온 것이다. K는 自己의 藝術에 熱中함으로 世間을 모르고 먹으면 밥이요, 입으면 옷으로 알 줄로 表現되엇다. 그러나 이러케 生活하기를 數三 年 동안이나 되엇다. 그 作品을 通하여는 自己의 妻家와는 이러한 동안에 何等의 葛藤이 난 것도 보이지 안코 朝夕을 걱정하게 되엇고, 입을 衣服이 업서서 出入을 못하도록 된 것은 나의 妻의 潔白한 性格을 純化시키랴 함이 아닌가 한다.

生日에 K 夫妻를 請한 것이며, K가 아모 안이쑵은 생각이라던지, 틈 皮한 빗 업시 自己 妻와 同夫人 해서 自己의 妻家에 간 것으로 말하면, K와 그의 妻家와는 아모 葛藤된 일도 업섯고, 圭角난 것이 업는 것을 알 수가 잇다. 쏘한 自己 妻家의 大門에 들어갈 째에 아지 못하는 사람들이 만흔 것이라던지,『이 사람은 누구인가? 아마 이 집 차인인가 보다.』하는 것이며, 그들이『輕侮를 아니 하는가?』하고 疑心한 것과 其他 모든 것으로 보면, K의 妻家는 얼마큼 饒富한 줄을 알 수가 잇다.

그런데 아모 相反되는 일도 업시 葛藤난 일도 업시, 自己의 血肉인

쌀의 單家 살림을 不願하게 되어 입을 옷이 업게 되고, 밥을 굶게 된 것도 몰랏다 하면 朝鮮의 現實 社會에서 반듯이 잇슬 現象으로 觀察하면 그러할가 하는 생각이 少하다. 作者가 K에게 同情함이 넘우 깁흔 짜닭에, 그 高尙한 性格을 넘우 誇張함이 아닌가 한다. 차라리 至今까지 妻家의 救護를 바다 왓스나, 衣食의 外에는 다른 것을 請求할 수 업는 고로, 世間什物과 衣服이 古物商에로나 典當鋪에로 漸漸 나아가고 말앗다고 하면, 이 作品에 率直한 맛이 잇슬 듯하다. 이것은 作者가 더 一層 올라가지 못한 것이라고 甚히 遺憾으로 생각하는 바이다.

潔白한 性格의 所有者가 自己의 妻家에 가서 잘 먹지도 못하는 술을 亂酌하고, 前後를 不顧하고 酒醒한다는 것이며, 人力車에 실려 自己의 집으로 온 것이며, 丈母가 人力車 삭 줄 째에 그 돈을 나를 주엇스면 冊을 한 券 사 보겟다고, 醉中이라도 그와 가튼 卑劣한 생각을 한다는 것은 前에 表現된 바 純潔한 K의 性格과 서로 矛盾이 아닌가 한다.

普通人의 飮酒 心理로 말하더래도 못 먹는 술을 넉 잔이나 마셧다 하지마는, 劫懶한 K의 所爲로는 생각나지 못한다. 이것은 아마 作者가 飮酒에 對한 經驗이 업는가 한다. 아모리 不酒客이라도 死藥으로 알고 마시지 안흔 以上에는, 失神하도록 넘우 誇張이요 抽象的인가 한다. 抵抗하고 堪耐할 수 업시 頹到하기까지에는, 明瞭한 意識이 반듯이 잇다는 것은 처음으로 술 먹는 이들의 告白이다. 그러면 K가 못먹는 술을 넉 잔이나 먹엇다고 손을 내젓는다던지,『안돼요, 안돼요. 집에 가겟소.』하고, 自己의 丈母 압혜서 참으로 酒醒軍 놀웃을 한 것은 아모리 생각하여도 不自然함이 아닌가 한다.

쏘한 얼마큼 센티멘탈을 免할 수 업는 嫌이 잇다. 自己 妻를 늘『아! 나에게 慰安을 주는 天使여! 援助를 주는 天使여!』하고 讚美하는 것이던지,『후—.』한숨을 늘 쉬는 것이던지,『그렁그렁한 눈물이 물쓸 틋 넘처 흐른다.』하는 것은 다 그러하다. 自己가 그와 가티 사랑하고 讚美하는 愛妻에게 맘에 족음만 틀리면『계집이란 할 수 업다.』하는 것이며,『나를 菽麥으로 알우?』하는 것이며,『막벌이군한테나 시집을 갈 것이지, 누가 내게 시집을 오랫서. 저 짜위가 藝術家의 妻가 다 무엇이야!』

하는 것은, 어쩌한 히스테리한 女性이나 다름업다.

K의 妻로 말하자. 그는 舊式 家庭에서 자라난 女子인 듯하다. 그가 그와 가튼 苟且한 살림에도 실증을 내지 안코 自己 良人에게 順從하는 것은 참으로 良妻의 典型이라 할 수 잇다. 그러나 藝術家의 妻노릇하랴고 獨特한 決心을 하엿다 함에는, 그 性格 素行에 對하여 疑訝하지 안흘 수 업다. 舊式 女子로서 藝術을 了解한 듯한 것이며, 藝術家라는 것이 어쩌한 것을 諒解한다는 것도 不自然함이 아닌가 한다. 내 생각에는 K의 妻는 차라리 現今 道德의 觀念으로 自己의 良人의 그 애쓰고 努力하는 데에 애처러운 생각을 하고 同情하며, 焦悶히 여기고 自身의 勞苦를 忘却하게 되고, 모든 것을 犧牲에 바친다는 것이 더욱 自然함이 아닌가 한다.

苦勞하는 男便에게 『당신도 살 도리를 하셔요.』하고 구박한다는 것은 그와 가티 窈窕한 K의 안해의 입으로 나왓다는 것은 意外의 感이 不無하다. 『웨? 맘을 躁急히 하셔요? 저는 꼭 당신의 이름이 이 세상에 빗날 날이 잇슬 줄 미더요. 우리가 이러케 苦生하는 것이 將來에 잘 될 張本이야요.』 이러한 奇特한 말을 하면서 다른 산아이가 그의 妻에게 사다 주는 洋傘 한 個의 刺戟으로 말미암아 사랑하는 그의 男便에게 괴로운 생각을 주는 것은, 다만 作者가 描寫하기 爲하여 描寫함이 아닌가 한다.

이 作品을 읽는 누구던지 主人公 K가 文藝에 特別한 趣味를 가즈고 잇는 것을 알 수 잇다. 作品 中에 藝術家니, 藝術家의 妻니 하는 名辭를 부티지 안터래도, 그가 無報酬한 讀書와 創作으로 時日을 보낸다 하면 藝術家 되랴는 것은 알 수가 잇슬 것이다. 主人公이 藝術家이고 아닌 것은 讀者의 判定에 맛기는 것이 當然함이 아닌가 한다. 그러한 말을 濫用하여서 作品에 對한 眞實하고 率直한 맛을 減하게 하는 것은 한 遺憾으로 생각하는 바이다.

그러나 이 作品의 全體로 말하면, 首肯할 만한 點도 만타. 글을 쓰는 그 調子가 沈潛하고 穩和한 것과 붓이 부들업게 나아간 것이며, 題材가 今日 우리 文壇에서 볼 수 업는 우리 生活과 附合되는 것이며, 짤아서 讀者로 하여금 深刻한 氣分을 일으키게 하는 것이 우리의 가슴을 그대로 두고는 말지 안햇다. 내 생각에는 以上의 나의 말한 바를 더 具象化하엿더면 缺點이 少한 藝術品 됨이 確實하엿슬 것이다. 모처럼 그 조흔 題材를 가즈고 그대로 거긔에 쯔친 것은 참으로 遺憾으로 생각하는 바이다.

作中에 감출 수 업는 作者의 寓意는 近來 朝鮮 靑年들이 新女子와 家庭을 짓는 것에 憧憬하고, 自己의 現在 家庭生活을 破壞하랴는 것이 一大 運動이 되고 流行이 된 것을 諷刺하고, 理想의 家庭은 반듯이 新女子만이 이루는 것이 아니라는 것을 알 수가 잇다. K가 外國에 돌아단일 째에 所爲 新風潮에 써어 싸닭업시 舊式 女子가 실헛다 하는 文句에게 『所爲』라던가, 『써어』라던가, 『싸닭업시』라던가를 보면 確實히 그러하다. 또한 『그러나 나亽살이 들어갈수록 그러한 생각이 업서지고, 집에 돌아와 안해를 격거 보니 意外에 그에게 싸뜻한 맛과 純潔한 맛을 發見하엿다.』함과 『그의 사랑은 利己的이 아니요, 獻身的 사랑이라.』함과 가튼 것은 自己가 表現시킨 바 作品의 全體를 一言으로 告白한 것에 不外한다. 모처럼 好題材를 가즈고 努力한 作品에 蛇足을 加하야 近代的 象徵의 맛이 잇슬 作品을 隱喩化시킨 嫌이 不無하다. 그러나 現今 이 作家의 道義的 觀念과 舊式 女子에 對한 同情이 何時까지 繼續할는지, 이것은 한 疑問으로 두자.

「그날 밤」

이것은 어썬 靑年 男女의 戀愛로 그들의 家庭에 風波가 일어나고, 그들의 어린 가슴에는 肉과 靈의 衝突들로 말미암아 煩惱, 苦痛, 嫉妬, 自殺, 모든 人生의 暗黑面의 事實을 그대로 쓸어 집어내인 것이다.

英植이는 貞淑과 서로 사모하고 사랑하는 새가 되엇고, 그들은 自己네의 가슴에서 물결치는 本能을 抑壓하고 神聖한 靈의 사랑을 꿈꾸엇섯다. 그러나 肉的 衝突에는 靈의 純潔한 것도 微塵처럼 破碎되고 말앗다. 野合까지 하게 되엇다. 英植은 이것을 後悔하고 良心에 부쓰러하엿다. 그러나 이러한 悔恨은 一時的이오, 어써한 氷板을 달아가는 妙藥과 가티 表面을 지내어 가고 말앗다. 그러할수록 그는 本能的인 愛를 要求

하여 말지 안햇다.
 英植의 四圍의 形便이 自身이 要求하는 바와는 背馳되는 行動을 그에게 强要하엿다. 結果에 失戀 自殺까지에 이르럿다.
 그러나 나는 英植이가 自己의 生命 가튼 戀愛에 不忠實함을 알지 안흘 수 업다. 쏘한 戀愛가 둘 새에 成立된 動機가 넘우 衝動임으로 破裂이 곳 오지 안햇는가를 말하려 한다. 그들은 왜? 自己의 父母네가 結婚을 强要할 때에 猛烈히 反抗하는 態度를 取치 아니하엿는가? 今日 相當한 敎育과 新風潮에 저즌 靑年으로는 넘우 因循하고 屈從的인가 한다. 이것이 主人公의 弱味를 나타내는 同時에, 作品에도 어쩌한 瑕疵를 던지지 안햇는다 한다. 아모리 因循하고 心弱한 사람이라 할지라도, 自身과 結合한 異性에 對한 愛가 眞實하다 할 것 가트면 當然히 反抗的 態度를 가즐 것이다.
 그와 가티 消極的 手段을 取하여 小切 手帖을 훔친 것이며, 自己의 三寸의 典當鋪 鐵櫃를 엿보랴는 맘이 나오기 前에, 적어도 한 번은 反抗함이 認定에 떳떳한 일이 아닌가 한다. 家庭이 아모리 嚴格하다기로 그만한 말도 못해 본다는 것은 그들의 愛가 넘우 着實치 못함인가 한다. 自己 家庭이 이러한 말하기에는 形便이 그러케 어렵지도 아니한 듯하다.
 그는 이와 가튼 不誠實한 愛에 失敗한 뒤에, 모든 事物에 對하여 病的 思想을 품에 된 것이 어쩌한 會心의 作이라고 할 수 업다. 電車나 거리에서 女學生을 보면 반듯이 그들에게는 秘密이 잇는 것처럼 생각하고, 人生이란 것은 모다 醜惡한 것으로 보앗다. 이 人生과 世間을 咀呪하고 憎惡한 結果, 이 世界보다도 秘密도 업고 女子도 업는 天國을 求하여서 仁川 海岸에서 몸을 던지게 된 듯하다. 그의 戀人이엇던 貞淑은 自己의 愛人을 버리고 米國 留學生이란 美名에 醉하여 結婚을 하고 말앗다. 그는 『나도 안 가겟다. 실흐니 안 가겟다.』는 단단한 盟誓도 다 이저버리고, 『이 世上을 떠날 때까지 貴下를 그리다가 죽겟다.』던지, 『암만 해도 人間의 일이 操縱하는 運命의 실줄이 미리 매어서 잇는다.』던지 하는 斷念하기에 고흔 말을 들이고, 그대로 다른 사람의 품에로 들어간 것은 어찌 햇던지, 둘 사이에는 誠實한 愛가 잇섯다구는 생각할 수 업다.

이러케 생각하여 보면 不忠實하고 不純粹한 愛에 愛着하고 未練을 두어 失望 悶煩한다는 것이며, 그 優柔不斷하던 英植이가 生命을 犧牲한다는 것은 아모리 생각하여도 不自然함이 아닌가 한다. 英植의 性格으로 보면 自殺을 決定하기까지에는 多數한 時日을 要하여야 할 것인데, 電車에 貞淑을 맛나며 바로 죽을 場所를 차저 仁川까지 간 것은 너무 로맨틱하다 할 수 잇다. 仁川 海岸의 그 惡魔 가튼 波濤와 水平線에서 幻滅하는 모든 神秘的인 暗示가 그 弱하고 因循한 性格의 所有者인 英植에게 아모 恐怖를 주지 안코 從容히 죽음에 나아가게 하엿슬는지도 疑問이다.

이 作을 一言으로 만하면, 作者가 넘우 結末을 急히 하지 안햇는가 한다. 어찌 햇던지 죽음에까지 일으기에는 좀더 曲節이 잇고, 波瀾이 잇서야 할 것이다. 作者가 心理 描寫에는 相當한 手腕과 銳敏한 神經을 가젓스나, 좀더 冷靜한 態度를 가즈고 周到히 觀察하엿더면 이 作品에 深刻한 맛을 어쩟슬 것인가 한다. 事實의 展開가 마치 活動寫眞 필름처럼 連하게 나온 듯한 嫌이 不無하다. 쏘 한 가지 感動될 것은 作者의 語彙가 만흔 것이다. 우리들의 누구던지 困難으로 여기는 우리나라 말에 相當한 多數의 말을 適所에 適用하는 것은 作者의 큰 强味인가 한다. 딸아서 文章도 相當한 修練을 바든 듯하다.

—『개벽』, 1921. 5.

藝術的 良心이 缺如한 우리 文壇

1

題目을 이와 가티 定하고 稿를 起하랴고 붓을 들음에 當하여 이러한 記憶이 절로 나옵니다. 내가 우리나라에 잇슬 쌔에, 나의 벗 K는 自己의 嚴格한 家庭의 干涉과 制裁로 말미암아 自由로울 것이 하나도 업섯습니다. 嚴格하다는 것보다도 차라리 頑固라 하는 편이 더욱 適切한 말이라 하겟습니다. 그래서 K는 自己 父親의 넘우 頑暝固陋한 것을 憫然히 여기는 同時에, 우리 朝鮮 父老들에게 큰 反撥을 품고 잇섯습니다.

一日은 여러 親舊가 모여서 우리 靑年들이 어느 쌔에던지 말하는 바와 가티, 現今 우리 社會의 모든 不平에 對하여 互相萬丈의 氣炎을 吐할 쌔에, K는 말하기를 『우리 父老들의 頑固한 行動에 對하여는, 所謂 言論機關이란 것들이 넘우 沈默을 지키고 無神經한 듯해요. 꼭 남의 일 보듯이 해요. 나는 한 번 新聞이나 雜誌의 紙面을 빌어서 우리 父老네의 頑暝한 行動에 내가 말하랴는 바가 가튼 論調로 그것을 痛言하엿습니다. 나는 참으로 痛快히 여겼습니다.』라 하엿습니다.

K가 自己의 느낀 바를 能히 써서 新聞이나 雜誌에 言論다운 言論으로 發表할만한 頭腦의 所有者인지 쏘는 父老들이 그 言論에 感銘되어 今後로는 行動을 고치어야 되겟다는 그 效果는 別問題로 하고, 나는 K의 말에 한 鼻笑로 答을 代하엿슬쑨이엇나이다.

그런데 그와 가튼 鼻笑가 나의 코에서 사라지기도 前에, 나의 全身이 쏘 다른 사람에게 鼻笑바들 것도 不顧하고, 이 붓을 잡게 된 것은 무슨 因果에 關係가 업지나 아니 한가 합니다.

나는 우리 文壇(무슨 文壇이라고 크게 말할 것도 업지마는, 무엇이라 이름할 수 업스니 그저 文壇이라 불러둡세다)에서 活動하시는 文士들, 雜誌 廣告에 花形 文士니, 一流 思想家니, 天才詩人이니 하는 여러

文士들에게 우리 民族의 將來와 藝術의 歸趨를 爲하여 적지 안흔 不滿을 가젓습니다. 不滿하다는 것보다 憫然하고 可惜하다 할는지, 어쨋든지 그대로 가서는 아니 되겟다, 默過할 수 업다고 생각한 것은 事實입니다.

그래서 나의 벗 K가 新聞이나 雜誌의 一隅를 빌어가지고 우리 父老들에게 諫하랴던 것처럼, 나는 文士 여러분께 意見을 들이고 그들의 藝術的 良心을 무러보랴고 하엿습니다.

그런데 今番 文藝誌『創造』創刊號에서 우리 文壇에 오래동안 寂寂하던 春園 君의 붓으로 쓴 바「朝鮮 文士와 修養」이란 論文을 읽고, K가 우리 父老들을 痛言한 社說을 읽고 痛快히 생각한 것과 가티, 나亦是『快哉』라는 부르지즘이 절로 나왓습니다. 平素에 不良한 行動을 忌憚업시 하던 사람이, 쏘 不良한 行動을 맘대로 하랴다가 남에게 뺨을 어더마젓다는 것 가튼 말을 들을 쌔에 感動하던 바와 가튼 시원한 생각을 하게 되엇습니다.

春園 君의 熱情이 뭉틴 그 글이 우리 文壇에 날쒸는 文士 여러분에게 參考가 되고 警醒이 됨에 足할 것은 내가 確實히 밋는 바외다. 그러면 누구시던지 나에게『너는 우리 文壇에 對하여 어쩌한 不滿을 품고 잇섯더냐?』고 무르시면, 나는『春園 君이『創造』新年號에 發表한 그것과 大同합니다. 나더러 至今 다시 말하라 하더래도, 亦是 그러하겟습니다.』라고 對答할 수밧게 업습니다. 나는 여긔에 이르러 먼저 말한 바, 나의 벗 K가 하던 말과 내가 鼻笑하던 것을 생각하고, 내가 하던 바도 自然히 나오리라고 생각하매, 그러면 구만 둘가 하는 생각도 업지 안치마는, 朝鮮 文壇에서 現今 活動하는 文士도 文士려니와, 春園 君의 손에서 그와 가튼 獅子吼하고 諷刺하는 글이 써젓다 함을 더욱 稀怪한 現象이라 생각하는 故로, 鼻笑는 鼻笑하는 여러분의 任意으로 하고, 나의 未熟한 붓을 들게 된 까닭이외다. 이것이 動搖를 맨들어준 것이외다.

現今 우리나라에 文學熱이 澎湃하랴는 것은 事實이외다. 文學이라는 것보다도, 文藝熱이라는 것이 더욱 適切할는지 알 수 업스나, 何如턴지『文』이란 말이 靑年 學生 間에 큰 興味와 刺激을 주는 듯하외다. 그러면

이와 가튼 文藝의 熱이 高調에 達하랴는 것이 不好한 傾向은 勿論 아니외다. 차라리 크게 歡迎하고 指導할만한 好傾向이라 할 수 잇습니다.

漢文 以外에는 文이란 것이 다시 업는 줄로만 밋던 우리의 頑固한 老人네나, 所謂 新思潮에 沐浴하고 新敎育을 바닷다면서도 軟文學派이니 硬文學派이니 文藝란 것은 一個 娛樂物이요, 消日거리라 閑人無事者의 耽溺할 바라고 蔑視하는 時代錯誤의 思想을 가즌 似而非 新人들에게는 이것이 참으로 憂慮할만한 傾向이라 할는지 알 수 업스나, 죡음이라도 藝術을 理解하고, 그것이 人生과 어쩌한 關係를 가즌 것을 아는 이는 돌이어 會心의 微笑를 禁치 못할 것이외다. 카펜터의『生活이 곳 藝術이라.』는 말이 이것을 喝破함이 아닌가요? 우리가 참으로 人間性에 눈쓰고 眞의 感情에 살랴고 할 것 가트면, 藝術에 살아야 합니다.

이러한 意味에서 우리나라 靑年들이 文藝를 愛好하게 된다 함은 人間으로서 生活하자는 第一聲인가 합니다. 이것은 우리 思想 發達에 큰 原動力이 될뿐 아니라, 結局은 우리 全生活을 支配하게 되어야 우리는 참生活을 할 것이외다.

彼 러시아의 少年으로 도스토예프스키의 作品을 『聖書』처럼 愛讀하던 靑年들이 長成한 今日에, 그들이 우리 人類의 不合理한 生活을 爲하여 努力함이 어쩌하며, 犧牲을 바침이 어쩌케 큰 것을 우리가 目睹하지 안 습니까? 그러나 우리나라 靑年들의 今日에 勃起한 바, 文藝의 趣味가 어쩌한 方面으로 기울어질는지 기울어지며 잇는 것을 보건대, 내가 異常히 말한 바와는 背馳하랴는 傾向이 업지 아니 한가 합니다.

내가 文壇에 對한 要求가 春園 君과 大同하다는 것을 提言하엿슴으로, 다시 蛇足을 加할 必要도 업겟고, 또한 藝術論이나 文學論을 들어서 우리 現今 文壇의 文士의 作品을 照準하고 그 價値를 批評할 만한가 하는 것도 疑問에 지내지 못합니다. 이러한 批評을 바들만한 資格도 缺如한가 합니다. 이것은 批評을 벼룩(蚤) 가티 작은 動物을 解剖함에 소나 밀의 解剖에 쓰는 메스를 使用할 수 업슴과 갓습니다.

藝術은 第一義的으로 우리 眞人生의 참感情의 流露가 아닌가요?

이럼으로 그 時代의 眞實한 感情의 表現이야말로, 그 時代의 藝術이라 할 것이외다. 그런데 現今 우리 文士들의 作品에 表現된 바 感情이 그와 가튼 眞實한 時代苦나 人生의 煩惱를 表現하엿는지, 나는 아즉 發見하지 못하엿습니다. 나의 가슴에 純化될만한 感情이 潑刺한 作品에 接한 일이 업습니다. 나는 文士 여러분의 가슴에 타오르는 人間苦가 잇는가, 人間性에 하소연할만한 感情의 有無를 疑心치 아니 할 수 업습니다. 이것은 作家 여러분의 藝術的 良心에 무러보는 수밧게 별 수가 업습니다.

2

『創造』新年號에 「朝鮮 文士와 修養」이란 글의 筆者 春園 君은 우리 文壇을 建設한 一員이요, 우리 文壇에서는 이즐 수 업는 有功이요, 쏘한 우리가 君에게 多大한 期待를 가즈고 잇습니다. 이러한 意味에서 나는 君에게서 더 切實한 告白이 나오기를 바랍니다. 君은 이와 가티 말하엿습니다.

『나는 十餘 年 來로 惑은 論文 惑은 小說 하고, 分量으로는 三千餘 頁을 썻거니와, 우리나라에 新文體를 普及시키는데 一助가 된 外에, 多少間 무슨 刺激이나 주엇슬가? 只今 생각하면 十의 七, 八은 아니 썻더면 하는 것이요, 그 無知하고 淺薄한 文이 사랑하는 우리 靑年 兄弟 姊妹에게 害毒을 끼첫스리라고 생각하면, 이 붓대 잡은 손을 끈허바리고 십도록 罪悚하고 가슴이 쓰립니다.』

이 불꼿 가티 타오르는 熱熱한 悔恨의 告白으로 보면, 君의 우리 同胞를 사랑함이 어쩌케 熱情的이요, 絶對的인 것을 누구나 알 수가 잇습니다. 果然 그러합니다. 今日 우리 文士들 中에는 春園 君의 본 바와 가튼 傾向이 確實히 잇고, 君이 끼친 바와 가튼 害毒을 끼치며 잇는 것도 事實이외다. 우리 民族은 여러 世紀 동안을 두고 舊倫理, 舊道德 下에서 無限한 壓迫을 바닷고, 쏘한 政治的으로도 自由로운 世界를 본 적이 少하엿습니다. 우리는 人間으로서의 生活을 해본 일이 적엇습니다. 그러면 우리의 가슴에는 鬱憤한 것과 苦惱한 피의 덩어리가 뭉텨 잇슬 것이오, 四肢에는 反抗的인 피潮水가 물결처야 할 것이외다. 이러한 것이 傳統的으로 잇서야 할 것이외다. 이러한 氣分과 情緖가 어느 나라 國民보다도, 民族보다도 强烈하게 잇슬 것은 누구나 思索的 頭腦의 所有者며는 認知할 수 잇슬 것이외다.

그러면 文藝는 感情의 表現이오, 苦惱의 象徵으로서 되엇다 하면 우리 文壇에는 피가 끌는 듯한 사람에게 感激한 氣分을 주지 안코는 말지 아니 할 作品이 多産할 것이오, 바늘처럼 살을 찌를 듯한 人間性에 하소연하는 藝術이 勃興할 것이외다. 그런데 이와는 反對로 遊蕩的 氣分이 물결치는 傾向이 文士들에게 잇슴은 참으로 怪常한 現象이외다. 딸아서 우리네에게도 참으로 人間性이 잇는지 업는지 疑心하지 아니 할 수 업슴니다. 우리는 이러한 現像을 材料로 삼아, 그러케 맨든 바 되어온 原因을 探求할 必要가 잇슴니다.

春園 君의 말한 바와 가티, 新文體가 일어난 當時의 우리나라의 民度와 時勢를 말하여 봅시다. 甲午更張 以後에 文弱이란 標語가 우리 民族의 過去 歷史를 統括하여 말하엿슴니다. 科文을 廢止하고 人才를 登用한다는 反面에는, 不識文盲이라도 運數 조흐면 一朝에 高官大爵이 되며 權謀術數로 出世하는 唯一의 鍵鑰을 삼으며, 朝廷에는 賣官賣職하는 僞造 忠臣이 만하엿고 地方에는 貪官汚吏가 依然히 跳梁하엿슴니다. 그들은 結局은 自己들의 良心으로 이러한 것을 고치지 못하고, 他民族이나 他國의 勢力에 눌려서 이러한 짓을 中止하고 말앗슴니다. 그러한 結局에 自覺한 民衆의 反抗運動이 일어낫섯슴니다. 自强會니, 國民協會니, 一進會니, 大韓協會니 하는 團體들이 雨後竹筍처럼 일어낫슴니다. 賣官賣職하던 大官들의 退物과 貪官汚吏의 末流輩들이 何等의 自覺도 업고, 深奧한 學識도 업시 羣衆의 暗昧한 것과 時代의 弱點을 利用하며, 沽名釣譽하는 것으로 唯一한 目的을 삼앗슴니다.

그래서 虛名 志士와 僞造 愛國者가 輩出하엿슴니다(其中에는 眞情의 熱熱한 愛國者도 업지는 안흐나). 그들은 思慮업시 쎈쎈한 것으로 武器를 삼아 悲憤慷慨한 소리로 冊床을 두드리며 『여러분!』 하는 말을 數次 繼續하면, 그래도 志士나 名士가 되고 말앗나이다. 그들의 聲聞은 閭巷에

籍籍하게 되고, 群愚는 울어보고 羨望에 타오르는 讚聲을 그들에게 들엿습니다. 그들은 意氣가 揚揚하고, 自己네의 人格이 참으로 高尙하고, 識見이 越等하여 群衆에게 崇拜바들 資格이 確有한 줄로 自慢하고 잇섯습니다. 이것이 時代의 罪인지 吾人이 自作함인지 알 수 업스나, 우리 民族처럼 甚한 이는 업섯습니다. 그 皮相的의 名譽心이 우리 民族을 어쩌케 害하엿는지, 이것은 朝鮮의 現實이 證明하고 잇습니다.

問題가 넘우나 脫線이나 하지 안햇는가 하지만, 나는 現今 우리 文壇을 論하랴니까 이러한 것을 自然히 말지 아니 할 수 업습니다. 이것이 넘우 過激한 말이요 皮相的 觀察에 不過할는지 알 수 업스나, 所謂 文士들은 그 榮譽에 對한 憧憬이 우리 民族의 文化를 爲함보다, 무엇보다도 强烈하엿던 것은 事實이외다. 國家나 民族이 無底의 奈落에 떨어지는 것보다도, 自己의 名譽가 墮失할가 唯恐하던 名士나 有志들은 自己들의 地位와 名譽를 爲하여 互相 嫉妬하고, 爭鬪하게 된 것도 勢의 自然이외다. 雄辯術을 獨習하고 名士를 追從하던 靑年들의 가슴에 充滿한 것도 自己의 榮譽心이엇습니다.

나는 以上에 呶呶히 말한 바와 가튼 傾向이 現今 우리 新興하랴는 文壇에도 不無한가 합니다. 榮譽心이라던지, 功名心이라던지가 무슨 일을 勃興케 하고 創始하랴는 動機 中에 하다가 되는 것은 否認할 수 업는 事實이나, 그러나 이것을 그 全體로 볼 수도 업고, 더욱이 最高한 目的으로는 생각도 할 수 업습니다.

그런데 우리 朝鮮에 文藝를 愛讀하는 사람들은 老人도 아니요 壯年도 아니요, 血氣가 未定한 中等 程度 學校의 男女 學生이나 逆境에서 彷徨하는 靑年이외다. 新文學의 洗禮를 그들보다 먼저 受한 이들, 近日 新聞이나 雜誌에 慌忙하게 붓을 휘두른 여러 文士들도 亦是 靑年들이외다. 우리들의 血管에는 過度한 功名과 榮譽欲이 傳統的으로 漲溢한 듯하외다. 그래서 文藝의 本質인 創造 創作의 感情, 內部 生命力의 進展하랴는 自己의 表現이라던지의 眞實하고 焰焰한 光輝를 發하랴는 自己의 藝術的 衝動보다도, 그 淺薄하고 可憎한 榮譽나 功名을 要求함이 더욱 懇切치나 아니 한가 합니다. 우리 現今의 處地를 한 번 삷혀

봅시다. 必死의 境에 瀕한 이의 叫呼와 가튼 熱熱히 生을 要求하는 文藝가 煩惱에 타오른 우리 머리에서 創造되어야 할 것이요, 鑑賞者에게도 우리가 느낀 바와 가튼 感激한 氣會를 그들의 가슴에 던저야 할 것이외다. 讀者도 그와 가튼 作品을 要求하여야 할 것이외다.

그러나 이와는 反對로 享樂이나 遊戲의 氣分이 充溢한 作品, 吾人에게 何等의 感激을 주지 못하고 讀者의 好新心이나 好奇心에 迎合하는 藝術的 價値가 乏한 抽象的 作品뿐이 잇다 하면, 이것은 藝術의 最高한 標準과는 遼遠한 距離에서 彷徨함이 아닌가 합니다. 眞正한 生命의 奧地에서 울어나온 藝術이야말로 創作者나 쏘는 이것을 鑑賞하는 우리 讀者로 하여금 그 偏狹하고 低劣한 功名과 榮譽를 要望하는 小我를 忘却하고, 廣大하고 高遠한 大我에 눈쓰는 것이외다. 그러면 너는 藝術을 『우리 社會의 改良이나 道德의 一個 手段으로 생각하느냐?』고 反問할 듯하외다. 쏘한 藝術을 無視하고 理解치 못한 暴論으로만 認定할는지 알 수 업스나, 나도 藝術은 藝術로서의 獨特한 生命이 잇슬 것이요, 다만 우리 社會的 生活을 補助하는 一個 手段이라고는 決코 생각지 안습니다.

그러나 아모리 高尙한 藝術일지라도 우리 人生을 써나고 社會를 써나서는 그 光輝를 發한다는 것이 疑問이외다. 路傍에서는 데글데글 굴으는 砂礫이나 車를 헐덕어리며 쓸른 牛馬가 要求할 것이 아니요, 特殊한 生命力과 理性을 가즌 우리 人生 社會에서만 光輝가 잇슬 것이요, 熱熱한 要求가 잇슬 것이외다. 우리 人生이 社會를 써나서는 生存이란 것이 無意味한대서 마칠 것이요, 쏘한 엇지도 못할 것과 가티 藝術이란 것도 우리 人生과 써나서는 그 價値가 열버질 것이요, 우리 人生과 빈틈업시 符合하는 대에서 비롯오 有意義한 것은 否認할 수 업습니다.

今日 우리 文壇의 傾向으로 보아서는 우리들의 血管에도 無限히 進展하랴는 生命力이 內在한가를 疑心하게 됩니다. 이것이 곳 文士들의 社會的 意識과 自己의 內部 要求의 如何함을 具眼者이면 누구나 알 것이 될가 봅시다. 文士然하고 大藝術家然하는 그들이 內的 生命의 要求가 업시, 好奇心이나 一時의 衝動으로 남도 하니 나도 하겟다는 것

가트면, 決코 吾人의 要求하는 바의 藝術家나 文士가 되지 못할 것이외다. 換言하면, 自己가 藝術家나 文士로 自認하는 것보다도, 먼저 自身이 藝術에 對한 要求가 如何한 것을 反省할 必要가 잇습니다. 自己의 生命의 奧底에서 타서 오라는 要求와 그에 對한 懊惱가 어쩌한 것을 한 번 探求하여 볼 것이외다.

3

그런데 春園 君은 우리 文士들을 日本製라고 말하엿습니다. 이것은 今日 實際가 그러합니다. 우리가 日本에서 배우고 日本에서 어든 것이 잇슨 以上에는, 모든 制度와 思想의 歸趣가 自然히 우리의 보고들은 바 그것을 模倣하게 되는 것은 어쩔 수 업는 事實인 듯하외다. 그럼으로 우리 文士들도 自國의 獨特한 文藝가 업는 以上에는 他國 文壇의 影響을 밧게 되는 것도 勢의 自然함이외다.

더구나 우리 民族에게 잇는 바 모든 것이 向上하랴는 過渡期임으로 諸 現象이 模倣과 追從에 自然히 흐르게 되는 것이외다. 이것이 東西나 古今을 不問하고, 思想이나 文化의 流動하는 原則인가 합니다.

이와 가티 春園 君은 우리 文士를 사랑하고 民族을 걱정함으로『十의 七, 八이나 아니 썻드면』하는 생각을 하게 되엿고,『害毒끼친 것을 생각하면 붓대 잡엇던 이 손을 끈허바일 생각이 나옵니다.』하고, 그 虛僞 업는 悔恨을 하게 된 듯합니다. 이와 가티 懺悔하는 春園에게『우리 文壇은 그러케 맨들어 노흔 張本人은 君이다.』하고, 다시 責하랴는 것은 넘우나 無慈悲하지 안흔가 하나, 나의 春園 君에 對한 期待가 크고 또한 君을 생각함이 熱熱함으로 數言을 加코자 합니다.

나는 君의 作品을 다른 사람에게 뒤지지 아니 할 만큼 愛讀하여 왓섯고, 至今도 愛讀하는 한 사람이외다. 나는 鄕村에서 新聞이나 雜誌로 娛樂을 삼아 時日을 보낼 때에 春園 君의 作品처럼 나를 깃브게 한 것은 업섯습니다. 至今 생각하여 보면, 그때의 新聞이나 雜誌라 하면, 總計 三, 四 種에 不過하엿고, 또한 그 內容의 貧弱함도 그 數爻에 가탓섯습니다. 그때 붓을 잡고 글을 쓴다는 이도 極히 小數이엇습니다. 그들은

大部分이 舊式 人物로 그 內容이 傳統的이요, 因襲의 典型을 거처나온 것으로 固陋하고 酸臭나는 것이 만하엿습니다. 其中에 이러한 反動으로 부르지즈기 始作한 것은 生氣가 潑剌한 春園 君의 글월이라 합니다.

그는 「新生活論」을 써서 頑固間에 物議를 일으켯고, 「開拓者」나 「尹光浩」와 가튼 小說을 써서 道德家와 宗敎家의 反憾을 삿고, 『無情』을 쓸 째에 朝鮮語와 日語의 半석기를 써서 愛國志士들에게 嘲蠛을 바닷섯습니다. 그러나 依然히 靑年과 男女 學生間에 欽慕하는 目標가 되고, 尊敬을 밧게 된 것은 偶然함이 아니라 합니다. 그째에 君의 「五道踏破記」란 紀行文을 切拔하랴고, 學生間에 新聞 爭奪이 流行한다는 것을 내가 鄕村에서 들엇습니다. 이러한 것으로만 보아도, 當時 靑年들의 新文藝에 對한 憧憬이 如何한 것과 春園 君의 새로 부르지즈는 一言一句가 새것에 憧憬한 그들에게 影響을 줌이 어쩌케 크고 깁흔 것을 우리가 能히 할 수 잇습니다. 그러나 至今 생각하여 보면, 그째에 우리들에게 春園 君이 붓대 잡어던 손을 끈흘 생각이 나도록 後悔할만한 影響을 준 것도 事實이외다.

나는 確實히 斷言합니다. 今日 우리 文壇에 活動하는 文士들이 春園 君의 본 바와 가티, 아모 素質도 업고 發達도 못된 一個 文士의 『씨』로 굴은다 하면, 이것은 春園 君에게도 辭避할 수 업는 責任의 問題가 잇슬 것이외다. 이 責任에 對하여는 여러 가지로 追窮코자 아니 합니다. 그것은 君이 自己가 사랑하는 우리 靑年들에게 害毒을 주엇다 自白하엿고, 自己가 밟은 바와 가튼 길을 밟을가 두려워서 後進을 警戒하엿슴으로.

如何하던지 고요한 바다에 물결을 일으켯던 春園 君이요, 今日 頹廢的 傾向을 誘起한 이도 그들 中에 一員인 春園이외다. 우리 民族을 사랑하고 將來를 念慮하는 春園 君으로서, 이러한 傾向을 고처보랴고 그와 가튼 抽象的 短評으로 文士들을 罵倒하다십히 하엿스나, 萬一 自身에 何等의 悔恨이 업섯더면, 이것은 一時의 구슬림에 不過하고 그 效力이 稀薄하겟지마는, 그 後悔의 熱熱함이 人으로 하여금 感激을 일으킴에 足한 줄로 나는 밋습니다.

4

　나는 君의 文士의 씨 될만한 文士들이 씨 그대로 文壇에 活動하게 되는 原因을 좀 말할가 합니다. 君의 恒常 그 結果를 論하여 理想에 突進하는 勇氣에는 勿論 首肯하나, 우리는 必然的으로 이른바 現實도 말치 아니 할 수 업는가 하외다.

　우리들은 時代의 刺激을 바다서 言論機關, 其他 學術이나 文藝 雜誌가 現今 發行하는 것이 幾十 種에 達하엿스나, 그 經營者나 編輯者의 말을 들으면 經濟上에도 勿論 困難이 多大하거니와, 또한 極히 困難을 感하는 것은 原稿의 蒐集이라 합니다. 卽, 紙面에 붓을 잡을만한 사람이 적다 함이외다. 月刊으로 發行한다는 것이 數個月 乃至 半年만에 發行하게 되는 것이요, 이것은 勿論 原稿쁜만의 關係는 아니지마는, 雜誌다운 雜誌와 言論다운 言論을 選擇하여 內容의 充實을 圖하랴면, 以上의 困難이 잇다 합니다. 그래서 定한 部數를 擴充하랴고 粗製溢作한 惡文이라도 無意識이나 有意識으로 記載하게 된다고 합니다.

　그러면 철업는 少年 文士들, 卽 春園 君이 注意한 바와 가튼 美學이나, 修辭學이나, 論理學이나, 社會學이나, 其外 形而上이나, 形而下의 科學을 좀더 배우고, 學校를 卒業하여야 할 文士들의 惡質의 文을 多量으로 搾出하게 되는 까닭이외다. 質의 良否를 顧慮하고 探求할 餘暇 업시 活字로 變하여 世間에 나오게 되는 것이 아닌가 합니다. 또한 이러케 쓰랴면 나도 쓰겟다는 생각이 다른 短見이요, 淺慮인 文士 氏들에게 功名이나 榮譽에 對한 衝動을 더욱 일으킴이 아닌가 합니다. 이것이 三流 文士들이 輩出하게 된 까닭이라 합니다. 이러한 現象이 모든 文化 發展期에 自然히 잇슬 것이나, 自己의 글이 活字로 變하여 옴을 名譽로 알던 그들은 結局에 文士然하고, 藝術家然하게 되는 것이 아닌가 합니다. 그 結果는 極히 低級이요, 淫蕩的인 것이 青年 男女의 弱點을 迎合하게 되는 것이외다.

　所謂 批評的 態度를 가지고 思想 問題들을 이약이한다 하여도, 筆者 自身에 獨特한 主義와 深奧한 見識이 적음으로 論議한 바, 그것은

恰似히 緋緞쪽이나 布木쪽으로 어더 맨들은 裸子와 가튼 보이고, 그 內容이 貧弱하고 形式의 統一을 缺하게 되는 理由인 듯하외다. 딸아서 讀者에게 何等의 感激한 氣分을 일으키지 못하고, 五里霧中에서 彷徨하는 듯한 濛濃한 생각을 일으키게 하는 것이외다. 萬一 如斯한 低級하고, 無條理하고, 不徹底한 文이 우리들에게 感激한 氣分을 준다 하면, 이것은 반듯이 虛僞일 것이외다.

다시 우리 文壇의 收穫을 봅시다. 모다 어써한 一種의 情話이외다. 小說을 創作하랴고 그 題材를 選擇할 째에, 누구를 勿論하고 戀愛 問題를 中心을 삼는 듯하외다. 至今 우리 文士들의 作品을 손가락 쯥아 세더래도, 內容이 擧皆 戀愛의 發展 아닌 것이 하나도 업습니다. 失戀者의 부르지즘이나 戀愛에 勝利한 이의 歡呼에 不外한 듯하외다. 小說에 戀愛 問題를 取扱하여 異性 사이에 나오던 모든 葛藤과 苦惱와 悲哀와 矛盾과 嫉妬 等을 俱像化하고, 이에 對한 人生觀이라던지, 作品에 表現된 個性들이 우리 人生의 奧底에 潛在한 氣分을 어들 째에는 이만한 것 가튼 材料가 업슬 것이나, 이러한 것을 缺如한 小說은 우리 血氣 未定한 靑年 讀者에게 주는 것이 害毒쑨인가 합니다. 淺薄한 性的 問題만을 低級한 讀者의 好奇心을 爲하여서만 取擇한다 하면, 藝術을 汚辱함이 이에 더함이 업습니다.

나는 戀愛小說 中에서 우리 文士의 손에서 된 것, 藝術의 價値가 잇는 것을 至今껏 읽지 못한 것은 참으로 遺憾이외다. 이러한 作品이 流行할수록 作家나 鑑賞者를 勿論하고, 遊蕩의 氣分으로 文藝를 娛樂하자는 傾向이 濃厚하여 갈 것이외다.

우리는 記憶하여야 할 것이요, 우리가 文藝品을 創作할 째에 반듯이 戀愛를 中心으로 한 題材를 取하여야만 雄篇 傑作이 되는 理由가 업는 것을. 우리가 題材를 發見하기에 우리가 一生을 두고 쓰지 못할 만큼의 對象이 잇는 것이외다. 吾人 生活의 全 路程과 環境에 每日 幻滅하는 事象이 모다 題材되지 안흘 것이 업습니다. 戀愛 問題라야만 創作의 題材될 것이라는 理致가 어대 잇겟습니까.

나는 참으로 걱정합니다. 以上에 屢陳한 바와 가티, 우리 民族의 부르지즈는 바 모든 소리는 數萬 斤의 重으로 눌린 强壓 下에서 苦痛을 이기지 못하는 悲鳴과 絶叫가 아니면 아니 될 것이외다. 딸아서 時代 思潮의 反影이요, 內部 生命力의 進展하랴는 苦悶이 象徵인 文藝에도 反抗의 色彩가 不知中에 表現되어 잇서야만 自然함이요 眞이라 할 수 잇습니다. 革命 前 러시아 文藝의 傾向이 어쩌하엿습니까? 民情派와 니체의 强力을 理想化한 고리키의 作品이 生을 要求하는 靑年들의 가슴에서 물결치는 鬱積한 血潮에 勇敢한 힘을 더진 것도 偶然한 結果가 아닌가 합니다. 이러한 것을 보며 생각할 쌔에 손과 발을 매인 우리들이 今日 處地에서 戀愛를 謳歌하며, 享樂에 陶醉하랴는 것을 참으로 可憎하고 寒心치 안타 할 수 업습니다. 딸아서 現代의 思潮가 우리 民族에게 反動을 주고, 우리가 글로 苦惱한다는 것도 그만 두고, 自己의 살을 버이고 소곰을 너터라도 그 苦痛을 感覺할만한 神經의 所有者인가를 나는 疑心합니다.

이와 가튼 말이 아즉 움나랴는 우리 文藝에 過重한 企待인지 알 수 업스나, 쏘 한편으로 보면 方今 움나랴고 하고 出發하랴는 機會임으로 더욱 親切히 바라는 바이외다. 至今 方向을 定하기에 그 到着點이 딸아서 잇슬 것이외다. 우리는 決코 西洋 思潮의 末流에서 헤엄치는 日本 文壇을 그대로 본쯸 것은 업습니다.

그러면 어쩌한 이는 말하시겟지요. 『藝術은 決코 다른 사람을 爲하여서 엇는 것이 아니라, 自己가 깃버하고 自身이 다른 사람이 想像치도 못할 無我의 境에서 깃버하면 그만이라』고. 萬一 우리들에게 社會와는 아모 交涉도 업고, 自身을 爲하야만의 藝術이 잇다 하면, 果然 그것이 社會 意識이 發達한 今日에 成立될가요? 이것은 數世紀 前의 社會 意識이 업는 頹廢派의 囈語에 不過하고 말 것이외다. 우리들은 絶對의 自由를 어들 수 업는 것과 가티 우리 社會를 背景으로 삼고, 우리 人生이나 其他 時時刻刻으로 幻滅하는 現像을 題材로 삼는 藝術도 우리 社會나 人生을 沒却하고 沒交涉하고는 成立치 못할 듯합니다. 이것이 人間 社會와 씨가 다른 神이나 幽靈의 社會, 禽獸의 社會의 創造가 아닌 以上에는 더욱 그러 할 것이외다. 그럼으로 藝術은 藝術로의 獨特한 存在의

相對性은 容許할 수 잇스며, 우리 人生과 社會를 沒却하고까지라도의 絶對性이 잇다 하면, 나는 그것을 肯定할 수 업습니다.

5

近日 흔히 主義를 말합니다. 藝術至上主義란 것도 絶對的인 意味로는 成立할 수 업는가 합니다. 쏘한 思潮라는 것은 決코 靜的이 아니요, 日常 流動하여 쉬지 안는 動的이외다. 文學思潮라던지, 哲學 思想이라던지, 其他 一般 思潮가 社會와 時代를 짤아 變遷하는 것은 多言을 不待할 것이외다. 그럼으로 우리가 반듯이 어느 主義나 思潮를 盲目的으로 信奉하는 趨從者가 되어서는 아니 될 것이외다. 우리는 우리의 生命에 內在한 獨特한 光輝를 發揮하여야 할 것이오. 남의 밟은 바 그 발자취만 짤아가랴고 하면, 그것이 무슨 獨特한 價値가 잇다 하겟습니까? 追從하지 안흐랴도 人間의 內部 生命에는 共通의 苦悶이라던지, 時代苦가 잇서서 自然히 어쩌한 主義나 流를 이루고, 쏘는 符合하게 되는 것이외다.

처음부터 付隨하랴고 애쓰는 것처럼 애처로운 일은 다시 업겟습니다. 어린 아이가 演劇을 求景하고 그것을 흉내내엇다 하면, 그것도 藝術이라 하며 그 아이를 藝術家라 할 수 잇슬가요? 演劇을 흉내내인 그 아이를 藝術家라 이를 수 업는 것 가티, 다른 사람이나 다른 主義를 模倣만을 是務한다 하면, 그것도 藝術家나 藝術이라고 이를 수 업습니다. 남도 하니 나도 하겟다는 것은 淺薄한 思慮에서 나온 것은 勿論이어니와, 나는 唯美主義이니 藝術至上主義이니 標榜을 먼저 하는 것도 藝術에 對한 根柢가 薄弱함인가 합니다(우리 文士들 中에는 勿論 업겟지마는). 쏘한 批評家도 어쩌한 作品을 批評할 째에, 우리는 自然主義의 文學을 반듯이 거치어 간다는 뜻으로 認識한 것을 읽은 記憶이 잇습니다.

이것은 文藝니 一般 思潮의 進展하는 趣向에 그러케 되어온 바 來歷을 史的으로 說明함이요, 今後라도 新興하는 어느 나라의 文學이라도 이러한 經路를 밟아야만 된다는 것은 아니외다. 前者 批評의 말이 이로 보면 넘우 宿命論的 考察이 아닌가 합니다. 어쩌한 文士가 처음에

創作할 째에는 반듯이 古典主義로부터 로맨티시즘 — 自然主義 — 新로맨티시즘을 經由한다는 것은 넘우나 웃으운 일이외다. 勿論 우리는 文學史로서의 硏究할 必要는 크게 잇게지오마는, 우리 新興하랴는 文壇에도 그것을 반듯이 격거야 한다는 것은 아모리 생각하여도 難解의 點이 多하외다. 問題가 넘우 枝葉으로 나아가서 支離하게 되엇지마는, 이것이 近日의 나의 우리 文壇에 對한 말하고저 하던 바의 하나이외다.

6

春園 君은 말하기를 『나는 우리 文壇에 只今 文士가 되도록 工夫하면 될 듯한 天才가 준 文士의 씨를 보앗지마는, 이미 長成한 文士를 보지 못합니다. 그리고 甚히 슯허하는 것은 이 文士의 씨 되는 이들이 寸陰을 是競하여 刻苦하는 빗이 아니 보임이외다.』하엿다.

이것은 君의 主觀的 觀察일른지도 알 수 업스나, 이밧게 速成한 文士가 잇다 합시다. 이러한 文士의 씨와 急成 文士(말이 좀 웃으우나, 素養과 天品이 업시 어찌어찌 하다가 쒸어나온 文士)들에게만 우리의 新文化의 先驅요, 母 되는 文藝를 맛기고 梅毒菌과 結核菌 가튼 것을 無難히 散布함을 袖手傍觀하는 旣成 文士가 잇다 하면, 그의 心事야말로 解釋할 수 업습니다. 이것은 철모르고 自己의 未熟한 藝術의 衝動이나 功名心에 빠저서 아모 意識업시 害毒을 주는 것보다도, 그 罪惡이 千倍나 萬 倍나 重하다 하겟습니다. 웨? 袖手傍觀하는가. 웨? 우리 民族의 文藝 鑑賞眼을 놉히도록 努力하지 안는가. 웨? 不純한 文士들을 한편에서 치어버리지 아는가. 웨? 發行하는 雜誌의 紙面을 文士의 씨나 急成 文士들에게 放任하는가. 어찌햇던지 보고만 안젓는 旣成 文士네의 罪가 더 크다 할 수 잇습니다. 참으로 民族을 爲한다 하면, 爲先 괴테나 셰익스피어를 꿈쑤지 말고, 自己의 힘 자라는 대로 우리 文壇을 引導하여야 할 것이외다. 梅毒菌이나 結核菌과 가튼 病毒에 感染되지 안흘만큼 抗毒素가 우리의 體質에 發生하도록 하는 것이 旣成 文士 諸氏의 使命이 아닌가 합니다.

白晝에는 螢光을 볼 수 업는 것과 가티, 太陽의 압헤서는 羣星이 光을 일으키는 것과 가티, 偉大한 人格者의 압헤는 小人이 容納할 수 업는 것과 가티, 實力이 잇고 天品이 豊富한 文士의 作品 업헤는 文士될만한 씨나, 急造 文士들의 作品은 容認을 바들 수 업슬 것이외다. 나는 先進 文士 諸彦의 特히 努力 奮起함을 熱望하는 同時에, 文士될만한 素質을 가즌 諸氏도 完全한 發育을 엇기를 바랍니다. 어서 우리 文壇에도 素養이 豊富한 天才의 文士가 輩出하여야 할 것이외다.

이러한 意味에서 우리 文士들께 熱熱한 忠告를 들인 春園 君도 質이 良好한 作品을 多量으로 提供하기를 바랍니다. 이것이 千百 番 不良한 文士를 罵倒하는 것보다, 文壇을 革新함에는 그 效果가 偉大할 줄 밋습니다.

—『개벽』, 1921. 5.

建設 途中에 잇는 우리 文壇을 爲하야

現今 우리 朝鮮 知識階級의 여러분이 흔히 우리 文壇을 論評하기를 『朝鮮에 文藝다운 文藝가 어대 잇스며, 藝術的 價値가 잇는 作品이 어대 잇느냐?』고 한다. 果然 그러하다. 눈을 쓰고 每月 나오는 雜誌의 創作欄을 살펴보드라도, 그러한 듯한 作品을 發見할 수 업다. 그러면 月刊 雜誌가 幾個나 되느냐고 물을 째에, 손가락을 하나둘을 곱으면 그만이다. 손가락을 다섯을 다 곱을 수 업시 그러케 貧弱한 讀書界에 無價値하지마는, 그리도 創作의 탈을 쓰고 나오는 作品이 幾個나 되느냐고 물을 째에, 亦是 다섯 손가락을 다 곱을 수 업다. 참으로 貧弱하다.

아모 人生觀도 體驗도 업는 사람들이 一時의 功名心이나 文壇的 野心으로 模倣이나 改變흔 것에는 何의 價値를 發見할 수 업슬 것은 말할 것도 업슬 것이다. 그리고 日本에서 發行하는 『文藝俱樂部』 갓흔 것이나, 數冊의 文學史나, 文藝思潮史 갓흔 것이나 또는 文藝上의 術語 若干 個를 暗誦하얏다고 반다시 作家가 되는 것은 아니다. 抽象的의 戀愛나 皮相的의 센티멘탈흔 氣分만이 文藝를 産出하는 것처름 성각흔다 하면, 文藝를 誤解흠이 이에서 더 큼이 업슬 것이다. 또 藝術은 藝術的 天才의 事業이라 하여 自身에 何等의 修練이 업드라도 말만 던지면 그것이 詩가 되고, 붓만 잡으면 名篇 傑作이 곳 나올 것처름 성각하는 天才人이 업지 아니하다.

그러나 이것은 自己를 모르는 自惚로서 文藝에 뜻을 두는 누구에게든지 잇는 것이다. 이것도 文藝를 그릇흠이다. 누구든지 이러흔 것은 藝術에 뜻하는 過程에 잇든 것이다. 이러한 自惚이나 自負가 업스면, 到底히 藝術의 門을 通過할 수 업스나, 이것도 程度의 問題라 너무 함부로 날뛰다가 아조 그 門을 通過하기 前에 落下되는 수도 잇고, 그 元氣가 枯槁되여 장마 째에 簇生하든 버섯처럼 삭으러지고 마는 수도 업지 아니하다.

　現今 우리 文壇을 隱蔽흠이 업시 그 正體를 一言으로 評호다 하면, 將來를 바라는 文學 靑年은 잇다 할지라도, 眞正한 意味에서 作家라 할만한 文士는 幾個가 되지 못한다 할 수 잇다. 이것은 武藏平野에 蟄伏흔 스람이 現今 우리 文壇에 엇더케 만히 天才가 縱橫出沒하는 것을 엇더케 알 수 잇느냐 責하면, 나는 『참으로 반가운 일이 올시다. 깃븐 일이 올시다. 제가 잘못 알은 죄를 謹謝하겟습니다.』라고 말할 것이나, 아즉은 그러한 것을 듯지도 보지도 못한 나는 自己의 文藝에 對한 憧憬과 熱求가 이에 對하여 이것을 불으짓게 되얏다.

　年前에 朝鮮 內地에 講演 旅行을 할 때, 어느 地方에서 「朝鮮 文學에 對한 雜感」이란 題目下에 朝鮮 文壇에 對하여 두어 마디 感想을 말하얏더니, 聽衆 中에서 藝術과 道德을 混同흔다고 야지(彌次)와 質問이 連해 들어왓섯다. 나는 참으로 놀라지 안흘 수 업섯다. 나는 내 쌈냥 道德이란 觀念과 藝術이란 觀念을 달니 가지고, 적어도 道德과 藝術을 흔 範疇에 넛치 안코 말흔다는 것이 도로혀 藝術에 深奧흔 造詣를 가진 여러분의게 道德과 藝術을 混同흔다고 叱責을 밧게 되얏섯다.

　그리고 그 靑年들은 自己들이 듯고 보고 흔 것이 가장 올흔 것이란 그들의 自負와 自惚에 感動 아니할 수 업섯다. 그러나 흔편으로 未安호다는 싱각이 더 깁헛섯다. 나도 果然 道德이 如何흔 것인지 行爲를 엇더케 하여야 그 道德에 마즐는지, 그 道德에 맛도록 行爲하는 것이 참으로 올흔 것인지, 쏘한 이러한 道德이 얼마나 우리 社會 生活에 有益흔지 흔 疑問으로 붓치고 잇섯든 次에, 藝術과 道德을 混同흔다는 叱責에 그 靑年들의 槪念이 如何흔 것을 알엇고, 짜라서 내의 道德의 槪念과는 비교의 逕庭이 잇는 것을 씨다랏다.

　짜라서 그들의 藝術의 槪念이 如何흔 것과 내의 藝術觀이 如何흔 것에서도 容納홀 수 업는 溝渠가 잇슴도 알앗다. 그리고 그 靑年들은 日本 自然主義 萬能 時代 文藝思潮의 支流만이 全文藝의 思想인 것처름 싱각하고, 쏘는 文藝는 自然主義的 作品이 아니면 文藝가 아닌 것처름, 卽 自然主義 作品만이 藝術品인 것처름 盲信흔 것을 씨달을 째에, 나는 그들의 야지와 質問과 怒號가 無理가 아니라 싱각하얏섯다.
—(1), 『매일신보』, 1923. 7. 17

 그리고 그들은 모다 現狀에 滿足치 아니하는가 싱각하얏다. 前日 내가 어느 시골에서 敎鞭을 잡는 餘暇에 詩作이니 무엇이니 하여서 新聞이나 雜誌에 投書하던 그 時代를 回憶 아니할 수 업섯다.
 技巧 萬能, 寫實 萬能의 餘波가 우리나라 文學 靑年의 머리에 가득 찬 것이라 싱각할 째에, 우리 文壇에도 相當한 文藝批評家가 아니 나오는 것을 遺憾으로 싱각하엿섯다.
 以上에 말한 것은 내가 우리 文壇의 傾向 如何한 一例를 말한 것이다. 이것도 우리 文壇에는 眞正한 意味에서 作家가 업고, 自己 表現의 衝動으로 말미암아서 若干의 作品을 提供하는 文學 靑年만 多數이란 意味에서 傾向이란 文字를 使用하게 된 것이다.
 그러면 이것을 이와 갓치 만들은 原因이 업지 아니홀 것이다. 勿論 文壇에서 英雄主義나 高踏主義로 너희들은 다 그러하지 마는 나는 그럿치 안타는 것이 아니라, 적어도 現代의 生活을 背景으로 한 우리 精神的 所産인 藝術이나 文藝가 그와 갓흔 時代錯誤에 싸지는 것을 遺憾으로 싱각하는 까닭이다. 그러한 原因은 무엇이냐? 말하즈면 모르는 것이 다 無識한 것이다. 만히 알흔 체하여도 實狀은 모르고 잇는 것이다. 自己 主觀에 싸진 까닭이다. 自然主義 文學에 가장 忌避하는 小主觀에 싸진 까닭이다. 이에 自家撞着을 發見홀 수 잇는 것이다.
 『웨 모르느냐? 좀더 硏究해라. 좀더 苦悶하고, 苦生하여라.』하는 것은 우리는 좀더 비흡시다, 좀더 硏究합세다, 좀더 춤읍세다.』하는 眞實한 要求에서 나온 것이라 홀 것이다. 그러나 우리는 엇더케 하느냐 하는 問題에 일어서는, 다시 그 原因을 他處에서 求치 아니할 수 업슬 것이다.
 우리가 恒常 自己를 모르는 妄想에서 여러 가지의 矛盾과 憧憬이 나오는 것이다. 짜러서 自己의 處하여 잇는 環境에 間斷업시 눈을 두어야 할 것이다. 우리나라 文壇의 萎而不振하는 것도 偶然한 일이 아니라, 나는 至今까지 文壇에 잇는 個人들에게 求하고 要홈을 말하얏거니와,

이것은 말하자면 責善咨備로 쪼는 責任上으로 그들의게 되린 말이다. 말하자면 어느 官廳 長官이 그 部下의 過失로 責任을 지는 것이나 다름업다는 것이라 성각흔다.

우리나라 現在 社會 狀態를 둘너보라! 모던 文化가 가장 幼稚흔 것은 아모리 好感의 눈을 가지고 보드라도 偶然흔 일이다. 모던 文化가 低級흔 우리 社會에 文藝만이 特殊흔 地境을 開拓하라는 것은 너무 無理흔 注文이다. 文藝는 누구의 所産인가? 말흘 것도 업시 사람의 創造이다. 그러면 그 사람은 엇더흔 사람인가? 그 時代의 사람으로 밥 먹고 옷 입고 집에 사는 사람, 즉 모델이다.

그러면 우리 文壇 여러분도 홈끠 이 社會에 사는 一般人이나 조곰 달을 것이 업슬 것이다. 何던지 文人이고, 平凡人이고, 哲人이고, 野人이고, 君子이고, 그 生活에는 物質이다. 生活 그 自體를 意義로 말하자면 精神 生活이니 物質 生活이니 하지마는, 나는 그러한 奢侈스러운 餘裕綽々흔 意味의 生活이 아니라, 生活이라면『生』그것이 벌서 物理的, 化學的, 生理的을 意味홈으로, 生에는 物이 全部라고 생각하고 십다. 우리의 生이 업는 곳에는 宇宙도, 人間도, 精神도, 아모 것도 나는 성각하고 십지 안타. 그럼으로 나는 우리 文壇의 萎微沈滯흔 것을 經濟學上의 需要 供給의 法則 關係로 說明하고 십다.

至今 說明하고ス 홈도 決코 古代나 近世의 것을 말고 아니하고 現代를 意味홈이라. 그런데 現代의 藝術이 商業化, 資本主義化흔 것은 事實이다. 古代의 素朴흔 社會에 잇서서는 童話나 神話가 엇더한 階級을 爲하여서만 잇지 안핫고, 그 社會의 生活 自體가 卽 神話요, 童話요, 藝術이엇섯지마는, 현대에 일으러서는 이것이 奢侈品 갓치 된 것은 감출 수 업는 事實이다.

그런데 特別한 部分인 近代의 文士들 生活을 現今에 누가 保障하는가? 그 社會에서 責任을 가지고 保障한다 하면, 藝術의 어느 特殊한 創造의 天才를 가즌 사람은 生活의 恐迫이 업슴으로, 그 天才를 充分히 發揮할 수 잇슴으로 完全한 自己의 地境을 開拓할 수 잇지마는, 現代에 일으러서 다 作品을 商品으로 삼어서 生活하게 되지 안는가? 原稿料니 무엇이니 일음은 조흐나, 賣文하는 것이 아니고 무엇인가? 어느 新聞 雜誌에던지 滿載한 論評 創作 等(同人 雜誌 等은 除外한다 하더라도)이 다 相當한 돈이 먹은 것이 아니고 무엇인가?(朝鮮의 것을 일음이 아니다.)

그러면 文士가 賣文하는 것이 不可하냐 하면 그러치 안타. 우리가 이 社會 制度에서는 이 資本主義 經濟 組織下에서는 新聞이나 雜誌가 商品化한 以上에는, 文士가 賣文하는 것이 自己 權利라고 싱각치 아니할 수 업다. 生活의 保障이 업는 文士가 賣文化하는 것을 誹謗하는 作家나 評論家의게 모다 自己의 비가 쯧하니꺼 그리한다고 反駁홈에 무엇이라 對答할는지 알 수 업거니와, 이와 갓흔 反駁을 試하는 文士의 生活의 苦나, 쪼는 그로 말미암아 精神上의 苦痛이 如何한 것을 吾人은 알어야 할 것이다.

—(2), 『매일신보』, 1923. 7. 18

文士가 賣文하는 것은 相當한 生存權이라고 認定하는 것도 文이란 商品이 잇고, 買한다는 需要者가 잇는 以上에 成立될 問題이다. 需要가 업스면 싸라서 供給者가 困難홀 것은 現今 經濟學의 原則이니 더 말홀 것 업다.

우리는 藝術을 精神的 産物이니 무엇이니, 藝術論 갓흔 그런 高尙한 것은 다 바리고 現今 朝鮮 狀況을 그대로 보고 그대로 말홀 것 갓흐면, 文士가 賣文하며 生活하겟느냐 못하겟느냐가 問題이다. 그것은 社會的으로 生活을 保障홀 수 잇느냐 업느냐가 問題이다. 이것은 世道人心이 不良하여 그러냐 하면 그런 것도 아니다. 亦是 自然한 趨勢이라 홀 수 잇다. 第一 敎育이 普及치 못하여 讀書者가 一群으로 말하여도 게우 세울 수 잇다. 酒肆靑樓의 一時의 歡樂은 알지마는, 讀書三昧의 참된 樂은 모른다. 千金을 擲하여 妓生이나 娼婦를 買홀지언정, 一圓錢을 投하여 新聞이나 雜誌는 사지 안는다.

그럼으로 우리 朝鮮에는 新聞이나 雜誌가 아즉 商品化하지 못하얏다 홀 것이다. 이 商品化하지 안흔 대에서 참으로 價値잇는 藝術이나

藝術家가 나오리라고만 싱각하는 것은 妄想이다. 이것은 어느 부르주아와 閑中餘事로서만의 文藝가 싱길 것이오, 우리 生活과는 直接의 關係업는 藝術만 싱길 것이다. 그리고 天才가 富豪階級에만 잇스라는 法이 어대 잇슬 것이냐? 아모리 女人이라도 文藝에 殉死할 決心이 잇는 사람이라 할지라도, 藝術品을 우리의게 提供하기신지에 生活을 要하여야 할 것이 안인가?

이것은 너무 極端의 말이지만은, 우리가 議論을 徹底식히는대는 極端을 아니 싱각할 수 업다. 朝三暮四라는 우리 新聞이나 雜誌를 發表機關으로 한 文士들이 新聞이나 雜誌에 自己의 商品인 文藝를 買치 못하면 어대서 生活 材料가 나올가? 그도 朝鮮의 出版業者가 相當한 眼識이 잇고, 理解와 義俠心이 잇서서, 所爲 쓰는 사람을 爲하여서도 出版한다 하면 生活을 保障할 餘裕가 잇거니와, 興味 中心이나 極히 低級한 것만 出版하게 된 고로, 그도 할 수 업다. 出版業者는 판에 박힌 商品인 故로 잘 팔리는 것, 잘 需要되는 것을 出版할 것은 事實이다. 廣告術을 利用하게 되는 것이 玉石混雜의 弊가 不無하지마는, 當分間의 朝鮮의 廣告術의 拙劣인 것도 그 出版界에 影響이 잇는 줄 밋는다.

그럼으로 生活의 保障을 어들 수 업는 將來가 有望한 文人이나 藝術家 中 아조 根氣잇는 사람이면 모르거니와, 그러치 못한 사람들은 生하기 爲하야 業을 求하게 됨이 안인가? 붓 잡엇던 손으로 광이도 들고, 펜 잡던 손으로 算盤도 극적거리게 된다. 文士로서 가장 理想에 갓가운 文筆의 職業은 新聞이나 雜誌이지마는, 그 속에 들어가면 亦是 自己의 創造 生活과는 緣이 멀은 妥協 屈從 뿐이다. 그리고 馬車처름 부즈러니 일하느라고 創作에 붓을 들게 된다는 것은 썩 稀怪한 일이다.

이러한 原因이 文壇에서 有爲한 天才를 圈外로 放逐하는 것이 안인가? 그리고 우리 朝鮮에는 社會的으로 아모 氣力은 업스면서도, 조곰 異色을 가즌 사람을 嫉妬 誹謗하는 惡德의 輿論은 甚해서 個人의 一短으로 十長을 장사지내는 일이 흔히 잇다. 이것은 文士의 生活을 保障할 힘이 업스면서, 더구나 精神的으로 包容할 同情신지 缺如한 것이다. 將來를 多少 囑望하던 文士들은 現今 文士에서 그림즈를 감추게 된 것은 그러한 原因이 아닐가? 그러고 인제야 단꿈을, 卽 文壇의 꿈을 쑤는 靑年들이 文壇이 제것인 것처럼 엇더한 城郭을 쌋고, 그 가운대에 化石하려 하는 것이 아닌가? 이러한 靑年들도 至今에는 모든 生活의 困難에도 文壇이란 꿈속에서 숨지마는, 어느 時期가 되면 견듸다 못하여 니려올 것은 豫言할 수가 잇다.

至今 잇는 여러 文學에 뜻을 둔 靑年이여! 견될 수 잇거든 永遠히 견듸어 보라고 말할 수밧게 업다 흠으로, 愛惜한 것은 그들이 춤으로 우리 生活이 엇더한 것을 알고, 戀愛가 엇더한 것을 體驗도 하고, 自己를 알고, 藝術家의 本質的인 內面의 生活에 눈뜰 째에 그들은 붓을 니던지게 되는 것이다. 그러면 文士나 藝術家만이 그들의 生活을 社會에 保障식힐 權利가 잇는 것처름 싱각지 안는가 하는 嫌이 不無하나, 나는 우리 人生의 生活은 그 社會에서 保障하고, 人生은 우리의게 內在한 全能率을 發揮하는 것이 우리 社會 生活의 理想이란 前提下에서 이것을 提唱흠이오, 決코 特殊한 것을 意味흠이 아니다.

더구나 自己의 精神의 所産을 商品으로서 다 팔 수 업는 우리 朝鮮 現代의 文士처름 同情훌만한 處地가 업다 한다. 그럼으로 特히 生活 保障 問題를 云々하게 된 것이다. 貴重한 藝術을 論하면서 이와 갓흔 觀察은 우리 文藝가 萎縮하는 原因을 全혀 社會的으로만 도라보고, 卽 文壇人의 責任을 社會에 轉嫁식히고, 그 自體에 病根이 잇는 것을 庇護하는 것 갓지마는, 流動하는 河海에는 비록 一石이라도 波動을 일으키지마는, 단단한 짜에는 巨巖을 굴니드래도 波動이 안이 이러는 것처름, 社會的으로 아즉 그러한 感性이 乏한 今日에 우리 社會에 藝術의 波文을 일으키기는 너무 그러케 容易한 일이 아니다.

그러면 文藝에 使命을 가진 文人들은 一時의 苦境을 아니 넘을 수 업다는 意味에서 自重하고 根氣 잇기만을 바랄 짜름이다. 이것이 絶望의 叫號가 아니라, 우리는 極히 內面的으로 自己의 生을 開拓하는 것이 우리 참 生命의 發展임으로 이만한 苦痛을 豫期하여야 한다.

時代는 움직이고 文藝는 움직이는 그 時代 思想의 先驅임으로, 이에 從事하는 사람들은 特히 慧眼을 가즈지 안흐면 아니될 것이다. 慧眼으로

獨斷에 일으기 쉬운 고로, 우리는 不斷한 努力과 修練이 잇서야 홀 것이 아닌가? 後日 機會잇는대로 愚見을 또 뭇하려 한다.

　最後에 홀 말은 現今 우리 文壇의 事情을 論홈이오, 決코 將來에는 賣文하는 社會를 企望한다 홈은 아니다. 우리의 全的 生活을 싱각할 째 時代의 先驅者로 文藝에 提携혼 여러 사람은 恒常 그 精神이 또는 理想이 現實 社會上에 잇서야 홀 것이다. 現實 思想의 레벨과 平行하는 사람 또는 以下에 잇는 사람이 머리에는 決코 創造의 生活이 업스리라고 싱각한다.

―(3), 『매일신보』, 1923. 7. 19

苦言 二三

1

 現今 우리 朝鮮에 엇던 분들이 一流 作家인지, 쪼한 엇더한 作品을 만히 發表하엿는지, 그 作品의 內容이 엇더한지, 우리 文壇과는 沒交涉이 든 나는 仔細히 알 수 업스나, 發表한 그것만이 우리 文壇의 全收穫이라 하면, 그것을 그 貧弱이란 말로만 形容할 수 업시 좀더 貧弱 그 意味보다 强한 말이 잇스면, 곳 우리 文壇의 形容詞를 만들고 십다고 생각한다. 이만한 우리 文壇의 知識을 어든 것도 우리 朝鮮 雜誌界의 權威로 自任하는 某誌에서 年中 文壇 總決算記를 보고야 비로서 알엇다. 나는 그 會計記를 보고, 그 項目을 調査하야 눈에 닥치는 대로 그 決算이 올케 되엇는가를 檢査하여 보앗다. 그러나 全部를 遺漏업시 한 것이 아니오, 눈에 씌이는 대로 보앗든 것에 不過하엿다. 그러나 내의 본 바 그것만으로는 決算한 籌杖을 퉁길 때에 桁을 그릇하지 안엇는가 한다. 假令 十位에 잇는 알을 퉁길 때에 百位나 千位의 알을 튕기지 안햇는가 생각한다. 모다 過分의 評을 밧지 안햇는가 생각한다.

 그리고 權威 잇는 評者의게 自己의 作品을 默殺當하는 것이 勿論 苦痛일 것이다. 더욱 文壇的 野心을 가진 그들의게 致死의 創鋙를 바든 것처럼 압흘 것이다. 評者의 好意나 한 慈悲心에서 나왓는지는 알 수 업스나, 사람을 두들게주어도 程度가 잇지! 모처럼 自己의 內部 生命에 熱求에 못 이기어 心血을 濺注한 力作을 게우 書肆에 左請右屬하여 가지고 權威잇는 評을 엇기 爲하야 『어 批評家시어! 好評을 願합니다.』 哀乞하고, 『울린 그것을 보지 안햇소? 料理집 會計記처름 너절함이다. 이후에 더 工夫하여 가지고 더 좀 조흔 것을 가지고 오시오. 그러면 보아줄 터이니.』 하는 말이 아니고 무엇이냐? 나는 쌈하라고 충둥이하는 말은 아니다마는, 作者로서 良心이 잇고 男子이거든 그러한 侮辱은 腕

力을 쓰드래도 밧지 아니 할 것이라고 생각한다. 내 일홈이 그러한 大家의 筆端에 올는 그것만이 榮光이라 하면 그만이어니와, 評者 그 사람도 맘시가 바른 사람이라 할 수 업다. 사람을 죽이랴면 엇더케 못해서…….

2

　日本 文壇에 數三年來로 所謂 宗敎文學이 流行하게 되엿섯다. 勿論 이것은 센치멘탈리슴이 宗敎라는 탈을 쓰고 나와서 才子佳女를 만히 울닌 것이엇다. 所謂 親鸞이니 老子니 耶蘇니 孟子니 하엿지마는, 그것은 一時의 傾向에 不過하엿고, 昨年度에는 눈을 쓰고 보랴도 업섯다. 그런데 日本 文壇에서는 그 얼골을 감춘 今日에 우리 朝鮮에는 비로서 나오게 되엇다. 一, 二個가 나왓다고 朝鮮에도 流行이라고는 말할 수 업스나, 朝鮮에는 一年 동안을 두고 發表되는 作品이 열 손가락을 쑵을 수 업슴으로, 하나나 둘이 그러케 小部分이오 小數가 아니다. 그 他에 여러 가지 歷史에서 取材한 것도 만흔 듯하다. 自己의 體驗이나 生活의 背景이 薄弱한 告白小說 갓흔 것을 수박 것 할기인 實感으로 所謂 創作이란 말을 써서 내놋는 것보다는, 好傾向이라 하면 好傾向이라 할 수도 잇것이나, 宗敎上 人物이나 歷史上의 人物의 일홈을 비러다가 조고마한 自己의 主觀만을 살니랴 한다 하면, 나는 크게 抗議코자 한다. 우리가 歷史에서 宗敎에서 取材하랴 할 것 갓흐면, 宗敎나 歷史의 知識이 넉넉히 取扱된 그 사람의 思想의 眞髓를 體得하여야 할 것이다. 畵虎不成反爲狗子라 하면 이것은 最初에 그러한 곳에서 取材 아니 하는 것만 不如하다고 생각한다. 假令 許生 耶蘇나 紂나 申叔舟를 取材하엿거든, 今日에라도 許生이나 叔舟나 紂나 耶蘇를 그 무덤에서 불너일으키고 내가 取扱한 作品에 再現된 너의들의 思想에 아모 抗議가 업느냐고 무러 보드래도, 그들은 아모 不服이 업습니다 對答할 만큼, 그의 참(眞)을 엇지 안흐면 아니 될 것이다. 그러나 나의 생각에는 그들의게 뺨이나 아니 마즈면 幸이라 한다. 具體的 批判은 後日을 期約하자! 그리고 爲先 우리 朝鮮 學界를 우러러볼 째, 隱然中 늣기게 되는 雜感을 이 알에 써보려 한다.

3

　日本 某 評論家와 談話할 쌔에, 그는 개가 바위틈 지내듯 京城 方面에 暫間 잇다가 朝鮮을 모조리 理解한 듯이 말하든 故 島村抱月 氏를 模倣한 말이 勿論 아니겟지마는, 『愛蘭에는 愛蘭文學이 잇고, 波蘭에는 波蘭文學이 잇는데, 朝鮮에 朝鮮文學이 업는 것은 참으로 怪常한 일이외다. 꼭 잇서야 할 朝鮮, 꼭 잇슴즉한 朝鮮에 朝鮮文學이 업는 것은 참으로 怪異하게 아니 역일 수 업소.』하는 말을 들을 쌔에, 나는 正襟치 안흘 수 업섯다. 朝鮮의 文學이란 秘密絶島가 어느 海中에 잇서서 慧眼을 가즌 探險者의 來訪을 苦待하고 잇는지 쏘는 기다리다 못하야 自憤에 못 이기어 暴發이 되어 海中에로 들어가버렷는지, 언제든지 海上에 突飛하랴고 珊瑚礁처럼 海中에 숨어 잇는지, 平凡하고 文學에 造詣가 업는 나는 알 수 업스나, 엇제튼 내의 아는 바 範圍로 말하면 하나도 남 압헤 쏜 조흐케 내놀만한 것 업는 것은 事實이다. 그러케 알음이 적고, 世上에 알니움이 적은 나와 갓흔 아모리 厚顔의 所有者일지라도 正襟하고 아니 들을 수 업다. 果然 그러하다. 우리의게 잇는 모든 것 中에 果然 남 압헤 쏜 조케 내놀만한 것이 무엇이냐? 더욱 文學에 들어가 구버다 보자. 내 眼力이 不足하야 잘 들여다보지 못하여 알 수 업는지, 文學 自體가 무슨 박터리아나 갓해서 顯微鏡을 들어대지 안흐면 안 뵈일 만큼 微妙한지 알 수 업스나, 『春香傳』이나 『놀보傳』 갓흔 것으로 朝鮮에도 이러한 作品이 在來로 잇섯소 하고 내어놀 수는 업슬 것이다.

4

　在來도 在來려니와, 現今을 말하여 보자. 言語에 基盤을 두지 안흔 文學이 이 世上에 업슬 것은 말할 것도 업다. 滿溢 言語를 써나서 文學이 잇다는 例가 잇거든, 누구든지 가지고 나오너라. 그쌔에 나는 내의 無識을 謝過하기 爲하야 百번이나 절할 터이니. 다른 나라, 特殊한 言語를 가즌 나라들은 그 國語로서 만든 辭書가 幾十 幾百 種으로도 세힐 수 업게 만히 잇지 안흔가. 그러나 우리 朝鮮 現在를 보라. 朝鮮語 辭書가 幾種

이나 잇는가? 『康熙字典』에서 拔萃한 玉篇 等은 新舊 書舖의 冊欌에서 데글〈 궁글지만, 朝鮮總督府에서 中樞院 나리들을 모아 노코 그분들의 담배 픠는 동안에 한 마듸 두 마듸식 蒐集하야 둔 漢文투성인 『朝鮮語辭典』 外에는 朝鮮말 辭書는 눈 싯고 보랴도 하나도 업다. 俄初에 만들지 안흔 것이 世上에 存在할 理가 업겟지마는, 나는 新舊舖의 出版廣告를 무슨 圖書株式會社니 무슨 會니 무슨 書舖니 하는 宏壯한 일흠으로 낸 것을 볼 째마다 出版은커녕 豫告하는 것도 못 보앗다. 國語의 辭典 한 개가 업는 터에 文學이니 무엇이니가 다 무엇인가? 英國에 辭典이 잇서서 쎅스피아가 생기고 獨逸에 말모듬이 잇서서 꾀테가 나왓다고 할 수는 업스나, 꾀테나 쎅스피아가 表現의 道具로 使用한 것은 亦是 言語이다. 벙어리(啞) 聲學家가 업슬 것이다. 장님(盲) 畵家가 업슬 것처름 表現 업는 藝術家가 업슬 것이다. 現在 辭典이 업다는 것은 言語의 統一이 업다는 것을 意味함이다. 京城에서는 京城말이 아니면 말 아닌 것처름 생각하고, 地方에서 그 地方말이 아니면 言語로 듯지 안는 것이라 極端으로 말할 수 잇다고 생각한다. 이것을 엇더한 作品에 로칼 칼라를 나타낼 째에 限하야 容認한다는 意味와는 짠판이다. 實際 우리가 붓을 들고 創作이나 論文을 쓸 째에(地方 사람으로서) 言語 그것으로서 얼마나 만흔 拘束을 밧는지 알 수 업다. 더구나 그 作品이나 論文을 自己 冊床 설합헤다 죽을 째까지 갈머둘 作定이면 모르거니와, 그래도 그것을 世上에 내노아서 다른 讀者를 求한다 하면, 이것이 그러케 泛然한 問題가 아니다. 作品으로서는 死活 問題다. 旣往의 漢詩나 純漢文章처름 宏大壯快하고 美麗妖艶한 文句만을 羅列하는 것이 碩學과 巨儒의 能事로 알아서 尋章摘句만을 唯事하든 時代의 文學이라 하면 己어니와, 적어도 時代에 잇서서 生命인 文學, 深刻한 人間性에 뿌리박은 文學에야 그러한 抽象的 文句가 吾人의 가삼에 빈틈업시 안끼일 理가 잇겟느냐? 京城에서만 쓰는 말이라고 다 適合하며 正確한 것이 아니오, 地方에서만 쓰라고 다 訛語와 誤謬가 아닌 것이다. 京城에서만 쓰는 그 말에도 訛語와 誤謬가 잇슬 것이오, 地方에서 쓴다는 그 말에도 正確한 意味를 가즌 것이 잇슬 것이다.

그러한데 混沌한 우리나라의 今日에 잇서서는 가장 適合하고 가장 巧妙하게 表現된 말에 잇서서도 그 말이 自己가 理解할 수 업슬 것 갓흐면 이것을 곳 地方語나 土語로 도라보내이고 마는 일이 種々하다. 그러케 表現한 말 가운대에는 勿論 特殊한 地方語로만 행세할 말이 업는 것이 아니나, 그러나 이것을 한갈갓치 排斥함과 갓흔 것은 너무 無謀함이 아닌가 한다. 그러케 말하고 보면, 自己의 言彙 不足한 것이 다른 사람의 말을 容認할 수 업게 되는 것이다. 萬一 이러한 쌔에 正確한 辭書의 備置가 잇다 하면, 어느 程度까지 作者의 意義가 如何한 곳에 잇섯든 것을 理解할 수 잇슬 것이다. 今日 英國에 辭書가 업서 보아라. 쉑스피아의 劇詩를 제 뉘가 容易하게 理解할가?

이러한 意味에서 나는 우리 朝鮮에도 곳 辭書가 나오기를 熱望하는 사람의 하나이다. 今日 所謂 文學에 從事하는 創作家 諸君들의게 그 藝術家라는 看板을 쯰여바리고 言語學者라는 門牌를 새로 붓치라는 것만이 아니다. 우리 朝鮮의 現今 形便은 露西亞의 文學者나 英吉利 詩聖의 歷史며, 그 作品을 多數히 提供하는 것보다는 차라리 고린 朝鮮말일지라도 다만 한 券의 辭書가 더욱 必要하다고 생각한다는 말이다. 이와 갓치 朝鮮의 文化가 萎縮不振하는 것을 다만 우리 朝鮮人의 努力 不足만에 잇다는 것이 아니다.

모든 環境이 自然 그러케 만들어주는 것인 것도 事實이다. 그러나 우리 社會에는 努力하랴는 努力이 적은 것을 참으로 遺憾으로 생각하는 바이다.

—『금성』, 1924. 1.

生活의 傀儡

　다른 사람의 일에 干涉하기를 조화하는 사람이 잇서 나다러 뭇기를 『네가 웨? 하고 만흔 것 가운대에서 何必 붓대를 들게 되엇느냐? 그리고 되지 안흔 네의 대롱 만한 속에서 울어나오는 그것을 다른 사람의게 보기를 强請하느냐?』무를 것 갓하면, 나는 무엇이라 對答할가를 文筆에 뜻 둔 그째부터 내의 생각이 붓째살 펴지드시 外界로 向하야 放射하얏다가, 惑은 고요한 밤, 惑은 寂寥한 氣分에 싸일 째, 곳 내의 모든 생각이 다시 內部로 向하야 集中될 째에 아니 생각한 일이 업섯다.
　나는 그러한 疑問이 내의 머리에 일어날 째에, 惑은 그러할 것을 생삭할 必要가 업다고 스사로 그러한 마음을 도르킨 일도 잇섯고, 어데짜지든지 自己를 辯護하랴는 臆說 가튼 對答을 이리로 저리로 쯔집어대인 적도 잇섯고, 惑은 來日부터라도 붓대를 내던지고 호미나 맛치자루를 쥐겟다고 스사로 盟誓한 일도 잇섯다.
　그러나 恒常 그러한 疑問 中에서 가장 만흔 度數와 强硬한 힘으로 그대로 붓대를 잡게 한 것은 『내가 하고 십허 하는 것이오. 내의 內部의 熱烈한 要求가 이것을 强要하는 까닭이오. 내의 感情이 그것을 바리고 아모 것도 要求치 안는 까닭이오. 나의게 鬱積한 苦惱가 무엇을 그려내고 만드는 그 瞬間, 그것이 생각한 바 그대로 일우는 그 刹那에 歡喜로 變하야 엇더한 怯脫을 늣기는 까닭이오. 그리고 나와 가튼 사람, 處地와 境遇가 가튼 사람들에게 내의 생각한 바를 어느 記號로 그려내어 이것을 다시 뵈일 째에 그들이 내가 생각한 바 그대로, 惑은 슬퍼도 하며, 惑은 깃버도 하며, 惑은 憤도 내며, 惑은 압흐게도 생각하게 되리라는 미듬이 잇슬 째에 創造의 衝動이 식히는 바 모든 意慾을, 惑은 安逸, 惑은 怠惰 가튼 것으로 말미암아 그대로 抑制한다는 것은 自己의 生活, 精神의 生活에 不忠實할뿐 아니라, 그만한 懊惱나 歡喜로 말미암아 어들 바

隣人의 慰安을 그대로 沒覺한다는 것은 너무나 無責任함이 아닌가 두려워하는 까닭이오.』라고 對答하엿슬 것이다.

그러나 이 對答이 果然 틀님이 업는 對答일가 내의 良心에 물어보고, 쏘는 千人이나 萬人의게 물어볼지라도 내의 良心이나 千萬人의 對答이 한갈가티 그러타 할가? 내가 내의 마음으로 생각한 바임으로 적어도 내의 良心은 果然 그러하다고 對答할는지 알 수 업스나, 다른 對答을 듯고 다시 내의 良心과 議論할 째에, 내의 良心은 반다시 自我를 主張하야 내가 생각한 바를 그대로 어데까지든지 굽히지 안코 세우라 疾呼할 것이다. 그 째에 나는 그러케 하겟다고 盟誓할 것인가? 盟誓할 수 잇슬가? 네가 웨 붓대를 주권업시 잡엇느냐 뭇는 그 말에 미리 對答하랴 準備하여 둔 것 가티, 以上과 가튼 對答을 다시 되푸리할 수 잇슬가?

더 좀 深刻하게 들어가서『네가 果然 그러한 天分을 가젓느냐. 네가 果然 네의 마음에 刻刻으로 움직이는 感情을 네가 늣긴 바 그대로 다른 사람 亦 늣기도록 온전히 뷘틈업시 나타낼 수 잇겟느냐? 그러느냐?』라는 辛辣한 質問을 發할 째에 나는 또 다시 무엇이라 對答할가? 내가 이 對答에 窮한 것을 볼 째에, 뭇는 그 사람이 내의게 同情하는 바이 업다 하면, 그는 더 一層 깁히 들어가서『그러케 對答에 躊躇할 것이 무엇인가. 나는 天分도 업습니다 하여라! 나는 내의 생각한 것을 如實히 아모 虛僞업시 나타내일 아모 能力도 업습니다 하여라! 내의 歡喜나 苦悶이 반다시 萬人의 歡喜나 苦悶이 되리라고 保障할 수는 업슴니다 하여라!』할 것이다.

그러케 말하여도 내가 躊躇하며, 그래도 오히려 未熟이나 남어 잇는 것처름 아모 말도 업슬 째에, 그가 참으로 아모 가리는 것 업시 諷刺하는 사람이라 하면, 반다시 命令的으로 어서 붓대를 내버리고 호미나 괭이를 잡어라.『아! 分限을 모르는 者여!』라고 叱呼할 것이다. 그리고 慈愛 깁흔 소리로 나즉히 말하리라.『네가 생각하는 그대로 나타내일 힘이 네게 잇느냐?』고. 그리고 世上에 붓을 잡은 모든 者들 中에 네가 생각하는 그와 가튼 사람이 幾何나 잇는 줄 아느냐? 그들 中에는 다른 사람이 눈물 흘닐 째에 呵呵大笑한 者도 만히 잇섯다. 萬人이 한갈가티 喜喜樂

樂할 때에 저 혼자 慟哭한 者도 만히 잇섯다. 毋論 네가 아는 바, 自古로 일음을 가진 사람 가운대에는 그러한 사람이 업겟지마는, 붓을 잡어라 할지라도 일음업는 모든 사람 가운대에는 참으로 人間으로서, 곳 萬人이나 千人, 古人이나 今人이 한갈가티 울어야 할 일, 한갈가티 깃버하여야 할 일에 깃버하여 보지도 못하엿고, 울어보지도 못하엿든 사람들뿐이다. 하물며 近日에 와서 붓대를 잡은 그 사람들이야 말할 것 무엇이냐. 아즉도 未知數에 잇는 것이다.

나는 그째에 斷然코 躊躇업시 말하리라. 果然 그러하다. 그들 가운대에 참으로 人間性에 共通한 苦悶, 共通한 歡喜가 무엇인 것을 把握하엿는지, 아니 그들에게 그러한 것을 늣길만한 素質이 가추어 잇는지,『모다 自己 享樂에 싸젓다. 그들은 自己란 外에는 아모 것도 업다는 것을 감출 수 업슬 것이다』라고. 그째에 뭇는 그 사람은 반다시 나를 嘲笑하며 侮蔑의 視線을 던질 것이다.『웨? 네의 말을 물을 째에 아모 말도 업시 不平한 억로빗이 보이더니, 다른 사람의 말을 끄어낼 째에 그와 가티 快哉라 叫呼하랴는 듯한 얼골을 보이는가?』나는 다시 對面이 업슬 것이다.

그가 다시 나를 追窮한다 하면『나는 그러한 傳統을 바더내려 온 까닭인가 한다. 쏘한 그러한 雰圍氣 中에 잇는 까닭인가 한다. 나는 아모조록 다른 사람의 아름다운 곳을 차즈랴 한다마는, 그리고 아름다운 곳을 만히 차저내어야만 할 줄 안다마는, 거의 本能的으로 다른 사람의 잘못하는 일에는 더욱 눈이 잘 쯱이는 듯하다. 그리하야 내의 열 가지 잘못되는 것이 다른 이의 한 가지 그릇하는 것보다 輕한 것처름 保護하며, 擁護하랴는 感情이 굿세인 것은, 내의 內部에서 자라나랴는 靈의게 큰 苦痛을 주는 것이라 한다. 그런데 이것은 西洋 社會보다 東洋 社會가 甚한 듯하다. 東洋 모든 다른 나라보다 우리 朝鮮이 尤甚한 듯하다.』라 對答할 것이다.

뭇든 그 사람의 頭腦가 밝다 하면, 問題가 다른 데에로 버서낫다 하고, 다시 話題를 根本으로 돌니어 물을 것이다.『네의 內部 生命의 熱求가 너로 하여금 붓을 잡게 하엿다 하면, 至今것 밝어온 모든 네의 經程이 內部 生命의 熱求와 齟齬한 바가 업는가? 矛盾이 업는가?』나는 그째에 躊躇업시 對答할 것이다.『齟齬뿐이오, 矛盾뿐이라』고.『무엇이 矛盾

이며, 무엇이 齟齬이냐?』다시 銓鑿하면, 나는 곳 말할 것이다.『내의 理想과 現實에 너무 만흔 距離가 잇는 것이다. 밧구어 말하면, 내의 現實의 生活—本能的 生存과 理想의 生活—精神的 生存에 何等의 調和가 업는 것이다. 이 不調和, 矛盾, 齟齬이 내의 人格的 生活에 苦悶이란 形式으로 表現되는 것이다.』

그는 다시『그러면 엇지 調和를 求하지 안는가? 求하면 어들 수 잇는 것이다.』할 것이다. 나는『求하여 어들 수 업는 것이다. 耶蘇나 釋迦는 調和를 求한 것이 아니오, 한 편만을 오롯히 한 것이다. 그들이 둘을 다 오롯히 하랴 할 때, 두 편에 調和를 求하려 할 때, 그들에게 報酬로 온 것은 懊惱엿섯다.』고 말하리라.『그러면 너는 무엇을 取하랴는가?』물을 때에, 나는 소리를 놉히여 아래와 가티 對答할 것이다.

『나는 恒常 鐵石 가튼 理智가 업는 것이 恨이다. 나의게 그와 가튼 理智가 업섯거든, 아조 氣分에 生活할 素質을 充分히 가지지 못한 것을 恨한다. 나는 自身 生活의 不調和로 苦惱할 때마다, 나는 섯부른 알음과 미즉한 良心이 잇는 것을 도리혀 恨한다. 나의게 그러한 아모 것도 업섯드면, 따쯧한 밥 한 수가락과 훌은한 국 한 목음이 족히 내의게 歡喜와 慰安을 줄 것이다. 나는 모든 것을 沒却하고, 本能的인 生存에 滿足할 것이다. 그러나 그도 할 수 업다. 웨? 조고만 알음과 미즉한 良心이 許諾지 안흐닛가. 나는 本能的 生存을 써나 法悅三昧의 境에 들어가랴 한다.

그러나 本能的 生存의 모든 條件이 許諾지 안는다.『아! 고민!』그는 소리쳐 쭈지지며,『이 生活의 傀儡여! 卑怯者여!』나는 부르지지리라. 『네! 그럿소이다. 生活의 傀儡이외다. 卑怯者올시다. 나는 이러함으로 苦悶이란 刑罰을 밧소이다. 苦悶하는 가운대 생기는 것이 잇다 하면, 偶然이엇는 바가 잇다 하면, 이것은 내의 事業이외다. 내가 이 世上에 왓다간 발자최라고 사람이 볼 수 잇슴니다. 그러나 나는 억지로 무슨 자최를 남기랴고 努力할 수는 업슴니다. 내의 미즉한 良心이 그것조차 許諾지 안습니다. 生活의 傀儡로 잇다가 空空虛虛한 곳에로.』

—『개벽』, 1924. 4.

童話에 나타난 朝鮮 情調

　아모리 民族과 鄕土를 超越한 人類的이오 世界的인 思想의 主潮라 할지라도, 思想의 土臺를 일운 그 情緒이 흘르는, 惑은 民族的이나 人種的으로, 惑은 地理的으로 色彩와 濃淡을 다르게 하는 것은 더 말할 것도 업슴니다.
　따라서 그 情緒의 表現인 藝術의 核心 思想이 다 달을 것도 넉넉히 알 수 잇슴니다. 그럼으로 南歐 明媚한 地方의 라틴 民族의 文學과 北洋의 찬바람이 자조 불어드는 北歐文學은 惑은 柔軟하고, 惑은 剛直하며, 惑은 明快하고, 惑은 陰鬱하야 各各 民族과 地理의 特色을 가지게 되는 것은 思想 自體가 그 地方에 土臺한 人類의 精神的 所産의 表現인 以上에는 엇지 할 수 업는 事實일 것이외다.
　그럼으로 佛文學에는 佛蘭西의 特色이 잇고, 露西亞文學에는 露西亞의 特徵이 잇슴니다. 이러케 보아 오면 生活 樣式과 言語 文字가 特殊한 우리 朝鮮에도 特殊한 情緖의 內容을 가진 朝鮮文學이 잇서야 할 것이외다. 그러나 今日의 朝鮮 現狀으로 말하면, 遺憾이지마는 朝鮮에 朝鮮文學이 잇느냐 업느냐 하는 것은 問題가 되겟슴니다. 勿論 朝鮮文學이라 하여서 世界文學史 가운데에 大書特筆할만한 아모 것도 업는 것은 事實입니다.
　그러나 나는 다만 하나의 旣存하엿든 思想! 現在에도 吾人의 心的 生活의 基調가 된 情緒의 特徵이 무엇인가는 充分히 觀察할 수 잇다고 생각함니다. 이것은 오날 形便으로 하면 아즉은 組織的으로 硏究되지 못하야 文學史로서 엇더한 體系를 이루지 못한 것은 勿論 遺憾이나, 이것이 早晚間 엇더한 形式으로던지 朝鮮文學의 特色이 엇더하엿다는 것을 闡明하는 同時에, 將來의 엇더한 方面으로 進展할 것을 暗示하는 날이 반다시 잇슬 줄 밋슴니다.

原始 文學의 淵源이 神話나 童話에 잇섯다는 것은 勿論 누구든지 아는 바입니다. 이러한 意味에서 이와 갓흔 文學의 淵源인 童話나 神話를 通하야 우리 民族의 情緒가 엇더하엿든 것과 現在의 思想 主潮가 如何한 것을 아울너 考察하고 보면, 매우 滋味스럽고도 首肯할만한 것을 만히 發見할 수 잇다고 생각합니다. 이러한 童話는 在來로 固有한 것과 創作인 것을 勿論하고, 그 民族의 所産으로 民族的 情緒의 特徵이 그 가운데 숨어 잇슬 것은 말할 것도 업습니다. 그럼으로 近代文學에 그 民族의 固有한 情緖가 잇는 것과 마찬가지로, 그의 淵源인 古代 童話에도 반다시 나타나 뵈일 것입니다.

그러면 朝鮮의 童話에 엇더한 情緒의 特色이 잇느냐 하면, 그것은 童話 種類의 如何한 것을 勿論하고 모다 哀傷的인 것이 그 特色이라고 할 수 잇슴니다. 또 하나의 特色을 우리의 自來의 生活이 만흔 境遇에 消極的이엇고, 被壓迫的이엇고, 隱遁的이엇다는 것을 發見할 수 잇는 것입니다.

우리나라 땅에 발을 듸러 놀 때에 第一 먼저 늣기는 것은 孤寂과 隱哀라 하는 것은, 國外에 放浪하야 異國의 情調와 風物에 오래동안 慣熟한 사람들이 故國에 들어올 때에 依例히 歎息하는 말 가운데 하나입니다. 우리가 엇더한 心的 過程으로 그러케 孤獨과 哀傷을 늣기게 되는 것은, 이것이 엇더한 先入見이나 槪念的으로만 그러타고 解釋할 수 업는 것입니다. 이것은 어느 程度까지 突然的으로 가삼에 달나 붓든 것인 孤獨과 哀傷은 具體的으로 볼 수 잇스며, 實際로 經驗할 수 잇습니다.

더욱이 近日과 가티 政治的으로는 去勢를 當하고, 經濟的으로는 破産에 處한 半島人에 무슨 活氣가 엇서 뵈이겟습닛가마는, 이것은 다만 近日의 現狀뿐이 아니라 昔日에도 孤獨과 哀傷의 雰圍氣는 如前히 열븐 안개처름 半島를 덥고 잇섯스리라고 생각합니다. 이것은 무슨 宿命論의 見地에서만 말하는 것이 아니라, 半島의 氣分을 體驗한 實感에서 나오는 虛僞업는 告白이라고 생각합니다.

한편으로 보면 다른 사람은 이러케도 말할 수 잇슴니다. 『放浪이나 旅行하는 사람의 情緖는 어느 때에든지 感傷的이 되기 쉽다. 그럼으로 다른 사람이 例事로 역이는 것에도 그 센티멘탈한 氣分이 動作하야 반다시 哀傷을 늣기게 하는 것이다. 그럼으로 半島 안에 孤獨이나 哀傷의 氣分이 實際로 잇는 것이 아니라, 이것은 늣기는 사람의 一種 感傷的 情緖이오 主觀이다. 그러한 哀傷이 客觀的으로 存在할 리는 업다. 마음먹는 데에 잇다.』고 할 것이다.

그러나 이것은 哀傷이 客觀的으로 存在치 안코, 이것을 그러케 늣기는 그 사람의 主觀이라 하든지, 半島 江山에 先天的으로 孤獨과 哀傷의 雰圍氣가 잇서 이것을 보는 사람이 그러하게 늣기게 되는 것이라 하든지, 아모러케 말하여도 相關이 업습니다. 그것은 그와 가티 哀傷을 늣길 것이 업는 데에도, 반다시 哀傷을 늣기게 된 主觀을 가지게 된 것은 그러케 偶然한 일이라 볼 수 업는 까닭이외다.

—(1), 『조선일보』, 1924. 10. 13

以上에 말한 바 가티, 우리나라 童話는 詠嘆的인 哀傷이 基調를 일우엇다 함도 童話를 組織的으로 文學의 價値를 附與하야, 이것을 具體的으로 硏究한 結果로 云云한 것은 勿論 아닙니다. 다만 自身의 幼稚期에 童話에서 이른바 感激이나, 쏘는 其他의 氣分을 長成한 今日에 여러 가지 稀微한 記憶 中에서 불러일으킬 째에 비로소 어든 바 經驗입니다. 童話 自體도 아즉 組織的으로 그 系統을 硏究된 바이 업슴으로, 우리가 幼稚 째에 할머니나 이웃집 老婆의 무릅 우에서 얼골을 치어다보며 듯던 모든 童話가 반다시 우리 民族的 所産인지, 惑은 外國이나 他民族에게서 傳來한 것인지는 알 수 업스나, 어쌧든 이것이 우리 民族이 先祖 째부터 입에서 입으로 傳하여 온 以上에는, 그 系統 如何는 明白히 할 수 업다고 하드래도, 그것이 우리 民族化한 것이라고 볼 수는 잇습니다.

이와 가튼 比較 硏究는 大端히 興味잇는 問題이나, 이것은 後日을 期합니다. 그러나 우리 朝鮮 由來의 文學이란 것이 漢文學의 分家인 感이 不無한 點으로 보아서는, 童話 亦 漢文學 思想의 影響이 크게 잇스리라고 할 수 잇스나, 나는 생각컨대 우리 民族間에 傳來하는 童話가 今日에 이르러 組織的이나 系統的으로 硏究하기 어렵도록 典籍이

乏한 그것만큼, 그 가운데에는 民族味가 잇는 民族的 創造라고 아니할 수 업습니다.

그럼으로 이와 가티 말함이 엇더한 獨斷에서 나옴인지 알 수 업스나, 우리 民族間에 傳來하는 童話의 內容 情緒는 漢文學의 影響이라 함 보다는, 차라리 佛敎思想이 그 基調가 되엇다고 볼 수 잇스며, 그것보다도 民族的 固有한 情操가 그 가운데에 더욱 活躍한 것이라고 생각할 수 잇습니다. 엇지하야 이와 가티 哀傷이 固有 情緖化하게 된 因果關係는 더 말할 것도 업시 原因이 結果가 되고, 結果가 다시 原因을 지어 輪環 連鎖의 關係를 만들은 것이라고 볼 수밧게 업습니다. 그럼으로 우리들이 童話 그것으로 말미암아 幼稚時에 이른바 感銘이 잇다 하면, 그것은 다시 말할 것 업시 哀傷的 氣分이라 할 것입니다.

그런데 이것을 具體的으로 좀 생각하랴 합니다. 우리나라에 傳來하는 童話에 「해와 달」이란 것이 잇습니다. 이 童話의 內容을 間斷히 말하면,

엇더한 山中에 늙은 寡婦가 男女 세 자식을 두엇는대, 살기가 대단 가난하야, 하로는 뫼 넘어 洞里 富者집에 가서 방아를 찌어주고, 먹을 것을 어더 가지고 오다가 山中에서 猛虎를 만나 여러 가지로 哀乞하다가, 結局은 그 호랑이의 밥이 되고, 집에서 母親의 도라옴을 苦待하든 어린 아이들도, 그 어머니로 둔갑하여 가지고 온 호랑이에게 禍를 當하게 되엇는대, 그 中에 男妹 두 사람이 이 患을 避하야 집 뒤안 우물 겻헤 잇는 나무 우에 올라갓섯다. 그러나 結局은 호랑이가 그 나무로 올라오게 되야 運命이 瞬間에 逼到하엿슬 째에, 두 사람이 하누님께 祈禱하야 동아줄을 타고 하날에 올라가서 한 사람은 해가 되고, 한 사람은 달이 되엇다 한다.

이 童話의 內容을 생각할 째에, 外面에 나타난 그것으로만 보면 참으로 詩的이오 空想的입니다. 그럼으로 엇더한 意味에서는 童話로서 純化된 것이라고 생각할 수 잇습니다. 이러한 反面에 그 內容은 어느 곳을 勿論하고 慈哀가 가득합니다. 그뿐 아니라 消極的이오, 退嬰的입니다. 벌서 貧困한 寡婦가 富者 長者집에로 밥을 빌러 갓다는 것이 알 수 업는 厭

惡를 늣기게 됩니다. 그리고 오는 길에 虎患을 當하엿다는 것이며, 쏘 집에서 어머니가 밥 어더오기를 침을 생켜가며 기다리다가 自己 母親으로 둔갑하여 온 바 호랑이를 여러 번 疑心하다가 畢竟 어버이를 밋는 어린 이의 純情으로 그 猛虎를 마저들여 어엽분 어린 동생을 그 虎食을 만들고, 結局은 男妹 단둘이 逃亡하야 우물가의 낡 우에 올라갓다가 一刻一刻 으로 危險하여 오는 瞬間에 하누님께 동아줄을 내려달라고 祈願하야 하날로 올라가서 해가 되고 달이 되야, 男妹 두 사람이 恒常 만날 수 업시 밤낫으로 이 世上을 비최어준다는 것을, 그것을 部分 部分으로 생각하 드래도 이것은 어느 곳, 어느 마듸에 哀傷이 아니 나타난 데가 업습니다. 哀傷으로 비롯하야 哀傷으로 끗츨 박엇습니다.

이 童話에 넘치는 情緖의 基調는 徹頭徹尾로 哀傷이오, 退嬰的이오, 消極的이오, 詠嘆的이오, 被壓迫的입니다. 勿論 이 가운데에 호랑이가 나무 우에 숨은 어린이의 그림자를 우물 가운데에서 發見하고, 『함박으로 건지자! 조리로 건지자!』 하고 코노래 부르는 것은 이 童話 中의 唯一한 諧謔이라 할 수 잇스나, 이것을 보고 아이가 나무 우에서 生母의 安危가 目前에 逼迫한 그 째에도 희희 우섯다는 것은 어린이의 單純한 感情을 表한 것이라 無邪氣한 그 純眞을 도리혀 사랑스럽다고 생각할 수 잇스나, 이것은 차라리 그 純眞이란 것보다도 우리 民族의 大陸的 悠長한 氣分을 表徵한 것이라 볼 수 잇습니다.

現代의 아모리 神經이 날카워질대로 날카워진 兒童이라도 자긔의 生 命이 危險한 그째에 일부러 나무에로 逃亡해 와 잇스면서, 호랑이 하는 짓이 좀 우숩다고 희희 우스리라고는 생각할 수 업습니다. 이것은 哀이 라는 것보다도 朝鮮의 固有한 諧謔이나 悠長한 것을 遺憾업시 發揮한 것으로 볼 수 잇습니다. 낫븐 意味로 解釋하면 우리 民族的인 鈍感을 表하엿다 할 수 잇고, 好意로 解釋하면 그 悠長하고, 純眞하고 詩人的 風味를 他人의 追從을 不許할만치 뵈인 것이라고도 할 수 잇습니다.

全體로 보면 哀傷的인 것은 以上에 말한 것과 마찬가지라고 합니다. 이 童話만 限하야 그러함이 아니라, 「콩죠시 팟죠시」나, 「호랑이의 恩惠 갑기」나, 其他 모든 固有한 童話의 內容을 分析하여 보면, 亦是 同一한

哀傷的 氣分이 流露됩니다. 이와 가튼 童話를 이약이할 째에 말하는 사람은 목 메인 나오고, 듯는 사람은 눈물을 흘리고 한숨이 나오게 될 것입니다.

―(2), 『조선일보』, 1924. 10. 20

文學運動을 하려거든 좀 더 活氣를 내보자

　文藝 同好者 間에 우리 문단이 왜 이러케 寂寂寥寥한가 모르겟다는 말을 갓금 나는 들엇다. 그리고 어쩌케 하든지 活氣를 좀 내보자는 말도 들엇다.
　그러나 나는 이것을 어느 의미에서 우리 문단인의 프라이드로 생각한다. 現今 우리 조선 사회와 가티 혼돈 상태가 其極에 달한 今日에 문단인들이 渦中에 들어가 서로 쩌드러 보아라. 그째에 무이해 몰상식한 盲乎惡口가 오즉이나 심할까? 此際에 침묵을 지키고 모든 현실을 擬視한다는 것이 영리한 처지가 아니고 무엇이냐? 이것은 사상을 근거로 하고 내적 생활을 무엇보다도 충실히 하자는 문단인으로서는 명실이 상부한 것이라 아니 할 수 업다.
　그러나 또 한편으로 돌이켜 생각하면, 이와 가튼 신중한 태도를 취한 것처럼 보이는 것은 이와 가튼 태도를 취하려 하여 취함이 아니오, 부득이 그와 같은 침묵을 지키게 됨이나 아닌가 의심한다. 과연 우리 現今 문단에는 서로 논쟁할 거리(材料)가 업다. 생각해 보라. 무슨 끔찍한 문단 평론이 잇섯느냐! 또는 창작이 있느냐! 등사판으로 박은 어린이들의 작문을 가지고 논의할 수 업슬 것이오, 懸賞에 당선한 문학청년의 습작을 가지고 큼직하게 쩌들 수도 업는 것이다. 그러고 보면 그저 가만이 안저 잇는 수 밧게 업지 아니 하냐! 논쟁이 논쟁을 일으킬 만한 무슨 거리가 잇서야 하지 안켓느냐! 점잔을 피려고 해서 피는 것이 아니라, 거리가 업서 못하는 것이다.
　그런데 이와 가티 할 수 업시 침묵하는 것이 한 타성으로 변하야 今日에는 상당한 거리가 생김에도 불구하고, 그대로 침묵을 직히는 경향이 생김이나 아닌가 한다. 그러나 이것으로 한 기우에 지나지 못함을 원하는 바이나, 영영 침묵 중에서 모든 것을 장사지내고 말 듯한 기분이 보인다.

昨今에 『靈臺』가 생기고, 『朝鮮文壇』이 나오지 안햇느냐! 거리를 삼으려면 수두룩하다. 무수한 거리를 그대로 내버리기는 너무나 앗갑다. 될 수 잇스면 모든 모래 가운대에서 금강석을 가려내자.
　駑馬中에서 준마를 차저내자! 우리 조선 사람 가운데는 우리 조선 사람 손으로 된 신문이나 잡지를 닑지 안는 것으로 과장을 삼는 소위 유식 계급이 만타. 이러한 自侮하는 근성을 버리자! 서로 닑고 비평하고 논쟁을 좀 해보자! 그리하여 수면상태에 있는 우리 문단에 활기를 좀 부러너허 보자! 모든 것을 위축한 그대로 두지 말고 좀 신장시켜 보자! 논쟁도 可요, 평론도 可요, 공개도 可요, 강연회 개최도 可요, 문인의 단결도 可요, 기타의 활기를 내는 데에는 수단과 방법이 무수할 것으로 안다. 활동이 업는 데에는 진보가 업다. 활동이 업는 운동이 어디 잇슬 리가 잇겟느냐! 일어나거라. 文藝 同好者들아! 그리하여 신문학 조선문학의 기초를 세워보자. 문학운동이 있슴즉한 今日, 있어야 할 今日에 그대로 숨을 죽이고 시세만 관망하는 慵殘을 버리자!

—『조선일보』, 1924. 11. 3

十一月 創作評

春園의 「H 君을 생각하고」(『朝鮮文壇』)

　H라는 靑年의 짧은 一生을 가장 印象的으로 描寫한 것이다. 病苦로 失戀으로―그 우에 또 貧窮으로 지내다가 從容히 이 世上을 써나게 된 運命을 吾人 압헤 如實히 내뵈엇다. 이 作品의 무엇보다도 强한 魅力을 가진 것은 吾人의게 實感을 주는 것이다. H의 그 崎嶇한 運命에 同情 아니할 수 업는 것이다. 이것은 勿論 春園의 依例히 그러한 筆致로서만 볼 것이 아니라, 作中에 나타난 書翰의 句節句節은 적어도 H라는 靑年의 참스러운 感情의 流露라고 생각할 수 잇다. 病苦와 失戀으로 말미암아 極히 모든 생각이 感傷的에서 感傷的으로 깁히 깁히 파고 들어가는 人生觀은 自然히 그러케 될 것이다. H란 人物에 對하야 作者가 取扱한 바와 同感이다. 異議가 업다.

　조곰 不滿足하게 생각되는 點이 잇다고 하면, 그것은 肺病으로 죽어 가면서도 敎團을 써나지 안흐랴는 것과 갓흔 强한 忍耐性을 가진 H가 先輩인 내란 이의게 對한 態度며, 愛人 C에 對한 態度가 너무도 男性的이 아닌 것이라고 할 수 잇다. 그러나 이것은 누구의게던지 잇는 性格上의 矛盾이다. 이 H에게만 限하야 責하는 것은 너무나 苛酷한 것이라 생각한다.

　그러나 이 作中에 C라는 人物의 그림자는 大端히 젊고 희미하다고 아니할 수 업다. C란 人物은 이 作品 가운대 한 스핑크스다. 妖婦 타입 女性인 듯도 하고, 純眞한 淑女 타입의 女性인 듯도 하다. 作者는 웨 C란 人物에 對하여서는 스핑크스 그대로 두엇슬가 하는 것이 疑問이다. 所爲 戀人이라는 H가 病苦를 참어가며 벌어 보내는 學費로서 工夫해 가며, 짜로 戀人을 몃 사람식 두고 享樂을 누리엇다는 것이 이 作品 中에 무엇보다도 큰 問題라고 아니할 수 업다.

이와 가티 人間의게는 이러한 反面이 반다시 업다고 할 수 업다. 弱한 人間으로서는 잇슴 즉한 일이다. H의게 致命傷을 준 것은 이 失戀 問題이다. 나종에 病을 看護하얏다는 것 갓흔 것은 臨終時에 다다러 이저바리고, 極樂으로 잘 가라 하며 혼쯧 눈을 쓰담어주는 것이나 그러케 달을 것이 무엇일가? 作者는 이러한 最後의 看護만으로 C는 貞淑한 處女이다. 東京에서 이랫다 저랫다 하는 것은 한 中傷이나 風說에 지내지 못한 것을 說明한 것이라고 생각할는지 알 수 업스나, 이것만으로 東京에서 하얏다는 모든 行爲를 否定할 수는 업다.
　C라는 人物이 『내』라는 先輩의 電報 한 장으로 C를 차저 보앗다는 그것만으로 無邪氣하고 貞淑하다고는 생각할 수 업다. 이것은 作者의 速斷이다. 말하자면 作者의 主觀이 너무나 이 作品에 活動을 過함이 아닌가 한다.
　따라서 이 C란 女性은 極히 稀微하야 正體를 알 수 업는 人物이 되고 말엇다. 正體를 다른 사람이 알 수 업는 것이 C란 女性의 特徵이라고 하면 구만이거니와, 그러치 안흐면 作者가 賢淑하다고 說明은 해바릴 수 업스리라고 생각한다. 이 作品에는 수두룩하게 發見할 수 잇는 事實이다. 이와 가티 弱한 性格을 가진 女性이다. 學費 대든 녯날 戀人의 그 눈을 나올만한 光景을 볼 째에 自己의 責任觀이라든가, 쏘는 義理, 人情의 感激에 自身의 榮枯를 도라볼 餘暇가 업시 어쩌케든지 이 病을 救해주겟다 決心하게 된 것이다.
　그와 가티 敏感한 同時에, 感激性이 만흔 것이다. 感激하는 瞬間에는 모든 것을 다 이저바리게 되는 心理를 우리가 經驗하얏다 하면, C가 東京에서 어쩌한 다른 異性에 對하야 憧憬하는 그째에는 故國에 잇서 學費 대주는 학장님 愛人이야 眼中에 母論 업슬 것이라 한다.
　그가 어쩌한 새로운 愛의 對象을 發見하고 突進하는 瞬間에 무슨 冷靜한 判斷이 잇스랴? 이러한 性格을 가젓다는 C라야만 비로소 戀人을 背叛하얏다는 것과 看護하얏다는 것이 矛盾인 듯하고도, 矛盾이 안인 것이 비로서 明白하게 되지나 아니할가 한다. 그리하야 이와 가티 됨에 좀더 波瀾과 曲切이 잇서야 할 것이다.

이와 갓튼 主要한 部分을 그대로 이와 갓티 簡單히 處置해버리는 것은 엇저한 일인지 알 수 업다. 좀더 具體的으로 이 人物을 取扱하엿드면, 이 作品은 그만한 效果가 더욱 잇섯스리라고 生覺한다. 그리고 이 C란 人物에 對하야 作者는 엇더한 料見으로 그러함인지는 알 수 업스나, C란 女性은 處女性을 안 일허바린 것처럼 알고, 그것을 說明하는 듯한 形蹟이 보인다. C의 貞淑을 庇護하는 데에는 이것보다도 더 큰 方法이 업겟지마는, 讀者의 생각에는 作者가 생각한 그것과는 다른 方面을 아니 생각할 수 업다.

내의 생각에는 내가 이러한 作品을 取扱하게 된다 하면, 나는 좀더 現實을 凝視하야 H란 靑年의 죽엄을 促進식혀 死의 淵에 모라너은 것을 如實히 取扱할 것이다. 왜 H란 人物의 肺癆가 惡性化한 것은 C란 女性에 對한 失戀(이것은 H의 錯覺인지 알 수 업스나)으로 말미암은 것이오, 速히 죽게 된 것은 最後에 맛난 戀人과 健康을 시아리지 안코 過度의 肉交를 한 것으로 取扱할 것이다. 科學的으로 우리가 이 問題를 取扱할 째에, 그래도 步行할 힘을 가젓든 H임으로 肉의 衝動을 猛烈히 늣기엇슬 것이다.

더구나 肺病患者가 肉에 對하여는 普通人보다 執着이 甚한 것은 누구든지 아는 바이다. 萬人이 한갈가티 그러하다고 생각할 수 업스나, 作者가 너무나 이 H와 C 사이를 純化식히려 努力한 形蹟은 도리혀 이 作品에 한 瑕疵를 줌이나 안인가 한다. 좀더 現實을 確切히 쥐엇더면 이 作品의 效果는 純化식히랴고 하던 努力 그것보다 만하엿스리라 생각한다. 그러나 엇잿든 이 作品은 읽는 사람으로 하여금 中途에 厭症은 내지 안흘만한 實感을 우리에게 주는 것도 事實이다.

八峯山人 「붉은 쥐」(『開闢』)

이 作品에는 抹殺된 部分이 만타. 그럼으로 그 內容이 엇더한 것인지 全部 읽을 수는 업섯다. 짜라서 만일 그 部分이 全篇 中에 思想의 核心이 되엇다 하면, 내의 지금 말하랴 하는 것은 엇더한 抽象論에 지내지 못할 것이다. 結局 一斑으로 全篇을 評하는 셈이 되고 말른지도 알 수 업다. 그러한 點이 잇거든 作者는 (2행 판독 불가) 이란 主人公의 事件이 展開하여 올 것보다도, 편지 것봉을 써달라고 하는 엽헤방 녀편네의 事件이 이 作品에는 重要한 팩트가 되리라고 豫想하얏다. 이것은 녀편네의 직걸대는 소리라든지, 모든 自己 事情을 하소연하는 말 가튼 것이 어느 事件보다도 만히 取扱되엿고, 들니는 말 가운대에만 興味를 늣기게 된 싸닭이다.

그리고 2에 이르러서는 명식이란 사람은 쐐 理論을 조화하는 말성군 이라고 생각하얏다. 그리고 쐐 超然한 생각을 가즌 이라 하얏다. 現代의 社會苦를 맛보는 知識階級의 한 典型의 靑年이라고 생각하얏다. 따라서 作者의 이 心理 描寫는 쐐 深刻한 곳까지 이르럿다고 생각하얏다. 엇던 째에는 너무나 잔소리가 만치나 아니한가 라고 생각하얏다. 너무나 쓸어 가는 동안에 逆症이 나랴고 하얏다. 그리고 한 疑問은 이명식의 人生觀에는 한 矛盾이 업지나 아니한가 하얏다. 그리고 쏘 이러한 것은 小說도 쓰는 것보다, 차라리 論文이나 感想文으로 썻드라면 더 조흘 번하얏다고 생각하얏다.

3에 이르러서는 事件이 너무나 急激히 變化함으로 아니 놀랠 수 업섯다. 과자집에 들어가서 빵을 훔치고, 貴金屬廛에 들어가서 金銀을 훔쳐 가지고 逃亡하다가 消防隊 自動車에 치어 죽엇다는 것은 너무나 突飛한 事實이 아닌가 하얏다. 아모리 하여도 常識으로는 判斷할 수 업섯다. 그리고 영식이가 이와 가튼 直接 行動을 取하기까지에는, 그 心理上에 좀더 엇더한 變化와 過程이 잇서야 할 것이 아닌가? 말하자면 그와 가튼 行動을 取할 理由가 반드시 잇서야 할 것이 아닌가? 作者는 웨 이 事件을 좀더 具體的으로 昭詳하게 取扱하지 안하엿는가 疑心 아니할 수 업다.

2에서 너무나 肺症이 생기도록 한 心理 描寫를 여긔 와서는 泛然히 역인 것이나 아닌가 생각 아니할 수 업다. 一言으로 말하면, 이 作品은 너무나 無技巧하다고 할 수 잇지 안흘가? 文章에도 좀더 리파인된 言語를 選擇하엿드라면 하는 생각도 업지 안햇다. 이것은 未定稿이라 할 수 업는 바이지마는, 內容의 意味와 表現된 말에는 두 가지가 빈틈업시 들어 맛지 안는 個所가 갓금 잇섯다. 이것은 읽을 째의 내의 늣김이나,

다시 冊을 더퍼 노코 이것을 다시 생각할 째, 나는 이 作品에서 늣긴 여러 가지 不備를 다시 한 번 도르켜 생각해 보앗다.

이 作者에 對하야 내가 생각하는 것과 가튼 것을 그대로 注文하는 것은 너무나 無理라고 하엿다. 이 作者는 우리가 보는 바 作品에 對한 技巧에는 아주 無頓整한 것이 나타난 것이라 하엿다. 表現漏式의 主觀을 무엇보다도 尊重히 역임을 알 수 잇다. 이 作家의 生命은 여긔에 잇슬 것을 알앗다. 조고만한 엇더한 카테고리에 집어 넛코 생각할 수 업다고 생각하엿다. 이러한 描寫를 開拓하는 데에 이 作品의 生命은 永遠히 잇슬 줄 밋는다. 加發을 바란다.

—(1), 『조선일보』, 1924. 11. 10

懷月의 「二重病者」(『開闢』)

윤주라는 精神病 患者가 C란 病院에 入院 治療하는 中에 看護婦 윤경이란 女性의게 엇더한 慰安을 어더 맛보다가 畢竟은 戀愛로 變하엿다. 그러나 이것은 짝사랑이엇고, 윤경의게는 참 戀人인 박 의사란 이가 잇섯다. 이러한 事實은 얼마 지낸 뒤에, 윤경과 박 의사 두 사람이 病院에서는 第一 高値인 顯微鏡을 훔쳐 가지고 逃亡한 뒤에야 비로소 自己와는 서로 켕기지 안는 사랑을 저 혼자 한 것을 깨닯게 되엿다는 簡單한 事實을 極히 嚴密하게 描寫한 것이다.

이 作品을 대단히 愉快한 마음으로 읽엇다. 勿論 神經病 患者의 心理를 그대로 描寫한 것이라. 間或 不健全한 部分이 업지 아니하나, 이것은 도리혀 이 作品의 自然性을 일치 안흔 特色이다. 陰鬱한 病院과 病室을 背景으로 하고 事實이 展開하니까, 우리가 항용 생각하면 이러한 것에서 取材한 作品의 氣分이라 한 것도 좀더 陰鬱하고 悽慘한 맛이 잇스리라고 생각할 수 잇슬 것이다. 그러나 이 作品은 그런 곳 이러한 人物을 取扱하면서도 何等의 陰鬱 悽慘한 것이 적다. 도리혀 明快한 맛이 넘친다. 읽은 뒤에 마음이 무거워지는 일은 업다. 이 作品의 價値의 判斷은 다 읽고 책을 덥흐면서 빙그레 웃는 表情 하나가 雄辯으로 말할 수 잇다. 이 作品을 通하여 뵈이는 作者의 手腕에는 엇더한 人生의

○○面이라도 光明한 곳에로 끄집어 내노흘 째에는, 그것이 光名한 것 가티 내어 놀 힘을 가졋다는 것을 알 수가 잇다.

그러면 엇더한 意味에서 이 作品은 不自然하다. 明快한 材料는 어데 까지든지 明快하게, 陰鬱한 材料는 어데까지든지 陰鬱하게 取扱하여야 할 것이라 말할 수 잇스나, 이것은 그러한 意味와는 짠 問題이다. 取材의 如何를 不問하고, 作者의 主觀 그것이 多少間이라도 事實을 살니고 죽이고 하는 以上에는, 이것은 避할 수 업는 事實이다. 다만 新聞 記事 하나를 쓰는 째에도 붓끗 하나의 도라가는 것을 짜라 記事의 읽은 印象이 判然히 달을 수 잇는 것과 맛찬가지로, 作者의 固有한 氣品이나 性格이 감출 수 업시 그 作品에 나타나는 것은 그 作品의 特色인 同時에, 作家의 氣分이 되는 것이다. 勿論 牽強附會하는 境遇에는 不自然으로 도라오고 말 것은 勿論이다. 性格 그대로의 虛僞업는 表現에는 도리혀 眞實味가 잇는 것이라고 할 수 잇다.

이 作品은 正히 그것이다. 다시 이 二重病者에서 어든 바 暗示가 잇다 하면, 이것은 다른 것이 아니라 다만 人間은 功利的에서 써날 수 업다는 것을 말한 것이다. 純潔한 戀愛이니 무엇이니 하여도 功利的 생각을 써 날 수 업다는 것이다. 윤경이가 病院을 脫出한 뒤의 便紙—박 의사의 한 말—『당신의 사랑은 致命的 生活의 聯合이올시다.』라 한 것과 쏘는 윤경의 편지에 『당신이 나를 당신의 안해와 갓티 사랑하시는 것을 알엇 습니다. 그러나 나는 당신에게서 조고만한 요소일지라도, 나와 합할만한 정신을 찻지 못하엿습니다…… 나는 죽는 짱에 나아갈지라도 그의 事業 的 精神에서 一致하겟습니다.』라는 것을 綜合해 보드래도, 作者가 이러한 戀愛觀을 가지고 잇는 것은 짐작할 수 잇다. 윤경이나 박 의사로 하여금 그러한 것을 代辯식힌 것이나 아닌가 한다.

엇재든 作品은 큰 興味를 가지고 읽엇다. 病者인 윤경을 조곰도 精神病者라는 생각이 업시 읽엇다. 勿論 病院이나 病室의 沈澱한 空氣를 通하야 作中의 人物을 본 일은 업섯고, 맑은 바람이 불고 밝은 光線이 쏘이는 가을들에서 活動하는 靑年 男女의 무리를 바라는 듯하엿다. 그래서 읽은 뒤의 印象은 明快하다. 『나는 二重病者이다. 아! 나는 健全한

生活의 戰地에서 쪼기여 나고 말엇다. 나의 몸은 병이 들엇다. 또 하나의 精神에 病이 들엇섯다. 精神病者이다.』라고, 失戀의 타령을 부르는 것은 엇더한 어엽븐 아이가 演劇 흉내를 내는 것을 보는 것처럼 어엽븐 생각은 잇슬지언정, 참 안 되엿다 가이업다 불상하다는 생각은 할 수 업다. 이것은 윤주는 精神病 患者이면서도, 어느 곳인지 理性의 주머니가 달녀 잇는 듯한 싸닭이다.

林蘆月의 「惡夢」(『靈臺』)

戀愛의 三角關係를 取扱한 作品이다. 陳套의 戀愛小說보다는 조금 新鮮한 맛이 업는 것은 아니로되, 아모리 생각하여도 西洋에 흔히 流行하는 探偵小說의 一部分의 拔萃인 듯한 感이 不無하다. 勿論 特別한 藝術味를 차저낼 수 업다.

戀敵의 毒殺 嫌疑로 警察署 樓上에서 取調를 바들 새에, 取調하는 刑事가 A. B. C의 凡例를 내노코 說明하는 것 가튼 것은 探偵小說의 形式 그것에 아모 것도 다른 것이 업다. 그러나 探偵小說에는 오히려 興味나 神奇한 맛이 잇지마는, 이것에는 그러한 興味조차 늣길 수 업는 重言復言한 것이 그러케 길어지고 말엇다. 作者는 엇더한 了見으로 한 刑事의 한 자리의 말을 그 作品의 半 以上이나 차지하게 하엿는지 알 수 업다. 훨신 더 簡單하게, 明瞭하게 取扱할 수 잇다고 생각한다. 이 作品의 眼目이 다만 그러한 探偵的 興味만에 두지 안햇다 할 것 가트면— 이것이 이 作品의 調和를 깨트려바리고 말엇다. 절늠바리 作品을 만드러바리고 말엇다. 統一이 업는 作品이다. 이 作品에서는 眞實한 맛이란 것은 어더 볼 수 업다. 世上은 虛無니, 人生은 逃避니, 死는 唯一의 實在니, 死는 偉大하니 하는 것은 다만 文字나 槪念 遊戱에 지내지 못하는 것으로만 생각된다.

아모리 하여도 眞實한 맛을 차저낼 수 업다. 이러한 作品에서 그러한 것을 求하고 맛보랴는 것이 도리혀 無理한 要求인지 알 수 업스나, 단꿈인 것으로만 생각난다. 同時에 作者의 精神이 어느 곳에 가 들어 잇는지 알 수 업다. 三角 戀愛에 잇서서 異性의 愛 그것만을 獨占치 못하야 煩惱 憂愁하는 것보다, 차라리 그러한 矛盾에는 副生하는 人間的인 感情에서 만흔 懊惱가 잇슬 줄 밋는다.

　이 作中의 『내』란 人物은 相當한 敎養이 잇는 듯하다(이것은 길가에서 自己 벗을 만낫슬 쌔, 그는 自己의 大學에서 工夫할 째의 同窓이라고 說明한 것을 보드래도 相當한 敎養이 잇슴 즉한 사람이라고 생각된다). 그러나 作中에 나타나는 그것만으로 보면 『내』란 人物은 相當한 敎養이 잇는 사람의 苦悶하는 그것은 아니다. 어린아이가 작란감을 못 어더서 투덜대는 것이나 조곰도 다를 것이 업다. 大學을 마치엇다는 것이 거짓말이 아니면, 이 人物은 얼마큼 低能兒의 風貌가 업지 안타. 나는 여긔에서 엇더한 아이러니를 아니 늣길 수 업다. 좀더 人間苦를 맛본 뒤에 苦悶하는, 苦悶이 아니면 近代人의 참된 苦悶이 될 수 업는 것은 알음 즉한 敎養잇는 人士에게는 좀더 深刻한 人生觀을 품게 하여야 할 것이다. 수박 것할기의 苦悶은 한갓 센티멘탈한 것에 빠져버리고 말 것이다. 이러한 作品에서 勿論 그러한 것을 求하는 것은 無理이다. 表現에 濃淡陰影이 업슬 수 업스나, 이 作品은 너무나 分明해 바렷다.

　　　　　　　　　　　—(2), 『조선일보』, 1924. 11. 17

明年度 文壇에 對한 希望과 豫想

1. 明年度 文藝에 對한 希望

文藝는 人生에 對한 批判이라는 意味에 잇서서 나는 우리 朝鮮 사람들이 좀더 現實을 凝視하는 努力을 갓기를 바란다.

藝術은 勿論 一種의 크리에이션이다. 그러나 人生에게 現實은 藝術家에게 잇서서 얼마나 必要한 것이랴. 嚴肅한 態度로 이 現實을 凝視하는 努力과 省察이 업스면 안 되겟다. 나는 이러한 意味에 잇서서 朝鮮文學史上에 正말 에포크를 그릴만한 作家가 나오기를 바라는 바이다.

쏘 한 가지 希望을 밀힐 것 갓흐면, 初創時代에 잇는 朝鮮의 文藝界의 第一線에 서 잇는 사람들은 眞摯한 態度로 그 엇더한 文學運動을 이르키여 나가기를 바란다.

文藝의 本質—藝術의 本體의 그 엇더함인 것도 알지 못하고서, 푸성귀 갓흔 섯불른 階級文學에 關한 헛흔 수작을 고만두기를 바란다. 結局은 저널리즘에 일흠이 날가 말할 必要도 업슬 터이지만, 抽象的 階級文學論의 遊戲는 그다지 자랑스러운 일이 못된다.

2. 明年度 文壇에 對한 豫想

文藝의 길을 밟을 사람과 個人 個人으로 交際하야 본 結果, 明年度의 文壇에는 엇던 整頓된 傾向이 낫하날 듯한 豫感을 어덧다. 그러나 이것은 前부터 글쓰가리나 써오든 사람들에게서라는 것보다는, 새로운 사람들 사이에 이러한 文學的 運動이 이러날 것이라고 생각된다는 것이다. 시 사람들은 外的으로 산다는 것보다도 內的으로 살고 잡다는 傾向이 만흐닛가, 반다시 文學運動에 近似한 엇더흔 種類의 運動이 잇스리라고 싱각된다.

—『매일신보』, 1924. 12. 14

思想 文藝에 대한 片想

이 問題를 論하기 前에, 나는 이 論이 우리 現今 文壇을 土臺로 삼은 것을 말하고자 한다. 英國 文壇이나 日本 文壇 그것을 말함이 아니오, 우리 朝鮮 文壇을 標準하야 말하는 것을 미리 말하여 둔다.

나는 恒常『우리 文壇이라 文壇, 文壇 하면서도 文壇이란 意義가 머리에 分明히 써올느지 안는다. 업는 것을 억지로 만들어 가지고 부르는 듯십다.』어느 批評家의 말과 가티 文壇이란 文藝 作品을 賣買하는 市場이오, 商人化한 文藝商人들이 모아드는 場所라는 말이 果然 올흔 것 가트면, 朝鮮에서 文壇이란 것을 말할 餘地도 업다고 생각한다. 市場化한 文壇은 아즉 업다. 朝鮮에서 글을 팔아서 팡을 먹는 作家가 멋 사람이냐? 한 사람이 업다 하여도 過言이 아니다. 이것은 우리 朝鮮 文壇人의 프라이드로 녀기는 點이다.

이러한 意味에서 朝鮮에서 아즉 文壇이라 稱할 만한 것이 成立되지 못하엿다는 것은, 朝鮮 藝術은 商品化하지 안 하엿다는 것을 말함이다. 한편에는 世界的 市場에라도 내보낼 만한 商品化한 作品을 내여 노흘 作家가 업다는 것을 意味한 것이오, 또 한편으로 自國에서 자라나는 文藝品을 需用할 經濟力과 感想力이 一般 社會에 업다는 것을 意味함이다. 如何든 結局은 이러한 文壇이라도 形成하지 못하엿다는 것이 所謂 斯界에 獻身한 諸人에게는 不名譽가 되는 同時에, 또한 名譽가 될지도 알 수 업다.

그러나 確實히 되지도 못한 文壇에 誹譏罵倒의 살(矢)을 四面에서 던지는 모양이다. 이 誹譏罵倒의 中心 問題는, 말하자면 文藝 作品에 中心 思想이 업다는 것이다. 卽, 잇지도 안흔 부르주아 文學에 프롤레타리아 文學으로 代하랴는 注文 가튼 것이 이러한 種類의 하나이다. 그리고 親切히 무슨 主義, 무슨 思想을 表現한 것이면 안 된다. 그리고 이러한 方向으로 나아가라고 方面까지 敎示한다. 批評하는 것만으로도 大端 親切한 일이다. 게다가 敎示까지는 너무나 過分한 親切이다.

이러한 抽象的 敎示가 그래도 作家 그 사람에게(作家가 잇는지 업는지 疑問) 何等의 功效가 잇는지는 알 수 업스나, 그 作品을 읽는 一般 感想家들에게는 確實히 엇더한 衝動을 줄 것은 事實인가 한다. 作家가 잇든지 업든지, 作品이 나오든지 아니 나오든지, 文壇이란 形成되엇든지 못 되엇든지, 미리 단단이 誹毀罵倒하여 보는 것도 將來를 爲하야 그러케 無意味한 일은 아닐 것이다.

그러나 나는 이 誹譏罵倒에 拘泥하는 作家가 생길가를 두려워한다. 그러한 作家는 아니 나오는 것이 우리 文壇을 爲하야 慶賀하여야 할 터임으로, 다만 그러한 誹毀罵倒의 소리를 들을 수 업는 山中이나 海中에 잇는 사람이 突然히 나와서 여러 사람이 熱望하는 그것과 빈틈업시 들어맛는 作品을 내노아야 할 것이다. 그리고 이러한 사람이 만히 잇서야 한다.

그러면 이와 가티 여러 사람들이 미리부터 熱望하는 思想 文藝란 무엇일가? 이것은 말할 것도 업시 文藝作品 가운대에 무엇보다도 思想的 要素와 主義的 色彩가 濃厚하고 鮮明한 것을 가르침이다. 다시 말하자면 思想이 作品 가운대 들어 잇는 文藝라는 것이다.

이 思想 文藝란 말이 文藝의 本質로 보아 當然히 成立될는지 그 與否는 한 疑問이다. 이것은 그 意義가 너무나 漠然한 까닭이다. 다시 말하면 思想업는 文藝가 어디 잇슬가 하는 말이다. 이 思想이란 말을 廣範한 意味로 解釋하면 어느 文藝든지 思想이 업슬 리가 업다. 端的으로 나타난 作中人物의 特別한 人生觀이나, 쏘는 作中人物을 通하야 作者가 뵈인 自身의 人生觀 가튼 것이 업슬 리 업다.

적어도 이러한 人生觀 가튼 것이 업다 하면, 그것은 文藝 作品으로 無價値한 것이다. 作品 가운대에 넛코 세일 것도 업는 것이라고 생각한다. 쏘는 아주 썩 廣範하게 極端으로 생각하면 作者가 다못 如實하게 엇더한 人生이나 事相을 描寫하엿슬 뿐만 아니라 하여도, 그 如實히 描寫하여야 한다는 것과 하겟다는 그것만도 엇더한 意味에서는 思想으로 생각할 수 잇는 것이다. 이러케 생각하고 보면, 勿論 思想업는 文藝品은 업다고 말할 수 잇다.

이와 가티 作品에 對한 作者의 主觀 如何를 勿論하고, 거기에 集注한 精神 如何로 그 作品의 思想을 삼을 수 잇고, 이것을 엇더한 一部 思想으로 看做하려면 看做할 수도 잇는 것이다. 그 思想의 客觀的 價値로 엇더한 境遇에는 第二義的 問題가 되는 수도 잇다. 짤하서 作品에 나타나는 重大한 人生의 當面 問題—思想 問題 가튼 것이 第二義的이면서도, 그 作品은 엇더엇던 째에는 훌륭한 思想이 잇는 文藝品처럼 역이게 될 수도 잇슬 것이다.

이와 가티 觀察하고 보면 思想 問題는 한 漠然한 抽象的 問題가 되고 말 것이다. 그러나 文藝에 思想이 잇는 作品과 업는 作品을 分明히 區別하려면, 먼저 이 思想이란 것을 어느 程度까지 制限하여 그 境界線을 分明히 한 뒤에라야만 할 것이다. 그러치 안흐면 以上 가튼 混沌을 다시 되푸리하게 될 쑨인 까닭이다. 적어도 文藝 作品에 나타난 氣分이나, 個人의 個性이나, 또는 人生觀 가튼 것을 엇더한 特殊 思想이라고도 말할 수 잇스나, 萬一 이것을 無差別하고 廣範한 意義로 解釋하면 엇더한 錯誤에 빠질 念慮가 잇다고 생각한다. 部分은 어디까지든지 部分이오, 全體는 어디까지든지 全體이다. 人生觀, 個性 가튼 것은 思想의 部分이다. 思想은 이러한 여러 要素를 綜合하고, 意志로 決定한 組織 的 意慾의 存在이다.

그러므로 人生觀은 思想의 部分이 되는 同時에, 또는 엇더한 種類의 思想을 組織하는 動機가 되는 일도 잇다고 생각한다. 엇지 一時의 氣分으로만 左右하는 行動을 思想잇는 行動이라 할 수 잇스랴. 짤하서 一時의 末相梢經의 感覺에만 하소한 作品을 엇지 思想이 잇는 文藝라 할 수 잇스랴.

그러나 文藝는 思想이 잇서야만 한다는 것과, 文藝에는 思想이 잇기도 하다는 말은 가튼 듯하나, 其實은 그 가운대에 큰 逕程이 있다는 말이다. 이것은, 卽 規範 問題와 現實 問題의 差異다. 우리가 文學史的으로 모든 作品을 考察할 째는, 所謂 在來 文豪들의 不朽作이라는 것에도 전혀 思想이 업는 것도 잇고, 잇는 것도 잇다. 이것은 特殊한 時代나 特別한 環境을 둔 까닭이다.

이러케 特殊 事情을 가진 나라의 文藝에 잇서서는, 그 時代나 環境을 싸라 自然히 그러하게 되는 것이라고 생각한다. 그러므로 泰西文學에 잇서서도 南歐의 文學과 北歐의 그것과는 대단히 다르게 되는 것인가 한다. 또는 가튼 環境, 가튼 時代에 잇서서는 作者 自身의 文藝에 對한 態度로 말미아마 思想이 잇는 文藝와 思想이 업는 文藝와의 區別이 생기는 것인 듯하다.

卽, 藝術至上派의 藝術에 잇서서는 作中에 나타나는 思想이란 것은 勿論 第二義的인 것이 될 것이오, 人生派 藝術에 잇서서는 무엇보다도 우리 人生에게 주는 바 무엇이 잇서야 할 것이 第一義的이 될 것이다. 말하면 思想的으로 우리에게 무엇이든지 하나 엇는 바가 잇서야 할 것이다.

그러므로 우리가 이 複雜한 生活에 잇서서 모든 것을 엇더한 範疇에 집어너보랴고 생각하는 것이 文藝에서도 그러한 獨斷을 한다 할 것 가트면 모르거니와, 그러치 안흐면 도저히 統一的 結論下에서 文藝란 것은 이러 저러하여야 된다는 規範을 내어노키는 좀 어려운 일이라 한다. 이것은 藝術이라는 것은 만흔 境遇에 무엇보다도 主觀的 要素가 만흔 까닭이다.

이러케 생각하는 것이 文藝의 本然性에 對한 冒瀆이라고 象牙塔 속에서 크게 부르지는, 참으로 文藝家가 잇슬는지 알 수 업스나, 將來할 朝鮮 文壇은 무엇보다도 思想 잇는 文藝가 나오리라 생각한다. 또 나와야만 할 것이다. 勿論 思想 그 물건은 永遠性이 업다. 그것은 그 環境이나, 時代나, 그보다도 한 거름 나아가서 理想으로 삼는 現實을 憧憬하고, 意志的으로 熱求하는 心理임으로 그 理想을 實現하는 同時에, 意志的으로 熱求하는 것이 업슬 것이다. 그러한 心理의 憧憬이 업서질 것이다. 쌀하서 그째에는 그 思想이란 自滅하여 가지고 말을 것이다. 그럼으로 思想이란 永遠性이 업다.

假令 社會主義 思想을 取扱한 文藝的 作品이 社會主義를 理想으로

하든 時代나 社會에 잇서서는 一般이 希求 感激하는 바이 되엇슬는지 알 수 업다. 그러나 社會主義가 實行된 社會에 잇서서는 그러케 感激할 아무 것도 업슬 것이다. 그럼으로 藝術至上을 부르지는 사람이나, 人間性을 主唱하는 藝術에 잇서서는 永久性이 업는 思想을 第一義的으로 한 思想 文藝라는 것은 그러케 問題될 것이 업슬 것이다. 藝術無用論을 主張하는 沒常識한 사람도 만히 잇는 時代이라, 나는 얼마큼 人間性과 藝術의 永遠性을 信奉하는 사람이 잇기를 바란다.

그리고 내 自身도 人間性과 藝術의 永遠性을 얼마큼은 認定한다. 이것은 矛盾된 心理이나, 나는 文藝에 잇서서 모든 技巧나 表現 問題보다도, 그 時代의 精神이나, 또는 時代 苦悶을 象徵한 藝術이 아니면, 참으로 그 時代人의 感激을 어들 수 업다는 意味에서는, 所謂 藝術의 永遠性이라는 것을 否認하랴 한다.

또는 이러케 말할 수도 잇다고 생각한다. 지금까지 永遠히 남어 잇는 藝術은 모도 다 生命의 藝術이다고. 이것은 한 抽象論에 갓가우나, 不公平한 社會 組織이나 惑은 엇더한 羈絆을 벗어나려고 하는 것은 千萬時代나 百千의 社會를 勿論하고 普通한 人間의 希求로, 참 人間性의 發露로 볼 수 잇는 까닭이다. 딸하서 共通한 人間性의 發露는 自由奔放한 것을 憧憬하는 意慾이 될 것이다. 思想이란 여기에서 發足한다. 그럼으로 作中에 나타나는 人生觀이나 個性이 分明히 살아 잇는 以上에는, 人生觀이나 個性을 만들어 낸 時代나 環境을 겻헤다 자처노코 그 作品의 價値를 計算할 수는 업슬 것이다. 結局은 優秀한 文藝는 어느 곳이든지 思想的으로 사람을 끌을 힘이 잇고, 무엇이든지 한 가지를 吾人에게 단단히 쥐어주리라고 생각한다.

딸하서 特殊한 地位에 잇는 朝鮮에서 나오는 作品은 特別한 希求와 憧憬을 가지고, 朝鮮人의 손에서 된 作品은 愛蘭의 그것이나, 波蘭의 그것과 같이, 또는 露西亞의 그것 가티, 우리에게 힘을 주는 作品이 될 것이다. 나는 文藝에 對한 한 아이러니를 늣기면서도 그것을 熱望한다.

―『개벽』, 1925. 1.

中學 時代 追憶
— 廉想涉論

　　나는 오늘의 想涉보다는, 열날의 尙燮을 더 안다. 文壇의 요장의 稱이 잇는 想涉보다도, 中學 時代의 腕白少年인 尙燮이 나에게는 印象이 더 만히 깁다. 그럼으로 恒常 어린 尙燮의 어린 印象만이 남어 잇는 나에게는 아모리 君의 文名이 놉하 간다는 것을 들을 때에도, 오히려『제 쌀이 길면 얼마나 길랴드냐?』하는 생각쑨이엇다. 또는 나로서는 君의 作品을 그러케 만히 읽을 機會가 적은 것이 그처럼 생각하게 한 것인지도 알 수 업다. 엇재든 一〻히 읽을 機會가 적엇든 것은 事實이다.
　　또한 그러케 읽을 興味를 가지지 못한 것도 事實이엇다. 그럼으로 내가 君을 안다 하면, 作品을 通하야 藝術家로서의 君을 알미 아니오, 사람으로서의 少年 時代를 알쑨이다.
　　君을 恒常 少年 時節의 尙燮으로만 알고 잇는 나는 京城에 와서 오래간만에 君을 맛나보고도 君이 尙燮인지를 쉬웁게 깨닷지 못하엿다.
　　그는 나와 갓흔 中學(普成學校)에 잇섯다. 그는 나보다도 아마 一年 아래인 줄로 記憶한다. 그때에 朝鮮의 中等學校에서 (8자 삭제) 軍隊式 訓練에 熱中하야 上級生 下級生의 區分이 分明하엿섯다.
　　그럼으로 그때에 나는 君에게 對한 態度가 틀님업시 上級生인 체하고, 先輩인 체하엿슬 것이다. 그때에 君은 번접한 下級生 클럽의 한 사람이 엇다. 至今 東京에 잇는 崔承萬 君도 그 클럽의 한 사람이엇섯다. 그때 우리 上級生의 眼目에는 그 尙燮, 承萬을 中心으로 한 그 클럽은 相當한 어엽븐 말성군으로 비초이엇든 것이다. 그리고 그들은 모다 才童들이 엇섯다. 才童들인 同時에 惡口家이엇섯다. 다른 學生들의 下級生인 것과 上級生인 것을 勿論하고, 조고만한 缺點을 차저내면 辛辣한 諷刺와

痛快한 惡口를 그들은 連發하엿섯다. 그래서 그들의 입은 扁平할 날이 업시 항상 쑈족하엿섯다.

 이것은 벌서 十三年 前 일이라 確實하다고 할 수는 업스나, 朦朧하지만 그러한 記憶은 나에게 남어 잇다. 그리하야 그들은 왈살스러웁고 속을 잘 차리지 못하는 學生들에게는 눈에 틔이엇섯다.

 尙燮 君은 그들 一團 中에도 아마 大將格이엇섯든지도 알 수 업다. 엇잿든 그째에 그에게는 쏭쏭이란 別名이 잇섯다고 記憶한다.

 昨年에 偶然한 期會로 君과 再會할 째에 처음에는 君인줄 모르다가, 비로소 그래도 君에 얼골에는 옛 面影이 남어 잇다고 깨달을 째에, 문득 쏭쏭이가 쭝쭝이가 된 것을 알앗다. 그리고 쏭쏭이 째의 君은 얼골이 그러케 희지 못하고 검붉엇든 것이 쭝쭝이가 된 그째에는 희고도 포근해 보엿섯다. 不過 十餘 年 동안에 쏭쏭이인 君을 얼풋 생각할 수 업슬마큼, 그의 身體에도 變化가 잇섯다.

 이러한 일이 잇슨 뒤에 나는 그 壯大肥鈍한 君의 일을 어느 벗에게 물어보며 讚美하엿더니, 그 벗은 『그 사람은 借力軍일세. 벌서 借力한 지가 오래일세!』라고 말함으로, 나는 다시 무슨 借力이냐고 물엇더니, 그 벗은 『주借』라고 우스며 對答하엿다. 나는 『주借』의 뜻을 무럿다. 『주借』는 『酒借』라 하고, 酒借軍을 說明하여 주엇섯다. 나는 廉 君이 술 잘먹는다는 말을 비로소 알엇다. 文壇에 活動하는 그것만큼 逸話도 적지 아니한 好漢을 알음은 이와 갓흔 옛일감이다.

—『생장』, 1925. 1.

文藝의 永遠性

　東쪽에서 써올느든 해가 西쪽에서 써올르게 되리라고 豫言할 사람이 누구이냐? 豫言할 수 업다 하면 이것은 아즉까지 해가 西쪽에서 써오르는 것을 보지도 못하엿고, 써올나왓다는 말을 듯지 못한 까닭이다. 이것은 形骸를 가진 宇宙 物質에는 一定한 法則이 잇슴을 吾人은 거의 宿命的으로 信從하게 됨이다.
　또는 모든 것을 우리가 認識한다 함에 잇서서도 苟히 우리의게 知, 情, 意의 心理的 作俑이 잇서, 그 가운대에 한 가지라도 缺如한 것이 업는 完全한 認識의 活動이 잇는 人間이라 하면, 古人이나 今人이니, 또는 無産者나, 有産者나, 貴族이나, 平民이나 赤裸々한 人間으로서는 何等의 틀님이 업슬 것이다. 고흔 꼿을 對할 째에는 다가티 아름다운 것을 늣길 것이오, 醜雜한 汚穢物을 對할 째에는 더러움을 늣길 것이다.
　人間이 아모리 進化를 한다 하드래도, 大小便 가튼 것을 아름답고 香氣러운 것으로 녁이며, 薔薇나 百合 가튼 꼿을 醜惡하다고 唾棄하게 되리라고는 생각할 수 업다. 薔薇나 百合花는 어데까지든지 아름다운 쏘치오, 大小便은 어데까지든지 더러운 汚穢物일 것이다. 또는 靑春男女가 서로 사랑을 가삼에 태우며, 子息이 어버이를 思慕하고, 어버이가 子息을 慈愛한다는 것과 가튼 肉親의 愛란 것은 어느 社會, 어느 時代를 勿論하고 變한 업는 人情의 發露일 것이다.
　아모리 世上이 變한다 하여도 사람이 사람 잡어먹는 일을 오른 일이라 생각하며, 親子間에 思慕와 慈愛가 잇는 것을 破廉恥한 行爲라 唾棄하는 일이 잇스리라고는 생각할 수 업다. 우슬 데 울고, 울 데 웃으며, 성낼 데 춤추며, 춤출 데 성내게 變하리라고도 생각할 수 업다. 亦是 우리 人間의 모든 性情 가운대에는 永恒 不變하는 무엇이 確實히 잇는 듯하다.

그럼으로 이와 가튼 人生의 批判인 文藝에도 永恒 不變하는 무엇이 반다시 잇슴 즉하다. 아니다! 반다시 잇슬 것이다. 또는 임의 잇섯다. 文藝에 잇서서 만흔 사람이 永恒 不變하는 것을 크게 主張도 하엿스며, 또는 永恒 不變한 것을 남기고 간 사람도 만하엿다. 말하자면 엇더한 時代 엇더한 社會를 毋論하고, 此에 接하는 사람이면 다가티 美를 늣기고 眞과 善을 맛보게 되는 作品을 남기랴고 하엿섯다. 多幸히 所願을 어든 文藝에는 永遠性이 잇다고 말하엿고, 그런 同時에 그 作家의 이름도 그 文藝品과 함끠 永遠히 살게 되는 것이엇다.

이 永遠을 爲하야 얼마나 만흔 사람이 一身의 榮辱을 現時에서 이저 바리고, 知己를 百年 後에 求하랴고 努力하엿는지 알 수 업다. 그러나 그 永遠을 어든 사람은 果然 얼마이냐?『永遠한 것은 藝術이오, 해옴 업는 것은 人生이다.』란 말이 얼마나 만흔 사람의 입에서 膾炙되엇느냐? 이것은 한갓 不遇한 處地에 잇는 藝術家의 해옴 업는 人生을 스사로 歎息하고, 스사로 慰勞하는 말만이 아니라, 事實로 藝術은 永遠히 남어 잇섯다.

셰익스피어는 죽엇스나『햄릿』은 남엇스며, 단테는 죽엇스나『神曲』은 남어 잇다. 괴테도 그러하고, 또 李白이 그러하다. 톨스토이나 도스토예프스키에게『戰爭과 平和』나『罪와 罰』가튼 것이 만일 업섯드면, 그들의 자최가 끗친 오날에 그들의 存在를 그 누가 알겟느냐? 그들은 모다 그 作品과 함끠 永遠히 存在하는 것이다.

그러나 나는 이 永遠이란 말에 對하야 다시 한 번 생각하고자 한다. 다시 말하면 이 永遠이란 것이 엇더한 말인가? 無限을 意味함이냐? 그러치 안흐면 어느 程度까지를 意味함이냐? 惑은 이 永遠이란 것은 客觀的으로 存在하는 것이냐? 그러치 안흐면 主觀的으로 存在함이냐? 짜라서 文藝의 永遠性에 對하야도 그 作品이 如何한 것이라야만 永遠히 남어 잇슬 수 잇스며, 또는 남어 잇다 하여도 어느 때까지 남어 잇느냐? 또는 人生이란 것이 美를 찻고, 眞理를 追究하는 그 동안에만 남어 잇는지 아조 永遠히 남어잇슬 것인지? 이러한 모든 疑問이 이러난다. 이것은 디금 내가 말하고자 하는 바이다.

나는 이 永遠이란 것을 絶對的으로, 또는 客觀的으로 생각하고 십지는 안타. 認識論的 見地에서 이것을 理解하고 십다. 이 宇宙는 우리의 認識의 우에 成立하얏다 하면, 우리 認識이 업서지는 때에는, 宇宙는 滅亡한 것으로 생각할 수 잇다. 그러면 사람이 認識을 엇는 同時에는 그 사람에게서는 宇宙는 업서진다. 그러면 永遠이란 것은 그 사람의 一生에 限하여서만 잇다고 생각할 수 잇스나, 그러나 여긔에 나는 이 人類의 生活이 繼續하는 同時에, 數十百劫의 人生의 意識을 한 흘름으로 看做하야 이것을 한 有機的인 一 個體로 생각하고 십다. 그럼으로 認識은 永遠하다고 생각한다. 人類 生活이 存續하는 동안은 宇宙가 잇다고 하며, 따라서 永遠도 잇슬 것이라 한다.

그러나 엇더한 科學者의 말과 갓티 이 地球가 幾十百 年 後에 어름덩이로 變하야 月球나 가티 싸늘하여저서 人類가 最後의 悲鳴을 질느고 이 地球上에서 滅亡하는 날이 잇스면, 비록 어름덩이인 地球는 太陽系를 써나 空間으로 써도라다니다가 다른 모든 것과 衝突하야 微塵이 된다 하여도, 오히려 이 宇宙라는 것은 잇슬 것이다. 따라서 이 宇宙는 客觀的으로 永遠히 잇다고 할 수 잇다. 그러치마는 나는 그때의 永遠性은 알 수 업는 永遠이다. 人類를 써난 永遠이다.

이러한 永遠을 認定치 안는 것과 가티 나는 文藝에 잇서서도 客觀的으로, 또는 絶對的으로 이 永遠이란 것을 생각할 수 업다. 먼저 말한 바와 가티 우리들이 美를 찻고, 眞理를 追究하는 人間다운 意識을 가진 그 동안에만 비로소 그 文藝란 것이 우리에게 永遠한 것을 생각할 수 잇슬 것이다. 地球가 얼어 人類가 凍死해버린 그때처럼, 우리 人生의 精神의 生活이 現代의 사람으로 豫想도 하지 못할 만큼 變化하야 아름다운 꼿을 大小便처럼 역이고, 大小便 냄새를 香水처럼 역이는 때가 온다 하면, 今日의 人類가 希求 憧憬하는 藝術이 무슨 價値가 잇슬 것이냐? 그야말로 無用의 物件일 것이다. 이때에 누구가 文藝의 永遠性을 認定할 것이냐? 따라서 作家의 이름이 어데가 잇슬 것인가?

이러한 絶對한 境遇에는 永遠이란 것은 업다. 그때에 文藝品이란 것은 뒤ㅅ지나 코푸는 休紙조각이 되든지, 그러치 안흐면 어느 倉庫 구석에

쌔어 잇슬 뿐일 것이다. 역시 그러한 때에도 作品의 形骸는 오히려 남어 잇슬 것이나, 이것을 누구가 永遠性을 가진 文藝라고야 할 수 잇을가? 그 文藝는 벌서 永遠性을 이러바린 休紙조각이다.

그럼으로 이 文藝의 永遠性도 우리 人類의 認識作用이 變革업시 繼續하는 엇더한 期間을 두고 일음이다. 그러나 이 變革도 우리 사는 地球덩이가 冷却하야 死滅하리라는 것을 꼭 豫言할 수 업는 것처럼, 사람의 情意도 꼭 變革하리라고 말할 수 업다. 地球가 冷却하야 生物이 枯滅하리라는 것을 一笑에 부치는 것과 맛찬가지로, 人間의 認識作用이 變革하리란 것도 一笑에 부치고 虛無한 소리로만 안다고 할 것 갓흐면, 우리에게는 永遠이란 말이 主觀的으로는 훌융하게 成立하게 될 수 잇다. 따라서 文藝의 永遠性도 그러케 虛無한 말이 안인 것이 될 것이다.

그러면 나는 다시 이와 가튼 相對的인 文藝의 永遠性은 어데로부터 나온 것을 생각해 보고자 한다. 엇더한 文藝品이라야만 永遠히 남어 잇게 되겟는가? 나는 永遠히 남어 잇슬 作品은 여러 方面이라고 생각한다. 하나는 形式的 方面으로, 또 하나는 內容的 方面으로, 또 하나는 內容과 形式 兩方으로 그 價値 如何를 짜라 남어 잇기도 하고, 업서지기도 할 것이라고 한다.

形式的 價値는 말할 것도 업시 作品의 技巧나 文章의 問題이다. 쉬운 例는 詩歌 가튼 것이 이것이다. 「赤壁賦」 가튼 것은 그 아름다운 文章과 고흔 音律로 漢文學에 永遠히 남어 잇게 됨이 이러한 짜닭이다. 『壬戌秋七月旣望蘇子與客…… 云々』하는 것이, 그 內容으로 말하면 酒客이 배에 술을 실고 하로밤 船遊한 것의 記錄에 不過하지마는, 그 아름다운 文章이—卽, 形式이 그것을 永遠히 읽는 사람으로 하여금 말할 수 업는 美感을 가지게 되는 것이다.

이러한 絶對의 아름다운 形式을 가진 作品은 永遠히 남어 잇는 것이라고 생각한다. 아름다운 꼿을 對할 때에 알 수 업시 엇더한 美感을 엇게 되는 것 갓흔 것이 다 이러한 形式의 美에 醉함이라고 생각한다. 그럼으로 이와갓흔 充實한 아름다움은 形式을 가진 作品으로 詩歌뿐 아니라, 其他 모든 것도 美에 憧憬하는 認識이 우리 사람에게 잇는 때까지는

永遠히 남어 잇슬 것이라고 생각한다.

또 하나는 內容的 價値와 內容과 形式이 다가티 優秀한 作品이다. 所爲 世界의 名著 傑作으로서 지금까지 남어 잇는 것 가튼 것이다. 투르게네프의 『煙』과 『臘人日記』 가튼 것이며, 플로베르의 『보봐리 夫人』 가튼 것이며, 입센의 『鴨』, 도스토예프스키의 『카라마조프 兄弟』와 『罪와 罰』, 톨스토이의 『안나 카레리나』와 『戰爭과 平和』, 괴테의 詩作, 셰익스피어의 諸作이 다 그러한 것이다.

例하면 도스토예프스키의 『罪와 罰』에서 그 主人公 라스코 리니코프는 銳敏한 感情을 가진 大學生으로 世上에 對하야 만흔 憤怒와 不平을 품고 快快한 마음으로 下宿生活을 하다가, 이 世上이란 것은 正當한 사람이 窮乏하게 지내고, 하잘 것 업는 못난 者들이 富貴榮華를 누리게 된다고 여러 가지로 思索한 結果, 貪慾의 高利貸金業 老婆를 殺害하고, 그 金錢으로써 世上에 조흔 事業을 하랴고 하엿다.

그리하야 라스코 리니코프는 老婆를 畢竟 殺害하게 되엇섯다. 老婆뿐이 아니라, 그 老婆와 가티 잇는 老婆의 동생되는 女子까지 죽이엇다. 그러나 그는 殺害한 瞬間부터 그의 마음에는 무서운 動亂이 이러낫다. 이것은 自己의 犯罪가 發露될 것을 저어함보다는, 良心의 苛責이 더욱 그를 苦悶케 한 까닭이엇다. 그 아모리 貪慾無道한 高利貸金業의 吸血鬼 老婆일지라도, 그는 사람이다. 사람으로 사람을 죽이는 것은 참아 못할 일이다. 사람이 사람의 피를 흘니게 하는 것은 사람으로는 못할 것이다. 그는 老婆를 죽인 것은 自己의 主義이오, 自己가 아닌 것을 비로소 알엇다. 그리하야 殺人을 肯定하는 原理는 사람인 라스코 리니코프에게서는 餘地업시 崩潰되고 말엇다.

이러한 心理를 도스토예프스키는 深刻하게 描寫하엿다. 이 主人公의 그 人間에 對한 사랑과 또는 生에 對한 愛着이 읽는 사람으로 하여금 엇제든지 正襟을 아니하게 할 수 업다. 이러한 作品은 어느 사람을 勿論하고 그 貪慾無道한 老婆와 가튼 사람 아니면 그 가삼에 큰 波動을 일으키지 안흘 수 업슬 것이라 생각한다. 그 文章이 너무나 沈漫하고, 明快 華柵한 것이 업서 沈鬱을 늣기게 하고 厭症을 일으키게 할는지 알 수 업스나, 그 內容的 價値는 永遠히 우리의 가삼에서 떠나지 안흘 것이다.

따라서 作品도 永遠히 남어 잇슬 것이다. 其他 所爲 後世에 남어 잇는 名著 傑作은 엇더한 구석에든지 그러한 魅力이 그 作品 全體에 流露되어 잇는 것은 事實이다. 決코 우리가 作者들을 偶像視하야 作品에 催眠된 것은 아니다. 셰익스피어의 『햄릿』에 잇서서도 햄릿의 그 懷疑의 思想이나, 또는 人間으로서 苦悶하는 것은 近代人의 가삼에도 共鳴이 되는 것은, 다 永遠한 人間의 心理나 性格을 단단히 붓드러 쥔 까닭이다. 그럼으로 이러한 人間性이 人間의 가삼을 하직하고 떠나지 안는 以上에는, 그 作品은 永遠히 남어 잇슬 것이라고 생각한다.

그러면 여긔에 다만 하나 남어 잇는 問題는 우리의 작품을 鑑賞하는 데에 엇더한 것이 共通한 人間의 情緖이며, 그 情緖를 엇더한 感情으로 바더 드리게 되는 것이냐 함이다. 따라서 文藝에 階級意識이 活動하야 所爲 階級文藝를 唱導하는 此際에, 文藝의 永遠性이란 極히 漠然한 것이라는 疑問이 이러날 것이다. 그러나 文藝의 永遠性을 階級이란 術語가 그것을 否定함이 아니오, 다만 解釋의 相異인 것을 우리는 알어야 할 것이다. 그 理由는 後日에 機會가 잇스면 題를 改하야 論하려 한다.

—『생장』, 1925. 1.

親切이 적은 文壇

　우리 文藝運動에 參與한 사람들은 우리 손에서 된 作品을 좀더 尊重히 역이고 사랑하여야 할 것이라고 생각합니다. 遺憾이지마는 朝鮮사람들에는 이것이 적은 듯합니다. 도리혀 다른 사람들의 作品을 보지 안햇다는 것이 大家나 將次 大家를 꿈꾸는 이들의 誇張거리를 삼는 듯합니다. 셰익스피어도 조코 단테도 조코 또 톨스토이도 조치마는, 새로 나오는 朝鮮의 新文藝도 그러케 바릴 것은 못 된다고 생각합니다.
　일반이 한 코스모폴리타니즘에 빠저서 그러하다 하면 이것은 問題가 다르거니와, 朝鮮 民族을 云云하면서 이러한 것은 確實히 矛盾입니다. 結局은 말하자면 作家끼리 서로 親切과 諒解가 적은 것이라고 생각합니다. 우리는 民族的 交分을 主張할 必要는 업다고 하나, 서로의 作品을 鑑賞할 親切은 가저야 하리라고 생각합니다. 作者 自身이 作品을 發表하는 것은 少年의 作家를 爲함이오, 一群의 鑑賞家를 爲함이 아니라 그러케 心苦할 것은 업겟스나, 文藝運動에 參與한 責任上, 또는 서로의 親切이 잇다 하면 서로 作品에 對하야 疏忽하는 일이 업스리라고 생각합니다.

―『개벽』, 1925. 2.

三號室의 半身像

　今日까지 發表한 作品이 그러케 만치도 못하니까, 이러한 무름에 對答할 資格이 업다고 생각합니다마는, 만일 第一 첫번에 發表한 作品이 處女作이라 할 수 잇다 하면, 그것은 제가 東京에서 學校를 마치고 歸國하기 前에 日本 어느 雜誌에 發表한「三號室의 半身像」이 되겟습니다.
　그러나 이「三號室의 半身像」은 發表하기 爲하야 쓴 것이 아니라, 就職하기 爲하야 就職文으로 쓴 것이엇습니다. 그 때에 東京에서 여러 해 동안을 두고 한 放浪 貧乏 生活에 실증이 난 나는 겨우 學業을 맛첫슴으로 엇더케든지 速히 歸國하랴 하엿스나, 歸國하면 形便이 高等遊民 노릇밧게 할 수 업게 된 것을 아럿습니다. 어데에 가든지 生活 問題가 잇슴으로 京城의 形便을 어느 벗에게 무러보앗더니, 우리나라에는 新人은 比較的 만히 輩出하나 이 사람을 需用할 機關은 우리나라 사람의 것으로는 거의 업다고 對答이 왓섯습니다.
　다 가튼 放浪 生活을 하게 될 것 가트면, 自己의 將來를 爲하야 京城보다 차라리 比較的 刺激이 만흔 東京에서 工夫나 좀 더하는 것이 낫겟다 생각하고, 그대로 東京에 머물러 잇게 되엇습니다. 東京에 잇서도 亦是 生活 問題이니까, 新聞社 쏘는 雜誌社 가튼 데로 就職을 하랴고 해보앗습니다.
　그리하야 或은 先生의 紹介狀 가튼 것을 가지고, 新聞社나 雜誌社의 有力者를 차저본 일이 잇섯습니다. 그들은『무엇이든지 조흐니 쓴 것이 잇스면 뵈어 달라.』고 하엿습니다. 나는 할 수 업시 뵈이기 爲하야「三號室의 半身像」을 쓰게 되엿습니다. 이것은 原稿紙 三十 枚쯤 되는 短篇이엇섯습니다. 엇지하야 그것이 雜誌에 發表하게 된 일을 仔細히 記憶할 수 업스나, 아마 그때에 내의 生活이 極度로 窘迫한 것을 어느 벗이

未安히 녁여 어느 雜誌에 紹介한 것인 듯합니다. 雜誌에 주기는 주엇스나, 勿論 發表되리라고는 생각지 안햇습니다. 나는 日本 雜誌界의 情實 問題를 大綱 아는 짜닭에.

한 달 後에 그 雜誌社에서 發行한 雜誌와 原稿料가 왓습니다. 그때에는 窮한 판이라 作品이 發表된 그것보다도, 不意의 收入이 된 것을 엇더케 幸으로 녁엿는지 알 수 업섯습니다. 그때에 그 收入이 업섯드면 큰 困難을 격을 번하엿스나, 그것이 큰 補助가 되엇습니다.

그리고 돈도 돈이려니와, 自己의 作品이 活字로 되어 나온 데에는 모든 文學靑年이나 投書家 時代의 늣기는 바와 가튼 깃붐을 늣기엇습니다. 그리고 멋 번이나 그것을 되푸리하며 읽어보앗습니다. 읽으면서 좀더 생각하엿드면 할 번하엿다라는 늣김이 업는 바는 아니로되, 이만큼 描寫가 充實하고 좀더 確實히 테마나 붓잡고 붓이나 練磨하면 大家를 凌駕할 만한 作品을 쓸 수 잇겟다는 信念이 생기게 된 것은 事實이엇섯습니다.

그러나 이것은 初期에 흔히 잇는 自惚이엇겟습니다. 그 後에도 멋 번이나 되푸리하여 읽엇습니다. 엇전지 至今에도 「三號室의 半身像」은 귀엽고 어엽븐 생각이 납니다.

—『조선문단』, 1925. 3.

文壇 散話

1. 淺薄한 先入見

　現今 朝鮮의 收穫된 創作品이나 쏘는 其他 發表되는 論文 가튼 것을 옛날 日本 小說『金色夜叉』나『不如歸』갓치 新聞紙上에 자긔것처럼 發表하든 그째의 것이나 다름업시 아는 자가 잇는 모양이다. 그리하여『朝鮮 사람이 創作이 무슨 일이 잇나. 日本것을 飜譯하여 가지고 이름만 밧구어 노흔 것이겟지!』라 한다. 이것은 호랑이 담배 먹든 時節에 衆人의 無知한 것을 이용한 자의 罪가 업는 것은 아니로되, 그러타고 쏘는 덥허놋코 朝鮮 사람이란 어느 쌔까지든지 愚昧한 것이라는 先入見으로 자긔의 손과 발이 닳도록 애를 써서 收穫한 作品이나 論文을 다른 사람의 것을 剽竊한 것처럼 말하는 것은 되지 못한 優越感을 가지고 다른 사람의 進步나 社會 進化를 無視하는 淺見短慮를 暴發시킴에 지나지 못하는 말이다. 그리고 쏘는 一般을 가지고 全豹를 評하는 愚를 免ㅎ지 못할 것이다. 幼兒가 어느 쌔까지 小童으로 잇지 아니할 것은 그것을 말하는 것이 도리혀 어리석다 할 만큼 自明한 理致이다. 社會의 進化를 否認하는 頑固類나, 사람을 보거든 盜賊으로 알려는 俗漢輩가 創作品이나 論文이 엇지하여 쓰게 된 것인지, 엇더한 生命의 要求에 符應하려 하는지 물론 體驗할 수 업스닛가 理解를 가질 수 업다는 것만은 容或無怪어니와, 자긔의 理解 못하는 그것으로서 民族的으로 侮辱을 加하는 자 잇다 하면 吾人은 다만 嘲笑로 그에 應할 쑨이다.

　再生된 愛蘭과 波蘭에 燦然한 文學이 잇음을 알라! 그리고 如何한 힘으로든지 마음 동산에 된 思想이나 藝術의 꼿을 썩어버리지 못한 것을 알라! 그것은 生命과 쩌날 수 업는 生命, 卽 文學이엇든 것이다. 創作을

剽撰으로 보는 이러한 侮辱 가운데에 그래도 精神을 차리지 못하여 人生의 悲歌合奏를 들을 수 업시 神經이 痲痺한 所爲 文學者가 잇다 하면, 맛당히 葬事지내야 할 것이다.

2. 色다른 創作 三篇

나는 四月 各 雜誌에 發表된 색다른 創作 三篇을 읽엇다. 發表된 것이 물론 三篇이 아니오 여러 篇이엇스나, 읽은 뒤에는 얻은 바 印象으로 말하면 세 가지라 할 수 잇다. 하나는 가장 寫實的인 自然主義의 雰圍氣에 싸힌 것이오, 하나는 가장 技巧 萬能인 技巧主義의 興味를 쯜린 것이오, 또 하나는 思想的으로 主題를 삼은 痛快한 諷刺를 늣기게 하는 것이다.

여러 가지 作品에 一部의 共通한 主義 色彩가 보이는 것이 아님은 아니로되, 大別하여 그 代表的인 것을 取한다면, 自然主義 雰圍氣에 버서나지 못한 『生長』에 發表된 閔牛步 氏의 作「寂寞의 伴奏者」이오, 技巧主義의 興味를 써나지 못한 것은 同誌에 發表한 金浪雲 氏의 「가난한 夫婦」이다. 最後의 思想的 主題를 取扱하여 痛快한 맛을 주게 하는 것은 『開闢』에 발표한 朴懷月 氏의「산양개」이다. 이 세 作品이 다 各其의 處地에서 상당히 價値 잇는 作品아 할 수 잇스나, 이것을 그 自體를 써나 冷靜히 觀察할 때는 勿論 一短一長을 免하지 못할 것이라 생각한다.

爲先 「寂寞의 伴奏者」로 말하면, 作品에 나타난 그 情景이 宛然히 열븐 琉璃를 통하여 은근히 내다보이는 듯한 作者의 冷靜한 客觀的 態度가 감출 수 업시 나타나 보인다. 凝視를 가장 尊重하는 態度가 宛然히 눈압헤 보인다. 勿論 이 作品의 內容에 대한 檢討는 틈이 업스므로 더 말할 것이 업스나, 그 雰圍氣, 卽 그것을 읽은 뒤의 기분이 作者의 싸늘하여진 感情을 넉넉히 짐작할 수 잇다. 그 作品 가운데에 어느 곳에 作者의 熱情을 풀어 석근 곳이 잇는가 보아라. 英子의 過去를 告白하는 場面에 잇서서도 오히려 熱烈한 기분을 맛볼 수 업다.

그러한 吾人의 客觀主義 文藝에 대한 態度 問題는 文學史上에 비록 短期間이라 할지라도 반듯이 經過하게 되리라는 見地에서 盲目的으로 熱情만을 高規하는 사람에게는 他山의 石이 될 줄 밋는다.

그리고 「가난한 夫婦」라는 作品은 그 題材는 우리에게 무슨 큰 期待를 가지게 하엿다. 그러나 읽은 뒤의 늣김은 썩 巧妙하게 달콤하게 잘 그려 내엇다. 卽 다시 말하면, 描寫가 썩 緻密하게 되엇다는 것 외에는 何等의 것도 업다. 우리의 가슴을 무슨 주먹으로 단단히 두드리는 것 가튼 아픔과 묵직한 것은 업섯다. 바늘쯭으로 얕게 찔리는 듯한 아픔과 간지러움을 늣길 뿐이다. 차라리 그러케 날카롭게 아픔과 간지러움만을 맛보는 것보다, 차라리 묵직한 주먹으로 쪼는 넓은 손바닥으로 한 번 어더 맛는 것만 못하다는 늣김이 읽은 사람에게서 자연히 일어나게 된다. 이것은 近代人의 極端의 末梢神經 發達이 그러한 作品이 아니면 滿足할 수 업슴을 要求함으로, 作者 自身도 不知中에 쪼는 意識하는 가운데에 자연히 이러한 傾向을 가지게 되는 것은 엇지할 수 업는 事實이나, 나는 이러한 技巧만으로 萬事 終焉이라 할 수 업다고 생각하며, 짜라서 近代의 文藝— 慝히 朝鮮에 잇서서 이러한 傾向으로 만드러 가려 하는 것에 대하야 적이 不滿을 늣김으로 나는 「가난한 夫婦」에 대하여도 巧妙히 그렷다는 讚辭는 앗기지 아니 하나, 우리 가슴에 무엇을 안기어주엇다는 禮讚을 아무리 廉價인 것이라도 드릴 수 업다. 이것이 ○○ 作家가 技巧 萬能으로 삽지기 쉬운 까닭이다. 우리는 될 수 잇스면 손끗으로 글을 쓰지 말고 머리로 가슴으로 쓰도록 힘씀을 바라는 同時에, 우리 가슴과 머리에 充分한 準備를 가져야 할 것이라고 한다. 그러나 우리 所爲 글쓰는 사람 사이에는 이러한 努力이 彼我를 莫論하고 적지나 아니 한가 생각한다. 勿論 「가난한 夫婦」만을 가리킴은 아니다.

이러한 意味에서 우리 가슴에 무엇인지 알 수 업는 무거운 人間的으로의 아픔을 주는 것은 懷月 氏의 「산양개」라고 나는 생각한다. 이 小說은 守錢奴 중의 가장 典型的인 人物을 描寫한 것이다. 勿論 그의 行爲만을 그린 것이 아니오, 그보다 더욱 만히 心理를 그려낸 것이다. 처음으로부터 나종까지 心理描寫로 左右한 것이다. 그리하여 心理小說이 잇다 하면, 이것을 心理小說이라고 命名하고 십다. 그리고 이것을 守錢奴群에 한 『프로테스트』로 내놋코 십다. 守錢奴로서 그러한 고민도 할 줄 모르는 守錢奴의 한 敎科書로 사용하고 십다. 그러한 것을 아무리 귀로 들리어 주어도 깨닷지 못하는 이에게 한 劇으로 演出식히고 십다. 엇잿든 痛快한 作品의 하나이다. 그리고 自然主義의 末流나 寫實主義의 傍系에서 헤매는 朝鮮 文壇에서는 好個의 叛旗이다. 너무나 그러한 事實이 잇슬가 업슬가 뭇지 마라. 걸핏하면 不自然하다 評ㅎ지 말라. 不自然한 事實이 만흔 世上에 文藝만이 自然한 事實, 現實, 事實만을 그려내면 恒常 그림자만을 돌아보는 短見을 免ㅎ지 못할 것이다. 近代의 새로운 藝術運動이 이에서 叛旗를 들게 된 것이 아니냐. 이러한 生의 悲曲을 될 수 잇스면 만히 들리어 주라. 空想도 좃타. 理想도 좃타. 現實에 잇섯든 일도 勿論 좃다. 「산양개」는 正히 그것의 하나이다.

—『시대일보』, 1925. 4. 27

錯誤된 批評

　文藝批評을 恒 茶飯事처럼 容易하게 생각하는 사람이 잇는 듯하나, 이것은 큰 誤謬이다. 今日의 作品은 어느 程度까지 商品化한 까닭에, 이것을 批判하는 所爲 文藝批評이라는 것도 職業的 心理에 몰니어 억지로 眞心에 업스면서도 曰可曰否를 말하게 되엇슴으로 이것을 正確 眞實한 批評이라고 할 수는 업스나, 이것이 活字로 化하야 나타나는 以上에는 一般 讀者나 쏘는 作品을 읽지 안코 評만 보는 사람으로 하여금 誤解를 일으키어 조치 못한 影響을 新興하랴는 우리 文壇에 미치게 하지 아니할가 念慮하야 이에 우리 評壇에 對한 所感의 一端을 말하고자 한다.
　흔히 요지음 변변치 못한 사람들이 너나를 물을 것 업시 職業的 心理에 몰니어 文藝에 對하야 曰可曰否하는 그것만을 보고 누구든지 文藝를 批評할 수 잇다고 생각하는 것은 분수를 모르는 妄動이 아닐가? 쏘는 文藝批評에 잇서서 批評이란 文字를 世俗的으로만 解釋하야 더퍼 노코 다른 이의 作品을 貶하는 것으로써 本領을 삼는다 하면, 이것은 批評의 精神을 冒瀆하는 淺薄한 思慮가 아닐가?
　더욱이 自己의 藝術에 對한 眞實한 態度를 스사로 속이어 다른 사람의 作品을 辱하고 貶함으로써, 自己의 地位가 文壇에서 놉하지고, 쏘는 批評眼이 高尙한 것처럼 廣告한다 하면 이것은 容恕할 수 업는 卑劣한 行爲가 아닐가? 쏘는 自己에게 正正堂堂한 意見이 잇스면서도 多數를 追從하거나, 惑은 엇더한 感情 그대로 眞價를 無視한다는 것은 엇더튼 藝術的 良心잇는 사람으로는 참하 할 수 업는 것이오, 오직 俗漢 賣名輩만이 能히 할 바이라고 할 수 업지 안흘가?
　이러한 모든 疑問을 提出하고 보면 적어도 自身의 生活이 對外보다는 對內에 무게를 두는 藝術家로서는 이러케 淺薄한 思慮와 卑劣한 態度를 가진 사람은 하나도 업슬 줄로 밋는다고 밋고 십다. 그러나 만일 한 사람이라도 잇다 하면, 쏘는 잇섯다 하면 이것은 文藝를 冒瀆하는 文藝의 假面을 名著이라 足히 드러 말할 것도 업다고 생각한다.

그러나 文藝에서 自己의 一生을 完成하다는 作家라던지, 쏘는 이것을 憧憬하는 靑年들 가운대에 往往 以上에 말한 것과 가튼 嫌疑를 밧게 되는 일이 잇스니, 그 本意가 그러케 그릇된 것은 아니오, 다만 淺見薄雜과 明晳을 일흔 頭腦의 식힘으로 그러하게 되는 일이 만타고 생각한다. 그리하야 觀察과 疎雜한 判斷이 비트러진 心思의 發露나 다름업는 行爲를 보이게 되는 것이나 아닌가 한다.

이러한 見地에서 엇더한 ○○○○하는 俗漢輩가 故意로 그러한 不徹底한 觀察과 判斷을 엇더한 作品에 對하야 나타내엇다 할지라도, 아모조록 그것을 차라리 그의 無學과 淺見短慮의 所致로 도라보내는 것이 穩健한 慮○라 할 것이다. 이것은 적어도 文藝에 對한 造詣가 잇스며, 쏘는 理性만이라도 잇다 하면 그러한 無責任한 放言은 업스리라고 생각하는 것이 사람으로서 사람을 ○○同情하는 人間性에서 나온 判斷이라고 생각할 수 잇슴으로, 그러함이 다만인 現今 우리 朝鮮 文學 同好者間에 이러한 潮流가 잇다 하면 이것은 淺學短慮한 까닭이오, 本意는 아니라고 생각하고 십다. 다시 말하면 그들이 말하는 이른바 批評이란 것이 自己 힘에 북바치는 것을 억지로 하게 되는 까닭이라 한다.

文藝批評은 以上에도 말하엿거니와, 그러케 쉬운 것이 아니다. 따라서 누구든지 함부로 할 것이 못된다. 世上 일이 모다 그것을 할만한 能力이 잇서야 할 것 가티, 文藝批評에 잇서서도 批判할만한 能力이 잇서야 할 것이다. 아모 能力업시 함부로 덤빈다 하면 이것은 妄動이오, 優越이다. 쏘는 그 能力을 過信하야 다만 漢文字나 끄적거리고, 國文에 動詞가 잇다 하니 名詞가 잇니 하는 그것만으로 文藝를 批評하는 能力을 가진 것처럼 自負한다 하면, 이것은 文藝를 그릇함이 甚한 者다.

文藝가 發生한 以後 數十百 年 동안에 多樣한 群小 文藝批評家가 그과 가티 붓과 말로 싸호면서도 今日까지 오히려 文藝批評이란 것을 엇더한 것이라 一定한 定義를 엇지 못한 것은 文藝批評 自體가 그러케

容易치 못한 것을 證明함이다. 그러나 우리가 本質的으로 文藝批評家될 資格은, 다시 말하면 文藝를 批評할만한 能力은 該搏한 學識과 다른 사람보다 以上의 明晳한 頭腦와 人生 生活의 深奧한 哲理에 透徹할 것과 따라서 生活에 對하야 嚴肅한 氣分으로 무엇이던지 把握한 바이 잇서야 할 것이며, 이와 가티 本質的으로 把握力과 批判眼이 잇는 同時에, 作品에 對하야 自己의 精神을 그 作品 가운대에 投入하야 自己 自身을 發見하며, 自己를 作者의 心中에 移入하는 理解와 雅量을 所有하여야 할 것은 누구든지 肯定하여 온 바이다.

더욱이 現代의 精神이 어느 곳에 潛在하엿스며, 또는 人生 內部의 生命力이 어느 方向으로 移動하랴는지, 또는 人間의 苦悶이 엇더한지 이것을 洞察할만한 先見의 ○이 잇서야 할 것은 批評史가 이것을 證明하는 바이다.

그러나 우리 文壇에 이러한 모든 것을 無視하고, 함부로 말 나오는 대로, 붓 도라가는 대로 말과 붓을 놀니게 되는 傾向이 近來에 생기게 되엇다. 나는 이것을 遺憾으로 생각한다. 遺憾으로 녁인다 함도 말하자면 無學無能한 것을 가르침이다. (1행 판독 불가)

—(1), 『조선일보』, 1925. 6. 8

(2행 판독 불가) 더 한 거름 나아가 君의 作品을 評價하는 態度를 合評 記錄에 나타난 것으로 綜合하야 말할가 한다. 合評이 생긴 以後의 모든 記錄을 一一히 檢討하엿스면 하겟지만, 그것은 너무나 煩雜함으로 最近 二個月에 批判한 評의 力點이라 할만한 評詞를 列擧하여 보자.

憑虛 君 말에 同感합니다. 처음에는 好奇心을 가지고 읽엇스나, 읽고 난 뒤에 몹시 不足한 減이 잇습니다. 全體 哀愁가 흐르도록 表現식혓드면 조핫겟는데, 그것이 업고 또 男子 主人公이 分明하게 印象的으로 더 濃厚하게 나타낫드면 조흘 번하엿습니다.(『生長』, 四月號, 牛步 作, 「寂寞의 伴侶者」에 對한 評)

개가 업시는 그 作品이 成立될 수 업다 하는 이가 잇스나, 吝嗇한 富豪를 目標로 그리려면 개가 아니고 다른 것으로도 나타낼 수 잇겟지오. 그런데 개를 써서 그러케 不自然하게 맨든 것은 作者의 失策이에요. (『開闢』, 四月號, 朴懷月 作品에 對한 評)

이 小說을 보고 늣김이 나는 것은 실증이 나는 것을 事實으로 쓴 것이 分明해요. 男 主人公 性格이나 女 主人公 性格이 흐리머리할 쑨더러, 矛盾이 만코 全篇에 惰怠한 氣分이 흘너서 讀者에게 아모 것도 주는 것도 업습니다.(『朝鮮文壇』, 四月號, 春海 作, 「죽지 못하는 사람들」에 對한 評)

…前略… 첫날밤에 新郞이 마음에 뜻하는 사람과는 判異하야 우물에 싸저 죽게 된 事實 가튼 것은 現代 朝鮮에 잇서서 흔히 잇는 事實이지마는, 이 作品을 읽고 나서 늣기는 바는 도대체 作品의 印象이 아무 것도 남은 것이 업습니다. 다만 平面 描寫에 쯔치고 深刻味가 업는 것은 이 作의 缺點으로 생각합니다. 나로서는 表現에 무엇이 더 잇섯스면 조흘 것 갓습니다.(『生長』, 五月號, 金浪雲 作, 「첫날밤」에 對한 評)

이것을 小說이라 하면 表現 方法이 너무 單純합니다. 이러한 表現 方法을 取치 안흐면 事實이 複雜하여짐을 取扱하기 어려워서 그랫는지는 모르지만, 作者가 이러한 方式을 取한 것은 大端히 不滿합니다. 絶交의 主人公이 너머 平素에 親하게 지내일만큼 다만 이만 事實을 가지고 絶交를 한다 할 것 가트면 거긔에 무슨 葛藤이라든가, 經路에 무엇이 잇섯드면 훨신 讀者에게 印象을 주엇슬 것입니다. 그러나 이 作品에 잇서서 먼저 表現이 너무 單純하엿기 째문에 그리 조흔 作品이라고는 못하겟습니다.(『生長』, 五月號, 곰보 作, 「絶交」에 對한 評)

……前略…… 아무리 男 主人公의 性格이 不分明하고, 끄테 가서 그러케 마치지 말고 男 主人公과 女 主人公 새에 무슨 葛藤이 잇섯드면

조치 안흘가 합니다. ……後略……(『朝鮮文壇』, 五月號, 稻香 作, 「게집 下人」에 對한 評)

이 作品을 보고 作者를 생각할 째, 이 作品은 말고 다른 作品으로 썻드면 조할슬 터인데, 이 作品의 構想, 筆致로 보면 平凡하니 그다지 흠은 업슨 즉, 나의 생각 갓허서는 이 作은 作者의 한 餘技로 쓴 것이랄 수박게 생각이 안됩니다.(『朝鮮文壇』, 五月號, 任英彬 作, 「序文學者」에 對한 評)

以上에 列擧한 評詞로 評者의 態度를 보면, 그는 엇더한 一個 抽象的 ○○으로서 作品을 評定한다는 것이 보인다. 作品을 그러한 抽象的 文句로 評해바릴 수 잇다 생각하면 誤解이다. 作品을 評할 째에 作家의 作에 對한 態度와 評者의 態度가 달러야만 定評이 되는 것으로 생각함인지 알 수 업스나, 評者가 指導的 態度를 取하는 것이 반드시 榮譽가 되지 못하는 것을 알어야 할 것이다.

그는 閔牛步 作 「孤獨의 伴奏者」에 잇서서 『全體 哀愁가 흐르도록 表現식히엇드면 조핫겟는데』라는 抽象的 指導를 할 째부터, 그는 먼저 그 作品의 사랑할만한 點이 어듸 잇는지 忘却한 것이다. 發見치 못한 것이다.

—(2), 『조선일보』, 1925. 6. 9

엇더한 一個의 作品을 評定함에는 以上에 말한 바와 가튼 文藝를 批評할만한 能力을 비록 가젓다 할지라도, 評定이 그 作品을 充分히 玩味하여야 할 것은 다시 말할 必要가 업다. 엇제튼 그 作品을 評하랴거든 무엇보다 몬저 그 作品을 읽고 內容을 理解하여야 할 것이 아닌가? 여긔에 잇서서 所爲 讀書의 힘이란 것이 意義가 잇슬 것이 아닌가? 그런데도 作品을 잘 읽어보지도 못하고, 쏘는 理解치 못하고 自身의 그릇된 觀察 그대로 斷定的 放言을 함부로 내린다 하면, 이것은 다른 사람의 言論이나 作品에 對하야 너무나 放縱, 不謹愼한 態度라 할 수 잇지 안흘가? 이것은 結局 自己 自身에 淺薄과 魯鈍의 看板을 高揭함에 지내지 못할 것이다. 그런데 今番에 自進하야 이러한 招聘을 부치고 나온 이가 잇스니, 그는 우리 朝鮮에서 中國 戱曲을 若干 飜譯한 梁白華 君이다.

中國 戱曲을 飜譯하든 白華 君에게 飜譯 以外의 얼마만흔 創造的 讀書가 잇는지, 이것은 그의 作品을 아즉 읽지 못함으로 알 수 업겟스나, 나는 朝鮮 文壇 合評 記錄에서 作品을 批評한 그의 評詞와 쏘는 『時代』紙上에 朴懷月 君에게 준다는 公開狀을 읽고 참으로 苦笑를 襟치 못하얏다.

白華 君이 果然 近代의 文藝思潮를 理解하얏는지는 第二 問題이오, 爲先 讀書할 能力이 잇는지 업는지 그것조차 疑心할만 하게 되얏다. 中國 戱曲을 飜譯하느라고 無限히 努力한 君으로 그만한 讀書에 理解力이 업스리라고는 생각할 수 업다. 진실로 업다 하면 이것은 梁 君이 平日의 所望을 나에게 끈허바린 것이라 意外의 感이 업지 안타. 勿論 東을 西로 解釋하는 것도 讀者 自身의 主觀이오. 自由라 하면 구만이어니와, 그러치 안코 作者의 主觀, 쏘는 普遍的 解釋으로 본다 하면, 決코 그러한 錯誤된 觀察을 그대로 默過할 수 업다. 더구나 그 그릇된 觀察로 因하야 相對者에게 侮辱의 言辭를 弄함에야, 엇지 그대로 無識 그것을 看過할 수 잇스랴.

辭로써 意를 害치 안는 것은 적어도 글쓰는 사람에 한 道德이라 하지 안흘가? 나의 合評會에 對한 所感을 君은 반다시 仔細히 吟味하여 가며 읽어보는 것이 엇더할가? 君은 『群盲』이란 文字와 『잇서도 구만이오, 업서도 구만.』이란 文句에 붓들이어 朝鮮 文壇 合評會의 評者 諸氏를 侮辱한 것처럼 역이는 모양이나, 이것은 君의 그릇된 생각이다. 그것을 그대 自身이 스사로 뒤집어쓰고 나온 것이다. 이것을 억지로 만류할 必要는 업다고 생각하지마는, 나의 本意가 그러치 아니 하얏든 것은 말하여 둘가 한다. 그 文句를 그대로 보일 터이니, 다시 읽어보기를 바란다.

合評會 가튼 것은 作者로 하여금 메테르링크의 群盲을 聯想치 안케 하는 範圍에서, 쏘는 잇서도 그만이라는 그러한 程度를 넘어서 이어만히

생각기를 바란다.

  이것이 그러케 白華 君에게 侮辱될 것 무엇인가? 그리고 쓴 本意가 朝鮮 文壇 合評會 一個를 特別히 指稱한 것이 아니오, 合評會 가튼 것은 가장 有效하게, 가장 聰明하게 多幸히 생기기를 바란다는 것을 말함이다. 그런데 그것을 白華 自身이 뒤집어쓰고 나서서 다른 사람에게까지 끼치게 할 必要가 무엇인가? 뒤집어쓰고 십흐거든 얼마든지 뒤집어써라. 나는 그것을 그러케 만류할 必要를 늣기지 안는다. 다만 君이 讀書에 理解力이 잇는지 업는지 그것만을 疑心할 일이다. 내가 내 自身에 도리켜 생각해 볼 問題가 잇다 하면, 그것은 엇더케 글을 써야 白華 君과 가튼 사람에게까지라도 넉넉히 理解식힐 수 잇슬가 하는 것뿐이다.

  또는 懷月 君의 作「산양개」에 잇서서도 君은 개가 자긔 주인을 무럿다는 것이 天地의 自然法則에 큰 違反이나 된 것처럼 말하지마는, 그 作品에 잇서서 그만한 것이 큰 缺點이 될 것이 무엇이냐? 그러면 君은 今日부터 小說이니, 批評이니 그런 것을 云云할 것 업시 臘犬 倫理學이나 專攻함이 엇더할가 君을 爲하야 忠告한다.

  君은 모든 作品을 評할 째에 自然이니 不自然이니 하는 것으로 다만 한 카테고리를 삼는 듯하나, 自然을 써난 主觀 强調의 藝術이 闡明한 것을 좀 아러보라. 적어도 文藝를 批評하랴거든, 또는 다른 사람만의 作品을 鑑賞하랴거든—여긔에서 批評家에게는 落後한 學識이 必要하다는 意味가 잇다. 또한 作者 朴 君은 君과 가티 誤讀하는 사람이 잇지나 아니할가 念慮하야, 아니 써도 그만인『그 개는 정호의 두려워하는 몸과 검은 두루막이로 싼 그 몸을 그의 주인으로는 볼 수 업섯든 것 갓핫다.』라는 說明을 붓치지 아니하엿는가? 이것을 君은 읽엇는지, 그대로 넘기엇는지, 이것을 보아도 白華 君의 讀書가 얼마나 惰密한지 그것을 疑心 아니할 수 업다. 또는 잘 읽어보지도 못하고 덥허 노코 그리하엿다 하면, 이것은 評者로서의 態度라 할 수 업다. 無責任하다. 君이 慣用하는 흐리뭉텅을 君 自身이 가장 鮮明하게 表示한 것이나 아닐가?

                        —(3), 『조선일보』, 1925. 6. 10

「序文學者」를 評함에 『이 作品을 보고 이 作者를 생각할 째에, 이 作品은 말고 다른 作品으로 썻드면 조핫슬 터인데』라 하엿스니, 「序文學者」가튼 作品은 當初에 쓴 것이 不當한 것이란 意味인지 쏘는 조곰 엇더케 內容을 달리하라는 것인지 대단 몽롱한 말이다. 그리고 前後 躊躇업시 나종에 가서는 『이 作의 描寫와 筆致로 보면 平平하나 그다지 흠은 업슨 즉, 나의 생각 가태서는 이 作은 作者의 한 遊戱로 쓴 것이랄 수 밧게 생각이 안 납니다.』하엿스니, 平凡한 作品은 遊戱로 쓴 作品이란 것을 意味함인지 쏘는 흠은 업슨즉 遊戱로 쓴 것이란 말인지, 다시 박구어 말하면 遊戱로 쓴 作品은 흠이 업다는 말인지, 評者와 가튼 明晳한 頭腦의 所有者가 아니면 解釋하기 어려운 말이다.

以上의 모든 評者의 論으로 보면 이것저것을 밀할 것 업다. 모다 『―드면』이다. 『이런 作品을 안 썻드면, 좀더 썻드면』 하는 말 외에는, 何等 이러타 할만한 말을 發見할 수 업다. 『―드면』도 한 번 두 번은 그러케 怪異할 것이 업거니와, 너무 그러케 濫用하면 評者의 唯一한 抽象的 文句 『―드면』도 그러케 오래 威信을 조곰 節用하고, 좀더 具體的으로 作品의 缺點을 붓드는 것이 엇더할른지! 勿論 엇더한 作品에 잇서서는 『좀더 무엇이 잇섯드면』 하는 생각을 讀者로 하여금 간단히 늣기게 하는 곳이 업는 것은 아니로되, 千이나 百이 모다 한갈가티 그러할 理가 업슬 줄 안다.

쏘는 내의 「흙의 洗禮」에 잇서서도 評者 白華 君은 「흙의 洗禮」란 題目에 對하야 『「흙의 洗禮」라는 것이 朝鮮말로 쎡쎡한 것은 고사하고, 말이 되지 안헛서요. 그냥 「흙 洗禮」라 하는 것이 조흘 줄 압니다.』하엿스니, 評者 自身이 朝鮮語法에 얼마나 蘊蓄 精通하엿는지 알 수 업스나, 作者인 나도 京城 사람을 京城의 사람이라 불느는 것이 조곰 쎡쎡한 줄 모르는 바가 아니다. 『―의』란 助詞를 畧한 줄도 안다. 그러케 하는 것이 慣例인 것도 안다.

그러나 「흙의 洗禮」의 『―의』를 그러케 單純하게 생각하고 큰 缺點이나 發見한 것처럼 朝鮮말이 되엇느니, 못 되엇느니 하는 것은 批評家인 白華 君으로는 큰 收穫이 될는지는 알 수 업스나, 이것은 도리혀 讀

書에 無理解한 ○○瑕疵인 것을 作者인 나로서는 아니 우슬 수 업다. 『흙』과 『洗禮』의 사이에 『―의』란 助辭를 두엇다고 그것이 그러케 君의 誇張함과 가튼 큰 缺點이 될 것이 무엇인지, 君이 「흙의 洗禮」를 解釋한 그 뜻대로 하여도 「흙의 洗禮」의 뜻을 모르는 사람은 評者를 除한 外에는 업슬 것이다. 그리고 「흙 洗禮」와 「흙의 洗禮」란 것은 쉽게 보면 意義가 가튼 듯하나, 그 가운대에 델리케이트한 意味의 相違點이 잇는 것을 君은 發見할 줄 모르는 듯하다.

그런데 조고만흔 글자 하나나 말 한 마듸에 그러케 크게 意味를 두고 흠을 잡으랴고 애쓰는 버릇이 잇는 白華 君에게 今後로는 그러한 버릇을 노흐라는 것은 아니다. 이것은 評者 白華 君에게는 第一 相當한 所任이오, 最大 能力을 發揮한 것이라고 생각하는 까닭이다. 今後로는 그러한 助辭 가운대에만 끗치지 말고 誤字, 落書까지라도 틈틈이 차저냄이 엇더할른지, 이것이 君으로는 君의 分數에 第一 合當한 일이나 아닐까? 그 대신에 文藝에 對한 大義名分을 云云할 資格은 返還하여야 할 것도 아울러 自覺하여야 할 것이라 한다. 評者가 窮할 째에 쓰는 『識字憂患』이야말로 君을 두고 이름인가 한다.

나는 여긔에 빗의 種類를 짜라 그 빗치 무엇인지 아러보지 못하는 色盲을 聯想한다. 그런데 이와 가튼 사람들이 油畵나 水彩畵를 硏究한다 하면 엇더한 結果가 생길른지, 이것은 말치 안허도 알 것이다. 또는 비록 色盲은 아니라 할지라도 빗을 分揀하는 데에 特別히 銳敏한 視覺을 가지지 못한 사람이, 假令 나무닙은 綠色이라 하는 槪念만 가지고 나무닙을 그린 째에 엇더한 나무닙히든지 더퍼 노코 綠色으로만 처바른다 하면, 이 結果가 엇더케 될는지 이러한 모든 것이 評者의 錯誤된 觀察을 말할 째에 自然히 聯想된다.

色盲이 그린 彩畵가 우리네에게 作品의 눈을 쓰고 바라보게 하는 것과 가튼 意味에서 白華 君의 評도 滋味가 잇스며, 짜라서 合評會에 늘 參與하는 것도 興味업는 것은 아니로되, 우리는 그러한 興味 中心으로만 文藝를 評할 수 업슴으로 될 수 잇스면 合評會 가튼 데에 君과 가튼 사람이 나오지 안키를 評者를 爲하야 바라는 바이다. 合評 席上에 꼭 參

與할 必要가 잇드래도 그러한 必要를 充足케 하는 外에도 가만히 안젓는 것이 賢明한 處置라고 할 수 잇다.

 그리 할 수 업고 期於히 여러 評家 諸氏와 比肩된다는 것을 뵈이고 십거든, 무엇보다도 몬저 文藝에 對하야 色盲에 갓가운 批評眼을 治療하여야 할 것이라 한다. 이 色盲된 批判眼을 治療함에는 다만 하나의 方法이 잇스니, 그것은 좀더 工夫할 일이다. 그러치 안코는 恒常 固陋와 陳腐를 못 免할 것이다. 能力업시 덤비는 것은 侮辱을 自進하야 살 쑨인가 한다.

 評者의 『―드면』이라는 抽象的 文句가 具體化할 째에야 비로소 評者된 資格이 充分히 사람들에게 認定밧게 될 것이다. 그러한 『―드면』으로 보면 君은 中國 戱曲 飜譯에서 한 거름 더 나아가 創作할 째에는 傑作이 無數히 나올 줄 밋는다. 그 째에야 그 『―드면』이 비로소 權威 잇는 『―드면』이 될 수 잇슬 것이다. (2행 판독 불가) 잇다는 意味는 아니다. 이것을 다시 말하여 두니, 나는 最後에 두어 말로 이 錯誤된 評이란 小論文을 쓴 것을 말하여 두고자 한다.

 評者 白華 君의 例를 드러 이러케 말한 것은 白華 君이 나의 作品에 對하야 惡評하엿다는 報復으로 誤解하여서는 안 된다. 白華 君이 내의 作品을 貶한다고 나는 그것에 何等의 유감을 늣기지 안흘쑨 아니라, 엇더한 意味에서는 도리혀 白華 君과 가튼 評者의 力量으로 그와 가티 評함이 當然하다고도 할 수 잇다. 그러나 함부로 날쮜는 것을 그대로 어느 째까지든지 두고 볼 수는 업는 것이다.

 쏘는 인제야 建設 途中에 잇는 朝鮮 文學이 評者의 評과 가튼 評으로 因하야 害毒이나 아니 바들가 하야 憂慮한 싸닭이다. 더 나로서는 이것이 杞憂에 쯔치기를 바라고 欄筆한다.

―(4), 『조선일보』, 1925. 6. 11

「寂寞의 伴侶者」에서 取한 點은 이 作에 對한 作者의 態度이라 할 수 잇다. 어데까지던지 冷靜하게 現實을 凝視하야 센티멘탈에 싸지지 아니한 것이 이 作에서는 가장 무게잇는 것인가 한다. 짜라서 作者의 努

力도 여긔에 잇섯스리라 생각한다.

 그러한데 評者는 作者에게 엇지하야 哀愁가 흘느도록 쓰지 아니하엿느냐 하야, 이것을 責하고 批評한 것은 解釋하기에 좀 어려웁다. 哀愁가 그 作品에 나타난 그 以上으로 더 흘느게 된다 하면, 그째에 그 作品은 다만 婦女子의 歇價의 눈물을 자아내는 센티멘탈이 남어 잇슬뿐이 아닌가? 이것도 쓸데 업시 말이나 하여 보랴다가—다시 말하면 作品에 對한 缺點을 차즈랴다가 부지럽는 抽象的 文句를 弄하야 自己의 馬足을 暴露식힘에 지내지 못하엿다고 생각한다. 文藝 作品에 相當한 理解를 가진 이가 잇서 評者의 批評眼이 너무나 低劣, 幼稚함을 叱責할 째에 評者는 무엇으로써 이에 答할른지 評者를 爲하야 내의 낫이 오히려 후듯하여짐을 늣긴다.

 쏘는 朴英熙 君 作「산양개」에 잇서서도 그러하다. 評者는『吝嗇한 富豪를 目標로 그리려면 개가 아니고 다른 것으로도 나타낼 수 잇겟지오.』하야 다른 神奇한 方法이나 잇는 것과 가티 말하엿다. 勿論 評者의 말과 가티 吝嗇한 富豪를 그려내랴면 다른 方法이 無窮히 잇슬 것이다 (方法이라는 데에 좀 說明할 일이 잇다마는, 이것은 論이 너무나 細少에 드러감으로 구만 두고, 評者의 쓰는 所爲 方法 그대로 말한다). 이것은 우리의 社會生活이 그만큼 複雜하고, 쏘는 心理의 錯綜이 그만큼 多端한 짜닭이다.

 그러나「산양개」를 主體를 삼은 作品을 評하면서『산양개를 구만 두고라도 달리 表現할 수 잇다.』는 말이 무슨 評語인가? 이것은 評者가 作을 評하면서 하는 말이라고는 할 수 업다. 아모리 好意로 이러한 放言을 解釋한다 하여도 評者의 文藝批評에 對한 精神이 如何한지 疑心치 아니할 수 업스며, 쏘는 이러한 評者에게도 文藝를 理解할 能力이 잇는지 업는지 그 與否조차 한 疑問으로 아니 녁일 수 업다. 이것은 作品을 評하는 評者의 賢明으로는 할말이 아니오,『何不貪肉米』냐 하는 것은 愚者의 能히 할말이 아닌가 한다. 말하자면 이것은 그 作品을 써나서 다른 作品을 抽象的으로 만드러 노코만 하는 말이다. 차라리 구태여 말하랴거든 개가 主人 문 것을 엇더케 必然的으로 물게 만들지 아니하엿는가 하는 것은 이 作品에 對하야 評이 될는지 알 수 업스나, 엇지 개를 取扱하엿는가 하는 것은 말이 아니다. 東問西答이오, 『終日 痛哭에 不知何夫人喪事.』가 이를 두고 이름이다. 결국 評者의 正體를 나타내엿슬 뿐이다.

쏘 浪雲 作 「첫날밤」에 잇서도 平面描寫에만 쯔첫다 하니, 그 作을 엇더케 보고 하는 말인지, 쏘는 平面描寫라는 것을 엇더케 解釋하고 잇는지 알 수 업다. 엇지하야 그 描寫가 平面描寫만인가? 쏘는 表現이 무엇이 좀더 이섯드면 하니, 무엇이란 무엇인지? 참으로 評을 하려거던 무엇이 무엇이란 것을 分明히 말하여야 할 것이라 한다.

쏘 「絶交」란 作에서 보면 『表現 方法이 너무나 單純힘이다. 이러한 表現 方法을 取치 안흐면, 事實이 複雜하여짐을 取扱하기 어려워서 그랫는지 알 수 업지만…… 云云』 하엿스니, 여긔에 表現 方法은 무엇을 意味하엿스며, 쏘는 複雜한 事實은 單純한 表現 方法(評者의 獨特히 解釋하는 表現의 道)으로 하여야 한다 함을 肯定하고 말함인지 알기 어려우며, 쏘 最終에 『이 作品에 잇서서는 먼저 表現이 너무 單純하엿기 째문에 그리 조흔 作品이라고는 못하겟습니다.』 하엿스니, 表現과 事實, 單純과 複雜을 藝術의 價値 判斷 鑑賞에 對한 엇던 尺度를 삼는다는 말인지 좀 具體的으로 알고 십다.

稻香 作 「계집 下人」에서도 『쯔테 가서 그러케 마치지 말고 主人公들 사이에 무슨 葛藤이 잇서드면 조치 안흘가?』 하엿다. 이러케 『―드면』만을 말치 말고, 具體的으로 指摘함이 엇더할가?

—(5), 『조선일보』, 1925. 6. 12

劇化하는 合評會

 吾人이 事物을 觀察할 쌔에 아모리 周到綿密한 注意와 準備가 그 被觀察物에 對하야 잇다 할지라도, 걸핏하면 그 觀察이 疏漏나, 또는 誤謬에 빠지기 쉬운 것이다. 이것은 被觀察物 自體는 多方面이나, 이를 觀察하는 吾人에게는 多方面을 觀察할만한 能力이 사람마다 다 가젓다고는 할 수 업는 까닭이다. 그럼으로 一個 物體나 事理를 觀察할 쌔에 一 方面에 쓴치지 안코 多方面의 眞相을 觀破하랴면, 一 個人에게 限하는 것보다 多數한 사람으로 觀察케 하는 것이 正當하다 할 수 잇슬 것이다.
 이러한 意味에서 엇더한 文藝 作品을 評價할 쌔에 一 個人의 意見이나 感想에 쓴치지 안코, 多數한 사람의 意見을 綜合하는 것이 그 作品에 對한 穩健 忠實한 態度라 할 수 잇슴으로, 이러한 形式을 取하기 爲한 合評이란 것에 對하야는 勿論 贊成하는 바이다. 또는 그러한 批判을 한 번 것치어 다시 다른 사람의 意見에 參考의 效果를 주는 것도 그다지 無意味한 일이 아니라 생각한다.
 그럼으로 나는 平日부터 그러한 批評의 形式(文藝批評으로는 精神은 아니나)을 가진 合評이 생기기를 바래엇다. 그런데 『朝鮮文壇』이 그것을 實現하게 되엇다. 나는 我意를 어덧다 하야 속으로 즈윽히 깃버하엿섯다. 그리하야 『朝鮮文壇』을 바들 쌔에 多大한 期待를 가지고 몬저 合評 速記錄을 쩌드러 보앗다. 勿論 이 合評이 우리 朝鮮에서는 첫 試驗에 지내지 못함으로, 그러케 滿足한 늣김을 一般에게 주지 못할 것은 미리부터 어느 程度까지 諒解할 料量으로 읽엇스나, 合評한 紀錄을 通하야 나타난 氣分이 아모리 好意로써 觀察한다 하여도 眞面目하다 할 수는 업슴으로 조곰 不愉快하게 생각하엿다. 評을 바든 作品이 반다시 評한 것만치의 價値에 지내지 못하는지, 또는 眞價보다 評 그것이 分에 지내는지, 그러한 것은 말할 것도 업스나, 다못 거긔에 나타난 氣分이 不愉快하다는 것쑨이다.

勿論 評席에 나타난 여러 사람들은 吾人이 信賴할만한 朝鮮의 一流 作家이오 批評家인 까닭에, 作品에 對한 여러 嚴密한 評은 正鵠을 得하엿스리라고 생각하엿다. 誌面에 실닌 記錄은 勿論 誤謬업시 寫眞 그것처럼 恰似히 그려내인 까닭에, 그러한 不快를 보는 사람으로 하여금 이르키엇는지 알 수 업스나, 評에 하나 遺憾되는 것은 批評하시는 여러분이 正襟危坐할만한 作品이 評밧는 여러 作品 가운대에 업섯슬쑨이 아닌가 한다. 그만한 評者가 잇는 터에 그만한 作品이 업는 것은 遺憾이다.

또한 批評하는 여러분의 批評한 批評 紀錄을 보면, 모다 描寫가 不充分하니 또는 不自然하니 어데서 힌트를 어든 듯하니 하엿슬쑨이오, 作品의 中心 精神이 어데에 잇는지 또는 클라이막스가 어데에 잇는지 그러한 데 言及한 것은 적다. 그만한 技巧 問題나 힌트는 다른 作品에서 누구든지 年少 作家로서 自己의 人生觀이 確立지 못하고, 藝術에 關한 態度가 曖昧할 째에 어느 다른 사람의 作品 가운대에서 엇게 되는 일이 만타고 하는 것이다. 問題로 評할 價値밧게 아니 가진 作品만이 評者 여러분 압헤 나타난 것은 小說장이나, 글쓰는 사람들로서는 한 겁줄을 버서나야 할 것이라 생각한다. 엇제튼 遺憾이다.

合評會 가튼 것은 作者로 하여금 메테르링크의 群盲을 聯想치 안케 하는 範圍에서도 그만이라는 그러한 程度를 넘어서 이어 만히 생기기를 바란다. 出席한 여러분의 評할 째에의 액션을 描寫하야 『히―히』니, 『하―하』니, 또 샐즉 웃느니, 눈이 샛별 가티 반작거리느니 한 것은 너무나 批評하는 그 자리가 劇的으로 뵈엇다. 그리하야 이것을 차라리 合評會라는 것보다, 차라리 文人批評劇이라고 命名하는 것이 엇더 할가 생각한 일도 잇섯다. 批評家나 作家 諸氏도 神이 아닌 사람인 까닭에, 그러한 모임에 無論 샐죽 웃는 분도 게섯슬 것이오, 허허 웃는 이도 잇섯슬 것이오, 또는 눈을 太陽처럼 번적이는 분도 잇고, 머리를 득득 긁는 분도 잇슬 것이다. 決코 이러한 것을 나는 不愉快하다고 생각하는 것이

아니라, 그러한 動作ᄭᅡ지라도 紙面에 나타내어야만 讀者의 興味를 ᄭᅳ을 수 잇다 생각하고, 그것을 무리하게 誇張的(惑은 縮小인지 모르나)으로 쓴 그 精神을 解釋하기 어려웁다는 말이다.

ᄯᅩ한 사람이란 어데ᄭᅡ지던지 嚴肅 眞正한 態度로 다른 사람을 對하기는 어려운 일이다. 그럼으로 批評하는 여러분더러 사람의 作品을 對할 ᄯᅢ에 그러케 『히—히』, 『하—하』 弄的으로 對하지 말고, 좀 敬虔한 마음으로 對하라는 말은 아니다.

—『개벽』, 1925. 6.

運命의 戀愛

『Love is Best』라고까지 할 수 업스나, 人生에 戀愛 問題는 매우 重大한 問題라고 생각합니다. 사랑이 업는 人生은 孤寂합니다. 그러나 이것은 그러한 孤寂을 늣기기 쉬운 사람에게 限하야 그러할 것이외다. 世俗的 道德律이나 가장 理性的으로 모든 것을 判斷批評할 쌔에는 冷靜한 態度로 人生을 써난 한 칭 우에서 내려다볼 쌔에는 戀愛니 爭鬪니 하는 모든 것이 한 우수은 일이겟습니다마는, 그래도 感情을 가진 平凡한 人間으로 生活이란 渦中에서 사람으로서의 生命을 가지고 또는 生命의 要求를 채우랴 한디 히면, 戀愛 問題린 그리게 稚子庸女의 享樂的 行爲라고만 볼 수 업습니다. 이 戀愛란 것은 그러케 抽象的 問題가 아니오 具體的 問題입니다. 또는 觀念的 問題가 아니오 現實 問題올시다.

우리의 理想的 思索은 飢餓의 恐迫이 잇슬지라도 決코 卑屈하거나 貪慾을 내어서는 안될 것이외다마는, 飢餓의 恐迫에 卑屈한 생각이나 貪慾한 생각을 아니 늣기는 사람이 얼마나 되겟늣가? 勿論 우리 生活 自體를 哲學的으로 當爲 問題에 부치어 생각한다 하면 소크라테스나 칸트 갓흔 生活을 어들 수 잇겟지오마는, 이것은 모다 觀念的 生活이외다. 近日에 와서 이러한 戀愛에는 所謂 哲學的으로 基礎를 부치어 說明하랴는 傾向도 勿論 업는 것은 아니로되, 어듸까지던지 이것은 現實 問題이며 人間的인 問題인 故로, 觀念 生活이나 또는 道德律로 보면 그러할 價値 問題를 붓치어 생각할 것은 업겟습니다.

또는 極端의 肉慾說을 主張하는 사람은 엇더한 愚夫愚婦가 一時 衝動으로 엇더한 곳에서 野合을 하겟다 하는 그러한 것을 가르처서도 곳 戀愛를 說明하랴 합니다. 勿論 人生이란 自體가 半獸半人의 權化에 지내지 못함으로(人間다울사록 그러함), 모든 行爲를 單元的으로 肉慾的 行爲에 부치어 바리는 것도 確實히 人生의 一面을 把握한 것이라고 할 수 잇습니다. 그러나 이것은 그의 一面에 지내지 못합니다. 말하자면 한 平面的 觀察에 지내지 못합니다. 決코 立體的 觀察은 되지 못할 것입니다. 肉的 行爲의 結果를 가르처서 戀愛라고만 할 수 잇다 하면 이것은 別問題이나, 그러치 아니하고 우리의 精神的 方面도 생각한다 하면 플라토닉 러브도 認定치 아니할 수 업습니다.

그러나 이것은 가장 어려운 일이겟지마는, 實際로 보면 이러한 例도 만히 잇슬 것입니다. 엇더한 女性과 男性이 서로 憧憬하고 思慕하야 그러한 肉的 行爲에 들어가지 안코 그대로 엇더한 動機에 自己네의 生活을 다른 方面에서 靈的 兩便으로 開拓하게 되엿다 하여도, 그러한 플라토닉한 사랑은 決코 咀呪바들 것도 업스며, 憎惡할 것도 업스며, 따러서 自己 良心에도 부그러울 것이 업슬 것입니다. 도리여 두 사람 生活에 純眞을 늣기며 生活을 어느 方面으로 淨化식힐 것입니다. 그럼으로 나는 이러한 쎌리케트한 問題를 一般 世俗的으로 肉慾이나 衝動을 채우기 爲한 享樂的 行爲라고만 생각하고 십지는 안습니다.

그리고 戀愛란 것은 世上 사람이 항상 생각하기는 享樂的이오, 非社會的이오, 非道德的이라 하는 듯십습니다. 그리고 그 行爲가 엇더한 破廉恥的 行爲처럼 녁이는 傾向도 업지 안켓습니다. 이것은 그 戀愛한 結果가 자연히 그러한 것을 낫키 쉬운 까닭입니다. 여긔에서 우리는 精神的인 方面이 더욱 必要합니다. 第一 愛에 對하야는 責任感이 잇서야 될 것입니다. 朝三暮四를 戀愛 生活이라고 할 수 업는 것이 이러한 까닭입니다. 戀愛를 一大 偶像視하는 盲目的 靑春男女가 업는 바는 아니나, 적어도 우리의 理想的인 愛의 生活에는 盲目 그것만으로 안 될 줄 압니다. 第一 一時의 衝動이나 本能을 쩌난 精神的으로 둘이 서로 結合을 要求하야 憧憬함인 것이어야 할 것입니다.

이 精神的 要求 結合이야말로 비로소 참으로 사랑이라고 불느고 십습니다. 이 精神的으로 서로 사랑을 늣기게 되는 것이 비로소 完成한 生命의 要求라고 할 수 잇습니다. 이 참生命의 要求에는, 이 憧憬의 압헤는 모든 道義的 觀念이나, 社會的 地位나, 또는 將來할 恐迫 가튼 것도 도모지 顧慮치 안케 되는 信念이 생기는 同時에, 自己의 生에만

對하야 忠實하게 되는 것인 듯합니다. 그럼으로 或은 消極的으로 自己의 生命의 要求에 忠實하기 爲하야 情死니 무엇이니 하는 일도 생기는 것인 듯합니다.

그런데 이러한 生活이란 外面에서 보는 그것과 달라서 自己의 生活을 體驗하는 그 當事者들의 所謂 愛의 生活이란 것은 그러케 享樂的이 되지 못합니다. 戀愛中에는 勿論 쏙가티 달은 것도 잇겟지오마는, 만흔 境遇에는 第三者가 보는 그것과는 다른 苦痛을 맛보게 되는 것이라 합니다.

모든 것이 우리 人生의 쨟은 生涯中에 이러나는 一 閃光에 지내지 못하는 것을 그러케 重大視할 것은 업스나, 이 戀愛 問題는 엇제튼 閃光中에서도 가장 참된 閃光이오, 힘이 잇는 閃光입니다. 이 閃光 가운대에도 그러케 金剛石 가티 恍惚한 빗치 감추어 잇는 것이 아니라, 그 가운대 煉地獄의 火災 가티 苦痛인 것도 잇습니다. 이러한 結果에 우리는 만흔 苦痛에 빠지는 일이 잇습니다. 나는 그럼으로『戀愛란 것은 選擇이 아니오 運命이라.』하는 것을 認定합니다. 엇더한 不可抗力으로 드러가게 되는 것인가 합니다.

이러한 運命觀을 가지게 되는 것은 좀 不自由한 社會 道德律과 쏘는 自己의 참生命의 要求와 衝突되는 데에서 이러나는 것이라 합니다. 이러한 生의 要求로 이러나는 悲觀은 비로소 人間의 正體를 비초어 줄々 밋습니다. 그때에 世間的으로 쏘 自己 精神上으로 시달키인 感情에서 피는 꼿이 잇다 하면, 그것은 苦悶의 結晶일 것입니다. 이 苦悶은 사람마다 願하는 苦悶이외다. 한번은 맛보아야 할 苦悶이외다. 그러나 이 苦悶을 맛본 사람은 아즉 맛보지 안흔 사람의 팔을 붓들고 挽留하게 됩니다. 挽留하여야 합니다. 그러나 挽留하면 挽留할사록 그들은 손을 뿌리치고 猛進합니다. 바더야 할 運命은 바더야 할 것인가요?

—『조선문단』, 1925. 7.

現實 生活을 붓잡은 뒤에

　至今부터는 昨年에 擡頭하기 始作한 새로운 傾向을 가진 文藝가 우리 文壇에서 크게 活動할 줄을 압니다. 그 理由는 새로운 그것이 우리 生活과 直接 交涉이 잇는 까닭입니다. 在來의 興味만을 中心으로 한 享樂 文藝로는 우리의 苦悶을 慰勞할 수 엄슴으로―그리고는 今年부터는 新人의 活動이 좀 만히 나오기를 바랍니다. 따라서 좀더 우리의 現實生活을 단단히 붓잡은 뒤에 엇더케 하엿스면 조케다는 指標가 부튼 作品이 나오기를 바랍니다.

―『개벽』, 1926. 1.

尹心悳 情死에 關하야

　김우진 군과 윤심덕 양에 대한 내의 지식은 가장 박약하다. 그럼으로 그들의 자살한 원인이 엇더하엿스며, 엇더한 동긔가 그들로 하여금 자살을 결심케 하엿는지도 자세히 알 수 업다. 다만 신문지상으로 보도되는 그것만으로 보아 어느 뎡도까지 추칙은 할 수 잇다. 그러나 내의 생각에는 신문 그 물건이 말하는 그것과 갓튼 원인이나 동긔가 그들을 죽엄으로 잇쓸고 갓다면, 쓸니어가는 그들의 평일의 사상에 대하야 좀더 생각할 여디가 업섯든가 하는 늣김도 업지도 아니하다.
　김우신 군과는 물론 한번도 면식이 업고, 다만 군의 춘원 군에 대한 박문(駁文)이 수산(水山)이란 아호로 『조선지광』에 발표되엿슬 때에, 나는 그 글을 통하야 수산은 김우진이란 것을 알게 되엇다. 그리고 최근에 내가 『조선일보』 학예란에서 군의 최후 론문이라 할만한 「신극운동의 첫길」이란 론문을 취급하면서 군의 조선 현실에 대하여도 비교뎍 치밀한 관찰력과 비평안을 가지고 잇는 이라는 늣김을 가지게 되엿섯다. 결론은 군을 리상의 사람이란 것도, 현실의 사람이고 생각하엿다.
　그리고 윤심덕 양을 알기는 그가 우리 조선 사회의 문데의 인물인 그것만치 오래이다. 그의 동경 류학시대에 서로 낫흔 익엇스나, 인사 갓튼 것은 할 긔회가 업섯다. 그리다가 요 얼마전 양이 토월회 배우로 드러가서 온세상이 한참 써들 때에 토월회 악옥(樂屋)에서 분장중인 그를 만나게 되엇다. 그는 『이게 얼마만이요?』 뜻밧게 인사말을 하엿다. 이것이 동긔가 되야 그를 그의 성문(聲聞)과 면분을 다 아럿든 것이엿다.
　이 두 사람에 대하여서 내의 지식은 다만 이쑨인 까닭에, 그들의 자살한 사건에 대한 내의 관찰도 비교뎍 심각미(深刻味)와 동정을 발견치 못할는지 알 수 업다. 그러나 수산 군은 모르거니와, 윤심덕 양을 직면하엿슬 때에 내가 바든 인상으로 말하면 『저 여자는 언제든지 한번 끔직한 일을 해서 세상에 소동을 일으키고 말 것이야.』이란 예감을 엇게 된 것이엇다. 그러하다고 그 엇더한 남자를 데리고 종사를 하리라는 그러한 구톄덕 사실을 미리 생각해본 적은 물론 업섯다. 다만 막연히 『큰일을 한번 저즈를 것!』이라는 것뿐이엿다.

그럼으로 요 얼마전에 내가 전주에서 윤심덕 양이 청년 문사와 정사하 엿다는 보도를 신문지상으로 볼 때에 문득 늣긴 것은 『그가 필경 일을 저즐느고 말엇군.』 하는 것과 그 청년 문사가 가엽다는 것이엇섯다. 다만 예지하엿든 사건이 돌발할 때에 누구든지 늣길 수 잇는 그러한 속크를 바덧슬 뿐이엿다.

그러나 이러한 자살 사건에 대하야 그러한 속크 이외에 그것을 인생 사회의 한 엄숙한 사실로서의 비판을 내일 때에, 그 사실 자톄를 싸라 얼마든지 죽음즉한 죽엄과 하지 안흔 죽엄이 물론 잇슬 것이다마는, 살어 잇는 보통 사람편으로 보면, 엇더한 경우를 물론하고 자살이나 정사를 한다는 것이 종교상으로 보던지 도덕상으로 보던지, 만흔 경우에 죄악이오, 퇴영이오, 비겁이라 하겟고, 죽은 그 자신으로 말하면 환희요 해탈이오 구원인 것이다. 항상 이러한 서로 다른 처디에서 이 자살이나 정사 가튼 것을 비판하게 되는 싸닭에, 어느 때에든지 사람의 죽엄에 대한 견해가 어느 덩도까지에는 달으고 말 것이다.

나는 이 두 사람의 소위 정사라 할는지, 쏘는 공모 자살이라 할는지 이름은 엇덧턴지간에, 두 사람이 한때 한 장소에서 죽엇다는 사실에 대하야 오르고 글은 것을 판단하여 말하기 전에, 소위 사람의 자살이란 것에 대하야 잠간 생각하고자 십다.

죽는다는 것을 죽은 그 사람박게는 경험할 수 업는 사실이다. 그럼으로 자살하기로 결심하엿다는 것도 필경 결심한 그 사람박게는 심리의 진상을 알 수가 업는 것이다. 결국 자살할 결심을 하여 보지 못한 데삼자가 그 죽엄에 대하야 이러며, 쏘는 분명이 그러한 것이라 판단을 내리는 것은 결국 텬문학자나 텰학자가 우주의 현상을 의론하는 것이나 조곰도 다름 업슬 것이다. 정당한 관찰과 추리가 업는 것은 아니로되, 추리는 어디까지 추리요, 관찰은 어듸까지든지 관찰이다. 자긔자신의 톄험은 될 수 업는 것이다. 그럼으로 우리가 자살이란 것을 텰학적으로 생각할 쌔에 (다맛 생각할뿐)이것도 자유의사의 한 발동으로 볼 수가 잇다. 사는 것도 자유의사이오, 쏘한 죽는 것도 자유의사이다. 자긔가 소유한 생명이니까 자긔 의사대로 엇더케든지 할 수 잇는 것이다. 그러면 무슨 까닭으로 자살을 하는가? 간단히 말하면 사는 것이 고통이니까, 더 잘 편하게 살기 위해서 죽는 것이라고 할 수도 잇다. 즉, 사람이란 것은 자긔가 가지고 잇는 생활의식이 가장 놉흔 뎡도까지에 팽배하고 가장 구쎈 힘으로 고조될 쌔에 도로혀 죽엄의 길을 밟게 되는 경우가 잇다는 것이다. 김우진 군의 가장 숭배하는 유도무랑(有島武郎) 씨(신문지상에서 보도한 것을 다맛 볼뿐이오, 실상은 숭배를 하엿는지 나는 모르는 바이나, 그리하엿다 하니 인용하는 것이다.)의 어느 작품 가운데에 『생활의 고조가 사랑에 잇고, 사랑의 고조는 죽엄에 잇다.』고 하엿스니까, 혹은 김우진 군이 윤심덕 양의 죽엄을 이러한 데에다 부처 노코 생각할 수도 잇스나, 엇재튼 이 자살이란 것은 생이란 것을 부인하는데에 도리여 생이란 것을 더 큰 의미에서 현실의 생활이 참생활이 아닌 것인 그것만큼 참생활과 쏘 의미잇는 생활을 동경함이라 할 수 잇다. 결국은 말하면 현실의 생활에서 가장 비통한 것을 바리고, 미지의 나라에 동경한 것이라 할 수 잇는 것이다.(그러나 이도 역시 우리들의 관찰이오 해석이오,. 그 사람들의 죽엄을 결정하는 순간의 참심리는 모르는 바이다.)

이러한 견디에서 두 사람의 자살을 관찰할 쌔에는 자긔의 행위를 자긔들의 최선으로 알고 결정한 것인즉, 데삼자로서는 그들의 죽엄을 우리 생활에 잇서서 한 엄숙한 사실로 볼뿐이다. 우리가 만일 사회생활에 잇서서 소위 재래의 인습이나 도덕뎍 관념을 써나서 이 두 사람의 죽엄의 가치를 판단한다면, 여긔에는 비로소 여러 문뎨가 생길 것이다. 한말로 말하면, 그들의 죽엄은 가치 업는 죽엄이라고 할 수 잇다. 그들은 극단의 리긔주의자라고 할 수 잇다. 우리 사회생활에 잇서서 공동으로 지고 잇는 생활도덕의 현대뎍 책임을 배반한 사람이라고도 할 수 잇슬 것이다. 가장 동정 잇는 말을 그들에게 한다면, 좀더 생각해볼 여디가 업섯든가 하는 것이다.

더욱이 윤심덕 양의 죽엄이란 것을 그가 죽엄을 결심하고 최후에 불럿 다는 「사의 례찬」이란 것을 통하야 보면, 그 동긔가 우리의 산 사람으로 보아서는(그에게는 가장 참된 일이라 하겟지만) 얼마나 천박하얏든 것을 알 수 잇다. 물론 죽엄에 대하야 엿고 깁흔 의미가 별로 싸로 업겟지마는, 그는 다만 죽기 위해서 죽엇슬 뿐이다. 한갓 세상을 저주하얏슬 뿐이다. 막연하게 허무하다 하얏슬 뿐이다. 이 세상이 참으로 허무하고, 쏘한 저주할만 하얏다면, 윤으로도 그 허무한 것과 저주함즉한 것을 뵈여줄 다른 도리가 분명이 잇슬 것이다. 다만 「죽엄의 찬미」로만 그의 의사를 표시 안코도 되얏슬 것이다. 나는 생각건대, 그가 「죽엄의 찬미」를 짓코, 쏘는 그것을 부르고 눈물을 흘닐 째까지도 그는 우리 보통 사람이 가지는 생의 의식을 가젓든 것이다. 그 이후의 것은 우리의 모르는 바이다. 우리 보통 사람으로 보면, 그들의 의식은 벌서 변태되얏든 것이다. 그러나 나는 지금에 변태니 납븐 것이오, 상태니 조흔 것이라 하는 그러한 가티를 말코자는 아니 한다.

　지금것 내게 의문으로 남어 잇는 것은 김우진 군이 가장 현실과 타협하든 군의 (그의 최근의 론문으로 보아) 자살이다. 그는 가장 분투덕이엇다. 감상주의나 인도주의덕 색채도 보이지 안하얏섯다. 그런데 군은 죽엇다. 엇재튼 의문의 하나이다. 결국 큰일을 저즐으고야 말 윤심덕 양의 길동무가 되고 말 것이랴. 쏘는 남성에게 복수하랴는 그의 원수의 대표로 선택됨이엇드냐. 참으로 몰을 일이다.(八月二十四日　朝)

—『신여성』, 1926. 9.

婦人 運動者와 會見記

몹시 치운 겨울 날 아침이엇다. C신문사 편집실 안에는 한편 구석에 빩하케 달은 난로가 따가운 기운을 토하며 밧가테서 어러 드러오는 사원을 기다리고 잇섯다. 그 난로가에는 먼저 들어온 사원 몃 사람이 의자를 갓가히 노코 안저서 이 말 저 말 끄집어내기 시작하엿다. 밧갓 날이 흐리고 더욱이 편집실 안이 어듬컴컴한 까닭에 난로는 더욱 빩하케 다라보엇다. 그 익은 석류 알망이 가튼 난로 몸둥이를 바라보기만 하여도 치위를 이즐 듯한 늣김이 잇섯다.

『여보 S!……』

나와는 반대 방향에 안저 불을 쪼이든 R이 불기운에 빩앗케 익은 얼골을 내의 편으로 돌니며 불는다. 나는 아모 말업시 그 소리 나오는 편으로 머리를 돌니엇다.

『일본 녀자 부인운동자인지, 사회운동자인지 하는 C란 이를 모르겟소?』

하고, R이 뭇는다.

나는 처음 듯는 이름이엇다.

『그런 이름만을 아느냐고 하는 말인가요? 그런 사람과 서로 알고 지나는 터이냐고 하는 말인가요?』

이것은 면분이 잇던지, 또는 이름을 알든지 두 가지 중의 하나를 물은 것이엇다.

『나는 그 두 가지를 다 알 수 업는데……』

신문잡지에서도 그런 이름도 본 일 업섯고, 더구나 면분 가튼 것은 말도 할 것 업섯다.

『정말 몰나요? 여보 일본 녀류 사상가가 왓다고 지금 서울 안이 벌죽하게 떠든답니다……』

R이 또 이러케 나의 세상 소식에 무관심한 것을 비웃는 듯, 쏘는 그까짓 녀자 하나가 왓는데 그러케 떠들 것이 무엇이람? 하는 듯한 태도로 말하엿다.

『그런 사람이 왓스면 우리 신문에라도 좀 소개를 해 줄 걸 그랫지…….』

나는 거저 심상히 녁이며 대답하엿다.

『K신문을 좀 보지요!』

R이 또 말하엿다.

나는 조곰 불쾌한 생각이 낫다.

『보면 무엇슬 해…… 인제는 그만이지…….』

『그만은 안 될 것이오. 우리 사 후원으로 강연회까지 열게 되엿답니다…….』

이것은 처음 듯는 말이엇다. 그 전날 나는 일즉 편집을 마치고 나간 까닭에, 도모지 어느 영문인지 모르고 지나간 것이엇다. 그러나 이왕에 느저서 소개조차 못하엿스니까, 오늘에나 엇더케 지면에 상당히 소개를 해볼가 하는 생각을 하며, 그대로 그 문데에는 그대지 큰 흥미를 늣기지 안햇섯다.

얼마 아니 되야 털외투로 온 몸을 싼 동료 K가 얼골이 빩아케 어러 가지고 허둥지둥 드러왓다. 그는 난로가으로 바로 오지 안코 외투를 버서 벽에 걸은 뒤에, 자긔 책상 압호로 가서 책보를 끌넛다.

가장 급한 일이 생긴 듯 해뵈엿다.

『H 선생님! 일본 녀자 부인운동자 C를 모르세요?…….』

하고 뭇는다. R이 뭇든 말이나 똑 갓햇다.

『나는 그런 이는 몰라요…….』

R이 뭇든 때와 맛찬가지로 나는 자미업는 대답을 또 한 번 내던지엇다.

『선생님은 아실 터인데요. 잘 생각해 보세요.』

K는 이러케 말하고, 그 사람의 일홈 글자를 한 자식 한 자식 일너준다. 그러나 나는 역시 알 수 업섯다.

『암만해도 알 수 업는 걸이요. 생각이 안 나는데…….』

이러케 대답하는 수 밧게 업섯다.

『잘 생각해 봐요! 그는 N대학 ○○과를 데일회에 졸업하엿다고 해요. 그러면 C씨와 동창이지요. 그리고 그이 말을 드르니까 조선 학생도 퍽 만히 안다고 해요…… 지금 제가 막 맛나보고 오는 길이야요. 그런데 엇더케 사람이 그러케 어글어글하고 조화 보이는지 알 수 업서요. 그리고 엇더케 그러케 소탈한지 알 수 업서요. 처음 맛나 보는데 여러 해 전에 맛나 본 친구나 다름업는 생각이 낫서요. 그런 녀자는 처음 보앗서요…….』

K는 한참 동안 혼자 입에 침이 마르도록 C란 녀성을 칭찬하엿다. 그리고 내가 C를 모른다는 것이 한 의심으로 넉이는 것 가티 뵈엿다. 그 부인 운동가가 N대학을 마추엇다는 것이 거짓인지, 내가 모른단 말이 거짓인지 두 가지 중에 한가지가 분명히 알게 되기 전에는, 그런 의심은 두 사람이 다 밧게 되는 것이엇다. 사정을 자세 모르는 사람에게는.

『글세요…… 만일 그가 확실히 N대학 ○○과를 졸업하엿다면 내가 몰을 리가 업는데요. 그 ○○과에는 함꾀 졸업한 사람 중에 녀자도 사오 인 잇섯지만, 그러한 일홈을 가진 사람은 기억할 수 업는 걸요…….』

나는 이러케 대답을 하기는 하엿스나, 분명히 그 운동가가 N대학 출신이 아니라고 욱일 수는 업섯다. 일본 녀자는 시집을 가면 성명이 변하는 일도 잇고, 쪼한 학적에 이름만 두고 학교에는 늘 출석을 하지 안코, 한 달에 한 번이나 두 달에 한 번식 오는 일도 업지 아니하니까 그의 얼골과 이름을 도모지 모르는 일도 적지 아니한 까닭이엇다. 그러나 녀자는 그 수효가 적은 그것만큼, 쪼는 그들은 이성이라는 그것만큼 내의 기억에는 성명과 얼골이 다 가티 몽농하게라도 남어 잇는 터이엇다.

『그러면 그이가 미스랍듯가? 미세쓰랍듯가?』

나는 시집가고 안간 것을 알고자 함이엇다.

『미세쓰는 아닌 모양이야요. 양이라고 하든데요…….』

K는 이러케 대답하엿다.

나는 K신문을 끄내어 노코 기사를 보앗다.

그 신문에는 참으로 큰 녀류사상가인 것처럼 크다란 대목 아래에 굉장하게 떠드러 노앗섯다.
 그 녀자가 좌경덕 색채를 듸운 부인운동가이란 것과 또한 N대학을 졸업하엿다는 것과 단발하엿다는 것과 K가 알잡 것에 갓가웁다는 평과 가튼 여러가지를 종합하야 대개 엇더한 사람인지는 상상치 못하는 바는 아니엇스나, 엇재든 적지 아니한 흥미와 호기심을 나는 그에 대하야 가지게 되엇다.
 『대톄 엇더한 인물이람? 좀 보앗스면…….』
 하는 생각이 무렁무렁 이러낫다. 그래서 K에게 나는 이러케 무러보앗다.
 『얼골은 엇더케 생겻슴닛가? 그리고 누구든지 잘 맛나서 이약이라도 하는 성격이 보입닛가?』
 『생기기야 그러케 어엽블 것은 업스나 그저 쑬쑬해요. 그리고 말은 말도 마세요. 저 혼자 연설 하드시 몃 시간이라도 중얼대어요. 그리고 두뇌가 말하는 것만 드러 보아도 썩 명석한 모양이야요. 그리고 단발을 하엿지요. 담배를 픠어들고 화로 가에 안저서 말하는 것이, 아모리 보아도 녀자 갓지는 안해요. 꼭 남자에요. 나는 그런 이는 처음 보앗서요…….』
 K의 말이 나올사록 나는 호기심을 가지게 되엇다. 그리하야 날이 치웁기도 하지마는, 오늘의 편집을 맛친 뒤에 한 번 방문을 해 보기로 마음을 작뎡하엿섯다.
 『그러면 오후에 어듸 한 번 가서 맛나보지요…… 보면 알 터이니까…….』
 나는 이러케 대답하고 K와 책상을 나란히 하야 그 날 신문 편집을 시작하엿다. 일을 하면서도 『괴상한 녀자도 만쿤!』하는 생각이 늘 머리에서 떠나지 안햇다. 이러한 생각이 그치지 안코 이러나는 것은 단순한 녀성 사상가라는 그러한 것보다도, N대학 재학 시대의 모든 인상이 다시 새로워지는 까닭이엇다.
 즉 말하면, 나와 가튼 졸업한 녀성이 일본에서 유명한 녀류 운동자가 되엇다는 것과 그런 녀성이 나와 한 반에 참으로 잇섯든가 하는 의심이 내의 N대학 재학 당시의 모든 쓰리고 압흔 기억과, 쏘는 현실에 대한 고통을 새롭게 하는 동시에, 현재 내의 모든 악착한 생활이 옛날 재학 시대를 정답게 생각하는 마음과 C란 녀성은 벌서 그러케 실사회에 디반을 다저 두게 되엇다 하는 선망의 뜻도 이르키고, 다시 그러한 당인을 보고십다는 생각을 이르켯다. 이러한 모든 생각은 련쇄작용을 하며 내의 머리를 온 던히 덤령하여 바렷섯다.

한참 이런 공상 가운대에 잠기어 가지고 눈과 손이 거의 긔계덕으로 원고 우으로 도라 다닐 때에 사진반이 드러왓다. 그는 물에서 막 끄집어 내인 듯한 물이 저진 사진 원고를 내노흐며 뭇는다.

『이것을 몃 단으로 할가요?』

겻에 잇든 K도 원고 쓰든 붓을 멈추고,

『벌서 되엇서? 이게 C란 녀자이야요. 좀 보아요. 생김생김이 항용 녀자는 아니지요…….』

하며, 내 압헤로 내미럿다.

나는 K의 설명을 듯기 전에 벌서 그가 아침부터 문제거리가 된 일본 부인운동자인 것을 알엇다. 벌서 단발한 것이 먼저 눈에 띄엇다.

그러나 그 사진 얼골만 보고는 그 사람과 동창이라고는 할 수 업섯다. 내가 아는 녀자 동창생 가운대에는 그러한 특징이 잇는 얼골과 차밍한 눈의 소유자는 업엇다. 아무리 해도 아는 사람의 얼골이라고는 할 수가 업섯다. 그러타고 전혀 처음 보는 얼골이라고도 할 수 업섯다. 어듸서 한 번 언듯이라도 본 기억이 잇는 듯한 얼골이엇다. 그저 알 듯 몰을 듯한 얼골이엇다.

『암만해도 모르겟는걸요. 그가 정말 그 대학 ○○과 제일회 졸업생이라고 합듸가?』

나는 한참 사진을 드려다 보다가 K에게 다시 물엇다.

『암만해도 정톄를 알 수 업는 녀성인 듯합듸다. 그런데 웬일인지 엇던 남자와 한 방에 잇서요. 아주 작란구럭이야요. 조곰도 녀자다운 것이 업서요. 그리고도 엇전 셈인지 남성을 끄으는 일종의 매력을 가진 듯해요. 얼골이 멀니 보면 구성떠러저 보이지만, 갓가히 가서 보면 아주 귀엽고 자미스러운 얼골이야요. 나는 그런 얼골은 처음 보앗지요. 대개는 먼듸서 보면 그럴 듯하다가도 갓가히 보면 실증이 나는데, 이 사람은 정반대이지요…….』
 사진반 역시 칭찬 비슷 흉 비슷한 말을 한참 중얼대엇다. 갈사록 내의 호기심을 끌엇다. 그리하야 나는 그 녀자의 려관 잇는 곳의 번디와 뎐화번호를 자세 무러 두엇다. 오후에 일 마친 뒤에는 제백사하고 한 번 방문하기로 결심하엿섯다.
 그 날 일이 다 끗난 오후엇섯다. 나는 그 녀자의 A려관에 뎐화로 미리 그의 잇고 업는 것을 뭇고 맛나보기를 그에게 말하엿섯다. 치운 날 못처럼 갓다가 그가 업서서 헛거름을 하게 되면 아니될 듯하야 미리 아러본 것이다. 그는 마침 A관에 잇서 맛나겟다 쾌락하여 준다.
 뎐화로 들니는 그 음성은 그가 녀자이라는 선입주견(先入主見)이 업다면, 누구든지 남자의 목소리로 녁일 만큼 그의 목소리가 어글어글하엿다.
 나는 무슨 급한 일이나 발생한 것처럼 외투의 깃을 세워 목까지 싸고 허둥허둥 문 밧갓흘 나서 뎐차 뎡류장으로 나아갓다.
 조선은행 엽헤서 뎐차를 내려 본뎡으로 드러섯다. A려관을 찻느라고 칠팔 분 동안이나 이 골목 저 골목 헤매엇다. 그리다가 게우 A려관 문패를 발견하엿다. 눈에 데일 번듯 띄이는 것은 경무국 지뎡 려관이라 써 부친 것이엇다. 만흔 려관 중에 엇지 하필 경무국 지뎡 려관에 들엇나 하는 엇더한 의문이 직각뎍으로 이러낫스나, 경무국 지뎡이라 하야 보통 손이 들지 말라는 법이 어듸 잇스랴 하고 스스로 의아하는 뜻을 풀고 마럿다.
 A려관 현관에 드러서 명함을 드려 보낸 후에 얼마 아니 되야 하녀와 함꾀 층층대로 내려오는 한 녀성이 잇섯다. 그는 도테라를 걸치고, 발은 버섯다. 목욕간에서 목욕을 막 마치고 나온 것처럼 발이 빩앗케 익어 뵈엇다. 그리고 단발을 하야 웨이브한 곱슬곱슬한 머리가 어느 화보에서 흔히 보는 서양 녀배우나 조금도 다름이 업섯다. 그 단발한 것으로 보아 그가 즉 부인 운동자 C인 것을 아럿다. 밧갓 날이 흐리고, 쏘한 A려관 현관 안이 음침한 까닭에 그 얼골을 자세히 일일이 해부하여 볼 수는 업섯다.
 그러나 잠간 보기에도 모든 것이 개성이 썩 강하게 발달된 녀성이란 것을 아러차릴 수는 잇섯다. 그는 속눈섭이 썩 기러 뵈엇다. 그리고 눈이 비교덕 컷섯다. 얼골 모습은 동글다는 것보다는 차라리 갈죽한 편이엇다. 그리고 눈동자는 몹시 검엇섯다. 속눈섭이 길어서 특별이 눈동자가 검어 뵈이는 것인지 알 수 업스나, 온 얼골에 눈과 다른 살결의 농담이 분명히 나타낫다. 코는 뽀죽하고 놉흔 편이엇다. 곱수머리하며 그 모든 것이 남성에 갓가웁단 늣김을 주는 동시에, 그의 사람을 바라보는 표정 그것은 속일 수 업는 녀성인 것을 나타내 뵈엿다.

그는 압흐로 갓가히 오더니, 자긔가 C란 것과 이러케 차저주시니 감사하다는 것과 추어서 이런 도데라를 걸치고 나왓스니 용서하라는 것과 가튼 인사를 간단히 말한 뒤에 자긔의 방으로 인도하엿다.

나는 그의 뒤를 따라 칭칭대로 올나가서 긴 랑하를 곱틀곱틀 한참 동안이나 지난 뒤에 그의 방에 당도하엿다. 그 방은 남향한 십첩(十疊) 가량 되어 보이는 넓은 방이엇다. 남편 쇼지에 비최이는 광선을 오롯이 바든 방안은 현관에 드러설 때와는 딴판으로 밝엇다. 그 녀자의 얼골도 분명히 뵈엇다. 그러나 내가 방에 드러서며 뎨일 놀래인 것은 한 사십 가량 되어 뵈이는 신사 한 분이 방 웃목에 자리를 펴고 드러 누은 것이엇다. 과연 아침에 사진반에게 들은 말 갓하엿다. 내가 드러오는 것을 보고 그는 누엇든 자리에서 머리를 이르켜 『실례합니다.』 하고, 다시 들어 누어 잡지를 드려다 본다.

엇잿든 나는 괴이한 생각이 낫다. 부인 운동자—미혼이라는 그리고 단신으로 왓다는 그가 남자와 한 려관 한 방에서 군다는 것은 아모리 생각하여도 좀 이상하엿다. 그러타고 방에 드러서면서 바로 저 남자가 누구이냐고 무러 볼 수도 업는 터이라, 본체 만체하고 그대로 나는 C가 권하는 화로가의 자리 우에 안젓다. 그 남자에 대하여는 이제야 처음 맛나 인사 말도 충분히 난호지 못한 사람에게 무러볼 수는 물론 업섯다.

C와 나는 마주 바라보고 안게 되엇다. 그는 얼골에 분을 발넛다. 그리고 입술에는 연지가 빩앗케 무덧다. 사상가로는 볼 수 업슬 만큼 화장에 면밀한 주의를 더한 것이 뵈인다. 처음 현관에서 바라볼 때의 인상이 차차 변하여 감을 나는 알엇다. 마치 염수(鹽水)로 글시를 쓴 조희 조각을 불에 쪼일 때에 누런 획이 점점 분명히 나타나듯이, 처음 현관에서 볼 때의 끔

직하다는 인상이 차차 사라저 가는 것을 의식하얏다. 위선 C의 얼골과 표정 그것이 처음 보든 그 때와 가티 그러케 무시무시한 생각이 업섯다. 얼골을 차차 뜨더 보는 동안에 어대서 익숙히 본 일이 잇는 듯한 기억도 난다. 보아갈사록 정다운 얼골이다.

그 녀자는 녀자로서 남자와 가티 잇는 것이 그래도 다른 사람에게 괴이한 생각을 주지나 아니할가 하는 염녀가 잇는 것을 알은 까닭이든지,

『조선은 예상한 것보다도 훨신 더 치운데요…… 이 집에서 스토브를 노흔 방은 이 방 뿐인 까닭에, 할 수 업시 저긔 게신 분과 함끠 잇게 되엇서요…….』

하고, 그는 변명 비슷이 말을 내엇다.

과연 방 한가운대에 조고마한 난로가 한 개 뇌이고, 난로 몸이 쌔빨앗케 다러서 호틋한 김을 뿜고 잇섯다. 아모리 그러한 말로 함끠 잇는 리유를 설명하여도 설명하는 그것만큼 나에게는 괴상하다는 생각을 더할 뿐이엇다. 엇재든 이러한 것이 지금 한참 떠드는 모던 걸과 부인 운동자의 정톄인가 하는 생각조차 업지 아니하얏다. 그러나 아모리 해도 나의 인습의 눈이 그대로 남어 잇다 하는, 그러한 자책하는 마음이 그와 함끠 대하고 이약이할 흥미를 그대로 유지하게 하얏다.

우리들의 이약이는 차차 본론으로 드러갓다.

『엇지 이러케 치운 때 오섯습닛가?』

『제가 하는 잡지가 잇는데요. 그 잡지 일도 잇고, 또 조선이란 데에 흥미를 가지고 잇는 까닭에 시찰 겸 왓서요!』

『조선을 처음보는 감상이 엇더신가요?』

『감상이야요? 별로 이러타는 감상은 업슴니다마는, 엇재든 우리 눈에 데일 먼저 띄이는 것은 일반이 몹시 시달녀 지내는 것이야요. 제가 지금 잇는 본뎡통 가튼 데는 아모리 지나 단여도 조선이란 기분은 하나도 업고, 일본의 어느 디방 도회에 와 잇는 듯한 늣김 뿐이야요. 그래서 될 수 잇스면 이번의 온 기회에 참으로 조선을 보고 가랴고도 합니다마는, 엇더케 될는지요?』

『그러면 차중에서 바라본 조선은 엇덧슴듯가?』

『차중에서요? 저는 동경에 잇슬 때에 조선 여러 분과 만히 상종을 하게 되니까, 이번에 올 때에도 조선에 대한 예비 지식은 어느 덩도 까지는 가지고 왓지요. 차 중에서 바라본 조선은 참 조선이 아니라는 것도, 그 예비 지식 가운대에 하나가 되엇스니까, 차 속에서 바라본 것만 가지고는 엇저라고 말할 수는 업겟지요마는, 엇쨋든 처참한 빗이 넘치는 나라라 할까요? 그리고 또 한 겨울이라 산과 들에 눈이 덥히어서 산천의 고유한 기분에는 쇼크를 밧지 못햇서요. 다만 활동 사진 갓흔 데서 보는 시베리아의 눈 덥힌 벌판을 지나가는 듯한 생각 뿐이엇습니다.』

조선에 드러온 그의 첫인상이라고는 대강 이러한 개념으로 말하여 줄 뿐이엇다.

나는 그를 한 부인 운동자로 알고자 하는 것보다도, 그가 나와 동창생이란 데에 큰 흥미와 정다운 생각을 품고 온 까닭에, 과연 그가 동창인지 그 여부도 좀 알고 십헛다.

『그런데 그 대학 ○○과를 졸업하섯다지요?』

『네…… 말이 졸업이지요…….』

하고, 조곰 어물어물한다.

『어느 회인가요?…….』

『대정 십삼 년도예요…….』

대정 십삼 년도이면 나와는 한 해가 떠러진 것이다. 나는 그러면 그러치, 나와 한 회에 졸업한 몃 사람 녀성 가운대에 그런 이가 잇는 줄을 몰을 리가 잇나 하는 내의 관찰이 정확하다는 자부심 비슷한 늣김이 잇섯스나, 물론 그를 거짓말 졸업생이나 아닌가 하는 의심도 업지 아니하엿슴으로 외면에 나타낼 수도 업섯다.

『그러신가요? 저는 그러면 당신보다는 한 회 일즉히 데일회이엇섯지요. 당신이 삼부(三部) 때에 나왓습니다…….』

이 말을 들은 그는 내가 동창이란 데에 엇더한 인간다운 정의(情誼)를 늣긴 듯십헛다. 그는 깜작 놀라며,

『그러섯서요. 더욱 반갑습니다. 참으로 학생 시대가 조왓서요. 그때에야 사회덕으로 비교덕 책임이 적고 해서 참으로 단순한 생활에 편히 날을

보내엇지요.』 한다.

『그래요. 누구든지 그런 시대를 동경하겟지요!』

서로 동창이엇든 것을 알게 되매 이야기는 자연히 옛날 학교에서 공부하든데로 도라갓다. 나는 선생들의 소식을 뭇기도 하고, 또는 진재 뒤에 학교 형편이 엇더케 변한 것도 뭇기도 하엿다. 그러나 그의 대답은 그대지 시원치 못하엿다. 대강의 변천은 아는 모양이나 자세한 것은 그 역시 몰낫섯다.

이러케 말을 하는 동안에 차차 그의 얼골의 기억이 나의 머리에서 분명히 살어나는 듯하엿다. 여러 번 익숙히 본 얼골이엇다. 그도 역시 나의 얼골을 유심히 바라보며 분명히 낫익은 얼골이라 하엿다.

『제가 학교 때에야 어듸 단발을 하엿나요. 그리고 회장이 다 무엇인가요? 단발미인 말을 들은 뒤에는 아주 변형이 되엿지요. 그러니까 언듯 보면 옛날 기억이 아니 나실 것입니다……』

이러한 만을 듯고 보니까 그의 집숙한 눈과 긴 속눈섭이 덩영히 본 일이 잇섯다.

화로의 불은 밝앗케 피어젓다. 한 개 화로를 압헤 두고 이마가 서로 달듯하게 갓가히 안저 옛날 동창의 이야기를 하는 것이 엇더케 반가운 생각이 낫는지 알 수 업섯다. 그 역시 반가히 구는 것이 나로 하여금 그 자리에 오래 안즐 흥미를 더욱 늣기게 하엿다. 그는 담배를 나에게 권하면서 자긔도 하나 피어 물엇다. 담배도 항용 것이 아니오, 드리캬슬이엇섯다. 그의 품기는 담배의 향기가 코를 찔넛다. 나 역시 한 개 피어 들고 다시 이야기를 계속하엿다.

방 웃묵에 한 남성이 드러 누은 것은 아주 이저바린 듯이 서로 손님이니 주인이니 하는 비좁은 생각을 바리고, 백년 친우나 대한 것처럼 말하기 시작하엿다. 학생 시대의 서생 기분이 확실히 두 사람 새이에 다시 사러난 듯하엿다. 그는 빙그레 우스면서

『저보세요. 당신의 사상은 뿔인가요, 아닌가요?』

하고, 찬찬히 바라본다.

나는 무엇이라 대답할는지 알 수 업섯다.

『나는 아무 사상도 업지요…….』

『그럴 리가 잇나요?』

『그건 당신의 상상에 맛기지요.』

『뿔도 아니오, 아나도 아니요,그러면 니힐인 것입니다 그려……호… 호….』

『그도 아니지요…….』

나는 우슬 수 밧게 업것다. 자긔의 사상을 엇더하다고 말한다는 것도 우순 일이오, 다른 사람의 사상을 무엇이냐고 뭇는 것도 우순 일이엇다. 나는 여긔에서 역습을 한 번 시작하엿다.

『듯건대 당신은 부인 운동자라 하시는데, 정말입닛가? 그리고 근일에 와서는 부인 참정권 운동에 열중한다고 하던데요…….』

『네. 그래요. 어느 의미로 보면 나는 부인 운동자인 동시에 사회 운동자라고도 하겟지요. 그러나 이것은 간퓨이야요. 그러치 안코는 안 되는 걸요. 우리는 탁상의 공론만으로는 아무 것도 안 되어요. 우리는 엇더한 긔회가 잇던지 그 긔회가 잇슬 때마다 한 거름 한 거름식 권력을 쥐는 곳으로 나아가지 안흐면 안되어요. 우리에게는 무엇보다도 힘을 가지는 것이 소원이야요. 아모리 우리 녀성을 정지에서, 빨내에서, 생식도구에서 해방되라고 부르진다 하여도 실디에는 아무 효과가 업서요. 정면의 뎍과 싸우지 안흐면 안되어요. 싸우는 데에는 여러 가지 전술이 필요해요. 지금 우리 녀성은 더욱 일본이나 조선의 녀성은 싸워 볼 장소도 업고 긔회도 어더 보지 못하엿서요. 그러니까 나는 부인 정권 운동을 한단 것이 내의 불명예가 아닌 줄 압니다. 그러타고 그것이 내의 최종의 목뎍은 물론 아니야요. 그것은 우리 전술의 한 방법이지요. 그러케 오해하여서는 안 됩니다. 최종 목뎍은 물론 누구나 다 바래는 바와 가티 무산대중의 해방운동이겟지요.』

이러케 말하는 그의 입가에는 춤이 뛰엇다. 그리고 그의 표정은 완연히 수백 명 청중을 압헤 노흔 것이나 가티 보엿다. 분명한 연설 구조이엇다. 하는 말 그 형세로 보면 자긔를 일개 부인 운동자라고 보는 것이 한 불평인 듯도 하엿고, 또한 그러한 전술을 전혀 무시하고 함부로 자긔를 한 타협주의자라 하야 일반 사상계에서 용납을 주지 못하는 것이 도리혀 자긔에게는 한 자랑거리인 듯도 하엿다.

『무슨 운동에던지 당신과 가튼 실제가가 잇서야 하겟지요마는, 일반이 만일이 조고마한 목전의 승리를 탐해서 장래에 올 큰 효과를 적게 하는 것이라고 생각한다면, 그러한 타협을 배척하는 것도 무리가 아니겟지요…….』

『입으로만 되는 줄 압닛가? 한 거름 한 거름 나아가서 디반을 잡는다는 것이 나의 신조입니다. 나는 그러니까 쓸데업시 큰 소리만 이불 속에서 하는 사람만 잇서 가지고는 안될 줄 아러요. 그런 사람이야말로 한 에고이스트이지요. 그 사람들은 우리 실디에 나선 녀성의 고통을 짐작도 못하고 하는 말이니까 그런 것은 귀에도 담어 듯지 안습니다…….』

그는 이와 가티 기렴을 만장이나 토하엿다.

『그러면 간단히 말하지요. 당신네의 지금 하는 부인운동은 최종의 목덕이 아니오, 일시의 수단이란 말이지요.』

『당신네라고는 할 수는 업겟지오. 부인운동자 가운대에는 부인운동 그것 만이 최후의 목덕인 줄 알고 하는 이도 잇겟지요. 그러나 나는 그러케 생각지는 안 해요…….』

말이 다시 부인 운동자 개인으로 도라갓다.

『일본에서 근일 녀권 운동자라 하면 그것이 사실인가요? 혹은 일반의 오해일까요?』

나는 근일 신문지의 가십란에서 흔히 떠드는 것을 직접 부인 운동자인 C에게 무러보는 데에 엇더한 흥미를 가젓섯다.

『거긔에는 오해도 업고, 정해(正解)도 업슬 줄 압니다. 그것은 남성의 편견과 녀자 자신의 무지에서 나오는 일종의 비방인 줄 압니다. 남자들은 그런 것을 불품행이니 무엇이니 하지마는, 자긔의 자신의 하는 행동을 도라보면 그런 말이 아니 나올 줄 아러요. 녀성이 엇더한 일을 하던지 그것을 간섭할 권리가 업슬 줄 아러요. 리치를 따저 말하면 오늘 제도대로 하여도 남자의 성욕의 충동을 완화식히랴고 공창 제도를 둔 것과 가티, 녀자를 위하여서도 공창이 잇서야 할 것이 아닌가요? 그러한 편벽된 제도와 생각을 가지고 남자 자신은 성덕 관계에 잇서서는 사회덕으로 관대한 처분을 내리면서, 녀자가 만일 그러한 불품행한 일이 잇다 하면, 그것은 이 세상에서 다시 머리를 들을 수 업게 영영 장사를 지내어 바리지 안슴니까? 그러니까 내의 생각은 남성의 횡포를 징게하랴는 우리 일반 녀성은 성덕으로부터 먼저 모반을 하여야 될 것이야요……』

그의 얼골에는 피발이 섯다.

『그러면 녀자의 재래의 직혀 오던 덩조에 대해서는 엇더한 생각을 가지고 잇는가요?』

나는 이상에서 C의 한 말로 그가 소위 덩조에 대하야 엇더한 생각을 가젓는지 짐작을 못하는 것은 아니나, 일부러 다시 무러볼 생각이 낫섯다.

『덩조 말슴이야요? 남자가 자긔에게 충실한 종을 만들기 위하야 찬사로 만드러 노흔 말슴이지요? 물론 저는 부인합니다……』

그의 입가에는 냉소하는 빗이 떠올낫다.

『그러면 지금에 우리 항용 말하는 편무(片務) 계약과 가튼 녀자에게만 억지로 청하는 그러한 덩조가 아니라, 남녀 량성이 서로 의무를 지고 량심으로 리해하는 그러한 데에는 엇더한 생각을 가지심닛가?……』

『물론 조흔 일이겟지요. 한 녀자가 한 남자가 서로 상대자를 위하야 덩조를 직힌다는 것은 참으로 조흔 일이겟지요. 그런다면 찬성합니다…… 그러나 그것도 어늬 시긔 문데가 되겟지요. 사람의 생각은 단순하지 안흐니까, 서로 어느 때까지 마음으로 직힌다는 것은 썩 희귀한 일이겟지요?……』

『그러나 제의 지금 하는 말이 한 괴변일는지도 알 수 업소이다마는, 이 세상에서—아니 우리네의 참으로 인간다운 생각에서 다른 사람을 위해서 자긔를 희생한다는 것이 어느모로 생각하던지 선이라고 하지 안슴닛가? 만일 그러한 행위를 선으로 안다면, 녀자가 남자를 위하야 자긔를 희생한다는 것이 그러케 낫븐 것이라고만 하겟습니까? 다른 이를 위하야 덩조를 직히는 것이 그대지 납븐 것이야 아니겟지오. 당신은 엇더케 생각하시나요?』

『장이 착한 일입니다. 오늘날까지에 녀성이 그 말에 얼마나 만히 속아온 줄 아십닛가? 물론 소위 인도상으로 보아 그런 것을 낫븐 일이라고는 할 수 업겟지오마는, 어리석은 짓이라고는 하겟지요. 저는 그럼으로 남자니 녀자니 하는 그런 구별할 것 업시, 소위 뎡조라는 데에 대해서는 모든 것을 부인해요.』

『그러면 남녀의 성덕 도덕이란 것을 전부 부인하면, 우리의 사회생활이 엇더케 되어 갈는지 생각한 일이 잇나요?』

『잇고 말고요. 우리의 지금까지 가저오든 도덕뎍 관념을 바려야 됩니다. 이 관념을 바리는 데에도 두 가지 방법이 잇슬 줄 압니다. 우리가 리론뎍으로 자각을 해서 바리는 수도 잇겟소. 재래와 가튼 그러한 것과는 딴판인 행동을 실디로 이 세상에서 행하는 것으로 재래의 소위 도덕뎍 관념을 마비식히는 수도 잇슬 것입니다.』

『그러면……』

『그러면 말슴이야요? 저는 항상 주장하는 것이 식색이 다 맛찬가지란 말이야요. 그러한 관념을 가젓스면 문뎨될 것이 업겟지요. 시장할 때에 밥 먹는 것이 북그러울 것이 업겟지요. 그와 맛찬가지로 ××……』

『그러면 당신 생각은 베벨 씨 이상입니다 그려!』

『나는 몰나요. 이상인지! 그러나 베벨이란 사람도 제법 생각한 모양이야……』

문뎨가 이러케 나아가고 보니 더 할 말이 업섯다. 모든 생각이 털녀하엿다. 이것이 다만 리론으로서만 이러케 털녀하엿는지, 또는 그 실디까지가 그러한지 거긔에 대하야는 저윽히 호기심을 늣기엇다.

『그러면 그러한 당신의 사상과 당신의 현실 생활과는 엇더한 관계를 가지고 잇나요?』

『그러니까 나는 결혼이란 것을 하지 안해요. 결혼을 하면 남녀간의 성덕 행위가 생기는 동시, 서로 소유의 관계를 매저 가지고 구속을 밧게 되니까 결혼 생활을 부정해요. 그리고 성욕의 충동을 늣기는 때에는……』

『우리의 눈으로 보면 그러한 생활은 남녀를 물론하고 한 방종으로 밧게 아니 보이는데요……』

『그것은 사람을 따라 다르겟지요. 그러나 적어도 반역 녀성의 취할 전술은 그것뿐인 줄 압니다…… 그러니까 항상 그런 생각을 해요.』

『지금 당신의 생각은 어듸까지든지 사상으로서는 의미잇는 것이라 하겟지요마는, 그것은 엇더한 리상향에서나 볼 수 잇는 행동이오. 현실에 잇서서는 도뎌히 용납할 수 업는 행위라 하겟지요…….』

『그건 그러치 안 해요. 남자는 그것을 어느 뎡도까지 실디로 행하고 잇는 터에 녀자라 해서 못할 것이 무엇인가요? 결혼만 안흐면 어듸까지 실디로 행할 수 잇지요.』

『그러면 근래의 독신주의를 주창하는 녀성들은 그러한 성뎍 자유를 엇기 위함인가요?』

『그러타고도 할 수 잇지요. 그러하다고 방종한 것은 아닙니다. 본능뎍으로 녀자처럼 성뎍 상대자를 선택하는 이는 업지요. 그것은 사람이 아닌 동물에서 발견할 수 잇지 안습닛가? 자기의 마음이 업는 데에는 결단코 몸을 허락지 안는 것이지요. 다만 충동으로만 아모 선택이 업시 상대자를 함부로 골느는 것은 남자의 오래 동안 성뎍 방종한 생활이 데이 텬성이 되야 선택과 호오의 감정은 아주 마비가 된 모양이야요……..』

『그러나 이것은 지금 세상에서 방종한다는 비난을 듯는 부인 운동자들의 자긔네의 방종 생활을 변호하랴는 데에서 모다 끄집어 낸 리론을 위한 리론이 아닐까요?』

『천만의 말슴이지요……. 외면으로 보면 대단 방종하겟지요. 물론 인습의 눈으로 보면 그런 혐의도 면치 못하겟지요. 또한 녀자도 사람이니까 어느 때에 충동을 못 이기어 더러 비난 바들 행위를 하는 사람도 잇겟지요. 그러나 이런 경우에 대개 그 실디와 동기를 보면 남성의 폭력도 잇겟고, 유혹도 잇겟습니다. 나 역시 그런 경우에 만히 닥치는 때가 잇슴니다. 부인 운동을 하랴면 녀자들끼리만은 안됨니다. 남성과의 교제가 만흔 것입니다. 남자 중에도 물론 점잔한 사람도 잇스나, 녀자라면 미추를 물론하고 엇더한 호기심을 가지고 덤비게 됩니다. 더욱히 운동자니 무엇이니 하면 얼충 더 호기심을 가지고 덤빕니다. 나 가튼 사람은 남자나 녀자를 말할 것 업시 어대 가든지 식색 이약이기를 함부로 어렴실럼 업시 내노흐니까 그것을 리론으로만 주장 할 것이 아니라, 자긔네와 직접으로 실제화 식히자 하는 그러한 요구를 들을 때가 흔히 잇슴니다. 그리할 때에는 나는 대단히 조흔 말이나 그대들의 화류병이 무서우니까 할 수 업다는 말로 모욕을 주는 일도 잇슴니다마는, 남자처럼 세상에 뻔뻔한 것은 업다고 생각해요…….』

엇잿든 보통 녀자이면 남의 하는 말만 드러도 얼골을 붉히고 머리를 숙일만흔 말을 C는 례사로 직거리엇다.

한참 동안 이러케 말하고 나매 피차에 목이 말럿다.

C는 차를 따라 압헤 노흐며 빙긋 웃는 우슴을 그 깁숙한 눈에 띄어 가지고 나를 바라본다.

『엇대요? 제 의견이……오래간만에 맛나서 이런 이약이라도 하게 되엇스니 참으로 반갑슴니다…….』

하고는 차를 마시엇다. 그리고는 담배를 피어 들엇다.

이와 가티 말한 말하는 동안 그의 농화장(濃化粧)한 얼골에는 상기가 되엿다. 그는 졋헤 잇는 거울을 들고 조희분을 내어 얼골에 발넛다.

『녀자의 화장이란 것이 엇더한 의미로 하는 것일까요?』

나는 C의 화장에 정신을 쓰는 것이 좀 부인 운동자로는 해괴한 생각이 난 까닭이엇다.

『다른 사람은 모르거니와 제가 화장하는 것은 하고 난 뒤에 마음이 상쾌하니까 해요. 그리고 나는 이 화장하는 것은 녀자로서는 한 무장하는 것이나 맛찬가지로 암니다. 남성을 정복하랴면 이 무장이 필요함니다. 밤에 벌레가 불의 밝은 것을 보고 덤비는 것처럼, 남성이 녀성의 미를 보고 덤비니까 화장을 함니다. 이것도 한 전술이야요…… 호… 호….』

『그러면 그 전술로 만흔 승리를 하엿슴니다 그려?』

『대개는 암니다. 당신도 아마 얼골이 곰보이오, 코가 이마에 붓고 입이 귀겻헤 가 잇다 하면, 그 사람하고 말할 흥미를 좀처럼 가지지 안켓지요?…… 하… 하.』

『그야 녀자에 한해서만 그러타고야 할 수 업겟지요.』

이약이는 다시 동경으로 도라갓다. 학교 시대의 이약이…… 동모의 이약이…… 진재 때의 이약이…… 녀하인이 드러왓다. 손님이 온 것을 말한다. 우리의 이약이는 그대로 끗을 막엇다. 거의 존재를 이저 바리든 웃목에 누은 산애는 역시 그대로 누어서 듯고만 잇다. 식색을 동일히 보는

C—함쯰 잇는 남성…… 엇재든 의문이엇다.

나는 후일 다시 맛나기를 약속하고 그대로 도라왓다. 문을 나서매 컴컴한 한울에서 눈이 펑펑 내렷다.

—『별건곤』, 1926. 11.

沈滯된 半島 文壇 振興策

　너무 悲觀이라고 할는지는 未知이나, 只今의 現狀으로 보아서는 到底히 發達되기 極難한 줄 압니다. 이에 對하야 區分的으로 調査한다 하면 勿論 여러 가지 事情이 잇겟지만은, 槪括的으로 말한다고 하면 우리의 生活이 좀더 向上되야 享樂的의 生活을 經營할만한 하여야 하겟습니다. 그리치 안코는 發達될 向地가 잇지 못합니다. 只今의 文學이 잇다고 하면 그것은 宣傳文學이겟지오. 이 現狀의 狀態로 維持한다고 하면 朝鮮의 文壇이라고 하는 始作이자 結末이 되고 말 것이외다. 그럼으로 나는 오즉 民衆의 生活이 좀더 享樂의 生活로 드러가기를 바랄 뿐이외다.

　　　　　　　　　　　　　—『매일신보』, 1927. 1. 1

그러케 問題삼을 것은 업다

　時調의 復興? 그것은 다른 모든 것이 發達하는데 짜라서 갓흔 步調로 發達된다면 애써 沮止할 必要는 업겟지마는, 그것을 한 個 獨立한 問題로 쩌들 것은 업는 것 갓다. 우리 것을 찾는 것이라고 반드시 조흔 일은 안이다. 個中에는 이러버리고 만대도 無妨할 것이 잇고, 全혀 차자서는 안될 것도 잇슬 것이다. 그러니 우리 時調라는 것이 이저버리고 만대도 無妨할 것인지, 아조 이저버려야 될 것인지, 쏘는 最善의 努力을 費하여 차자 노아야 꼭 할 것인지, 그 어느 部類에 屬하는 것인지가 問題의 焦點이다. 나는 이것을 꼭집이내기를 躊躇한다. 말하자면 曖昧힌 傍觀的 態度를 가지고 잇다는 것이다.

—『신민』, 1927. 3.

어린이날을 當하야

— 少年運動의 統一을 提함

　今日의 少年運動은 少年 自體를 爲한 運動이 되는 同時에, 社會를 爲한 全的 運動이 되어야 할 것은 勿論이다. 決코 少數 少年을 包容한 團體의 存在를 表現하기 爲한 運動이 되거나 또는 個人의 自家宣傳을 爲한 運動이 되어서는 안 될 것이다. 이것은 運動의 看板으로 걸은 標語가 그러한 不純한 데에 잇스면 運動 自體에 分裂이 생기고 徒黨을 얽는 餘弊가 伴潑하기 더욱 쉬운 까닭이다.
　少年運動은 그 標語가 表示한 바와 가티 엇던 主義의 運動이 아니요, 人間으로서의 運動이다. 兒童은 白紙이다. 純眞한 人間이다. 白紙와 가티 물들지 안흔 純眞한 人間運動에 잇서 만일 그들에게 조치 못한 影響을 준다면, 그러한 運動은 찰아리 업는 것만 못하다고 생각한다. 이 點에 잇서서 少年運動의 指導者의 深甚한 注意와 徹底한 覺悟를 要하는 바이다.
　이러한 覺悟와 注意가 업시 少年運動의 指導者然하는 이가 잇다면, 吾人은 少年運動의 前途를 爲하야 甚히 슬퍼하지 안흘 수 업다. 그런데 遺憾이지만, 勃興 道程에 잇는 우리 少年運動의 指導者를 中心으로 하야 派黨이 생긴 것과 가튼 點이 잇다. 擧團一致할 五月 一日 어린이데이의 모든 行動에 잇서서도 主催側을 달리 하야 參加團體가 其類를 分한 것 가튼 奇觀을 呈하는 것은 卽 此를 雄辯으로 證함이 아니고 무엇이냐.
　人生의 生活 全體가 本是 葛藤 그것이니, 神의 모둠이 아니오 人間의 모임인 以上에 葛藤이 업슬 수가 업슬 것이다. 些少한 意見 衝突 가튼 것은 恒茶飯事로 알아야 할 것이다. 이러한 境遇에 우리는 恒常 大義下에서는 小義를 바릴 雅量이 업고는 그 會合 自體가 圓滑하게

進行하는 健全한 發展을 企待할 수 업슬 것이다. 少年運動 指導者 間에 如何한 意見의 衝突이 잇섯는지 알 수 업스나(또 吾人이 알고저 하는 바도 아니지마는), 擧皆一致的으로 하여야 할 어린이날의 祝賀와 紀念을 두 곳에 中心을 두고 會合하는 것은 어린이들에게 조흔 影響을 줄이라고 생각할 수는 업는 것이다. 이것이 吾人의 杞憂인지 알 수 업지만, 少年運動 指導者들의 한 번 反省할 重大事라 할 것이다. 그럼으로 吾人은 어린이날에 際하야 特히 少年運動 指導者 諸氏에게 苦言을 묻하는 바이다.

—『조선일보』, 1927. 5. 2

점잖은 態度를 變하지 말라

朝鮮의 現下의 사정은 잡지라 하면 의례히 계속 못하는 것으로 일반이 관찰한다. 這間 五, 六年에 잡지계야말로 興亡盛衰가 無常하였다 할 수 있다. 그러나『東光』은 이러한 危殆視하는 가운대에서도 무사히 창간 일주년을 맞게 된 것은,『東光』同人 諸氏의 노력이 얼마나 크었던 것을 알 수 있다.

우리의 문화사업의 一인 신문 잡지는 일반 민중이 그 사업 자체에 대하여 이해가 적은 그것많곰, 그 사업에 提携된 사람은 그많지 惡戰苦鬪가 있어야 할 것이다. 내가 항상『東光』에 기대를 두는 것은『東光』자체는 저널리즘을 떠나서 항상 문화를 위하여 노력하려는 것이다.

朝鮮에서 잡지를 경영하는 것이 어쨋던 이익을 본다던지, 또는 收支가 相殺가 되어 損이 없으리라던지 하는 것이 空想인 以上, 이것을 철저히 깨닷고 문화를 위하여 모든 것을 희생한다는 정신하에서 물질과 정신을 제공하는 것이 조고만한 損을 보지 않으려고 발버둥치면서 추태를 부리는 것보다 그 얼마나 점잖은지 알 수 없다. 이러한 의미에서『東光』은 在來의 태도를 변함없이 그대로 나아가기를 바라는 것이다. 내용에 있어서 큰 발전이 있어야할 것은 물론 원하는 바지마는.

—『동광』, 1927. 5.

『키일흔 帆船』 前篇을 마치고

　이 『키일흔 帆船』을 쓰는 동안처럼 저에게 잇서서는 내외생활에 가장 변동 만흔 째는 업섯습니다. 이것을 계속하게 될는지, 한 번 붓을 잡을 째부터 저에게는 한 의심으로 잇섯습니다. 그러나 잘 되엇든 못 되엇든, 전편의 끚을 막어 단락을 짓게 된 것은 작자로서도 크게 깁부게 생각하는 바입니다. 그리고 또 한 가지 이 작품에 잇서서 크게 감사를 늣기는 것은 저의 생활이 내외덕으로 변환이 만하 일시도 정신 안정을 어들 수 업는 경우에 잇서서, 비록 짧다 할지라도 창작하는 그 시간만은 정신의 순전을 맛보하게 된 것입니다. 이것은 그만큼 독자 여러분에 대한 책임감이 저의 창작욕을 편달한 것도 사실입니다.
　엇잿든 이 뒤에 긔회잇는 째에 다시 『키일흔 帆船』의 속편을 쓰기로 합니다. 이 소설의 전편에 잇서서는 작중인물에 완전한 결뎡을 주지 못하엿스나, 속편에서는 완전한 해결도 우리가 볼 수 잇겟습니다. 좌우간 뒤 긔회를 독자 여러분과 함께 기다리는 바입니다.

　　　　　　　　　　　　　　—『조선일보』, 1927. 7. 19

現下 出版과 文化

1

『現狀 이대로 가다가는 큰 일 낫다.』 하는 事實을 우리들은 넘우나 만히 가젓습니다. 그럼으로 우리가 이러한 境地를 버서나기 爲해서는 그러한 各 方面에 努力과 運動이 團體的으로나 또는 個人的으로 반다시 잇서야 할 것입니다. 勿論 努力과 運動이 現在에 잇는 것도 事實입니다마는, 그러나 반다시 그럼즉한 方面을 意外에 等閑視하는 疏忽과 漏落이 우리 社會에 잇는 것은 큰 遺憾이라 아니할 수 업습니다.

卽, 出版業이 그 가운대에 가장 重要한 者의 하나라 하겟습니다. 秦始皇이 焚書의 律을 制定한 것도 書籍 中에 潛在한 勢力이 萬里長城을 싸코, 阿房宮을 지은 그의 絶對의 힘보다도 强한 것을 두려워한 것으로 볼 수 잇습니다. 또한 밀튼의 말한 바『善良한 書籍을 破壞하는 者는 眞理를 殺戮하는 者라.』한 것을 기다리지 안해도, 書籍이 얼마나 人生에 업지 못할 重要한 것인지는 누구든지 아는 바입니다.

現今 英國의 에취 지웰스는 말하되, 世界 文化를 支配할 것은 書籍, 學校, 新聞의 三大力이라 하엿습니다. 그런데 이 三大力 中에 書籍과 新聞은 出版에 屬한 部分으로 볼 수 잇스니, 그러면 이 出版이란 實로 文化의 將來를 支配할 三大力 中에 二個의 力의 緊實한 地位를 차지한 것입니다. 참으로 出版은 어느 社會를 勿論하고, 그 社會 文化의 反映이라 합니다. 反映뿐이 아니라, 그 自體의 內部에는 積極的으로 自進하며, 書籍의 反映을 그 社會에서 求할 수 잇슬 줄 압니다.

이와 가치 重要한 事業을 一般 社會가 不問에 부친다는 것은 奇怪한 感을 아니 일르킬 수 업습니다. 그럼으로 나는 出版 統計의 一斑을 擧하야 우리네의 面前에 내어놋는 同時에, 朝鮮 文化를 建設하랴고 不斷의 貢獻을 하는 人士의 注意를 一促코자 합니다.

우리의 出版界 現狀을 말하기 前에 爲先 갓까운 日本의 現在 出版 狀況을 紹介하여 우리의 것과 參考 兼 比較해볼가 합니다. 처음에는 멀리 歐米 各國의 統計도 들어볼가 하엿스나, 그것은 매우 困難한 일이 엿슴으로, 歐米 各國의 그것과 大差가 업는 日本의 出版 狀況을 말코자 한 것입니다.

大正 十四 年度에 日本에서 出版된 書籍이 如左합니다.

政治 五百 十 三, 法律 五百 三, 經濟 四百 二十, 社會 問題 五百 二十 七, 統計 百五 十 四, 神書 宗敎 八百 七十 一, 哲學 三百 八十 一, 文學 三千 七十 五, 語學 七百 十 六, 歷史 二百 八十 七, 傳記 二百 七十 八, 數學 二百 三十 八, 理學 三百 三十 二, 工學 四百 二十 八, 醫學 五百 六十 八, 産業 七百 九十 八, 交通 百, 軍事 九十 一, 音樂 八百 十 七, 美術 五百 六十, 技藝 八百 八十 九, 辭書 百 四十 一, 叢書 二十 六, 雜書 千 三十 七
   合計 萬 八千 二十 八 種

以上 一萬 八千 二十 八 種의 單純한 出版物 以外에, 大正 十四 年度의 定期刊行物인 新聞, 雜誌를 擧하면 如左합니다.

金證保有
新聞 日刊 八百 二十 六
   月 四回 以上 三百 十 三
雜誌 三千 六百
合計 四千 七百 三十 九
金證保無
新聞 日刊 百 八十 七
   月 四回 以上 百 四十 二
雜誌 一千 八百 三十 二
合計 二千 百 六十

總合 六千 八百 九十 九 種

이것을 以上의 單行本 出版物과 總合하면, 二萬 四千 九百 二十七 種이 됩니다.
그러면 朝鮮 出版界의 現狀은 엇더한가?
大正 十五 年度의 統計 調査에 依하면 如左합니다.

小說 三百 九十 六
族譜 二百 九十
政治, 經濟, 修養 二十 七
地理, 歷史, 數學 七十
農業 七
工業 二
音樂, 演劇 十
兒童 二十 四
合計 八百 十 六 種

以上 單行本 出版物 外에 出版法에 依한 定期物은 如左합니다.

文藝 四十 七
農村 問題 四
思想 十 九
兒童 三十 三
宗敎 五
婦人 四
其他 二十 九
合計 百 四十 一 件

此에 新聞紙法에 依한 日刊 新聞 四, 月刊 雜誌 六을 加하면, 定期

刊行物이 百五 十五 件이 됩니다. 單行本 刊行物과 定期刊行物을 合하면, 九百 七十 一 種이 됩니다.

그러나 其中에서도 다른 나라에서는 볼 수 업는 것은 族譜 刊行이니, 이것은 刊行하는 그들 一家에는 貴重한 出版物이 될는지는 알 수 업스나, 一般 社會에는 出版物로서의 何等의 意味가 업는 强行이 될 것임으로, 族譜 二百 九十 種을 除外하면, 眞正한 意味의 出版物은 六百 八十 一 種쑨일 것입니다. 그쑨 아니라 最多數를 占한 小說 三百 八十 六 種 中에는 雜誌와 新聞에 發表된 것까지 包含되엇다 하며, 卑近한 通俗小說類의 再刊이 만흐다 합니다.

쏘한 朝鮮에 잇서서는 特殊한 檢閱制度가 잇슴으로, 以上의 統計로 말한 것도 반다시 刊行된 것으로 볼 수 업습니다. 六百 八十 一 種이 朝鮮總督府의 檢閱劑가 될쑨이오, 全部가 發行된 것으로 計算할 수 업습니다. 其中에는 檢閱 맛튼 것이 上梓되지 못하고, 原稿 그대로 얼마나 만히 묵어 잇슬 것이며, 出版된 가운데도 官行物이 亦是 不少할 것입니다. 그리고 보면 出版되여 街頭로 나와 個人에게 頒布된 것은 極히 僅少하다고 볼 수 잇습니다.

—(상), 『동아일보』, 1927. 9. 13

이러한 現狀을 日本의 二萬 四千 九百 二十 七 種에 比較하여 말한다는 것이 妄想일만큼 九牛一毛의 感이 업지 아니하나, 아모리 우리의 民族의 地位가 特殊하다 할지라도, 文化의 將來를 支配할 出版이 이만큼 써러젓다는 것은 讀者의 一考할 問題가 아니고 무엇입닛가?

東京에만 有數한 書籍 發行所가 三百 二十 九 個所가 잇고, 文藝로써 業을 삼는 者가 六百 二十 六이나 되는 現在의 日本에 比하여, 朝鮮의 出版界를 同一히 말할 수 업스나, 그래도 朝鮮의 現狀에 相應한 程度에서는 우리는 그만한 努力과 運動이 업서서는 안 될 것입니다. 그러나 遺憾이지마는 現狀의 相應한 그 程度에도 못 밋치게 되는 것은 엇저한 일입닛가?

勿論 出版界에 잇서서도 質과 量의 課題가 업지 안흘 것이나, 書籍에

貨幣의 크레샴 法則을 適用할 수 업슴으로, 質이 良好한 것이 多量中에서는 나오지 못할 것이라 斷定할 수 업는 것입니다.

　生命잇는 著述은 어듸짜지든지 群小雜書의 競爭中에서도 남을 것입니다. 그럼으로 量으로 넘우 僅少하다는 것을 良好한 現狀이라고 自慰할 수는 업는 것입니다.

2

　그러면 朝鮮 出版界가 엇지하야 이와 가치 萎縮 不振하는지 한 번 생각해봄 즉한 問題입니다. 여긔에는 반다시 여러 가지 原因이 잇슬 것이니, 그것은 서로 有機的 關係를 가지고 잇서서 이것을 一ㅅ히 個別的으로 드러 말하기는 좀 어려운 일이나, 便宜上 分하여 볼 수 잇슴니다. 卽,

一般의 敎育이 普及치 못하여 不識文盲이 多한 것
著述에 從事할만한 人才가 缺乏한 것
出版業者가 目下의 小利에만 汲汲한 것
出版 奉公의 篤志 企業家가 絶然한 것
特殊한 檢閱制度의 影響을 밧는 것
以上의 여섯 가지를 다시 詳細히 말하겟슴니다.

(가) 一般에 敎育이 普及치 못하여 不識文盲이 多한 것
　이것은 出版界의 沈滯 不振하는 最大 原因이 될 줄 압니다. 우리의 日常生活에 업지 못할 것이 만흔 가운대에 書籍도 하나라 하면, 自然한 要求로부터 出版界가 殷盛할 것은 勿論입니다. 事實 우리 社會에는 一般 書籍을 婦女子가 要求치 안코, 所謂 讀書能力이 잇다는 漢學, 洋學, 和學의 修學을 가진 사람들은 다 各各 洋書, 漢書, 和書를 購讀하게 됨으로, 朝鮮語로서의 出版은 結局 朝鮮語 理解者에 限하여 需用되는 形便임으로, 不識文盲이 만흔 朝鮮에서는 將來는 모르거니와, 現在는 微微한 狀態를 維持하기도 어려울 것입니다.

　(나) 經濟的으로 讀書할 餘裕가 無한 것
　不識文盲 外에 若干의 讀書力을 가진 農村의 靑年이나 家庭의 婦

人으로서 讀書를 하고 십지마는 그의 日常生活이 窮閑한 까닭에, 新聞장이나 雜誌ㅅ권을 어더 보는 것은 그들에게는 한 奢侈한 行動이 되고 맙니다. 하물며 一般 書籍이겟슴닛가? 그러므로 需要 供給의 經濟的 法則에 依하야 出版物은 商品으로서 一般 市場에 나오지 안케 됩니다. 모든 것이 商業化하는 오늘에 잇서서 出版界가 한 恐慌의 雰圍氣에 싸이고 말 것은 分明한 일입니다.

(다) 著述에 從事할 人才가 缺乏한 것

아모리 우리들에게 讀書할 餘裕가 經濟的으로 잇고, 쏘한 一般 民衆이 不識文盲의 域을 버서나서 讀書할 能力이 잇다고 하여도, 讀書者에게 實益을 주고 趣味를 가지게 할만한 能力을 가진 著述家가 업다면, 書籍은 그 形容을 보기가 어려울 것은 더 말할 것 업습니다. 多少間 物質을 犧牲하고라도 書籍을 購讀하겟다는 向上心이나, 求知欲이나, 慰安感은 著述家를 信用하고, 欽慕하고, 尊敬하는 念에서도 나오는 境遇가 적지 안흔 것인가 합니다. 信用할만한 著述家가 업는 社會에 出版物이 殷富할 수가 어데 잇겟늬까? 萬一 잇다면 이것은 도리혀 憂慮할만한 現狀이라 하겟습니다.

이러한 畸形的 發展이나, 變態的 狀況은 畢竟은 可恐할만한 結果를 우리에게 보이게 되는 境遇가 만습니다. 그런데 우리 朝鮮에 將來는 모르거니와, 쏘한 숨어 잇는 篤學大家가 잇는지는 알 수 업스나, 現今 이대로 보면 著述에 從事하며 남붓그럽지 안흘만한 著述家가 果然 幾人이나 될는지가 疑問입니다. 十指를 屈키 어려울 것 갓습니다. 著述家다운 著述家의 數와 出版되여 市井으로 나오는 出版物의 分量은 도리혀 그 均衡이 맛지 안는다고 하겟스니, 結局은 何等의 著述에 從事할 能力이 업는 사람의 粗製濫造가 盛行됨이나 안인가 합니다. 되지 못하게 新聞 廣告나 宏壯하게 하여 一時의 橫財나, 쏘는 賣名을 하랴는 것도 그 裡面에 들어서면 넉넉히 들추어낼 수 잇겟습니다. 이러한 惡書가 流行한 結果는 讀書者의 讀書慾을 抹殺식키게 되며, 出版界의 不振을 促成할뿐입니다. 이것도 우리 出版界에는 큰 憂慮할 現狀입니다.

優秀한 著述家가 나오지 안는 原因은 쏘 다시 잇슬 것입니다. 이것은 社會 狀態의 混雜입니다. 이 原因은 機會가 잇스면 題를 달리 하여 말하기로 합니다.

—(중),『동아일보』, 1927. 9. 14

(라) 出版業者가 小利에만 汲汲한 것

出版業이라 하면 文化事業의 一 分野인 同時에, 쏘한 거긔에 從事하는 者의 企業 動機를 싸라 營利事業이 되는 것입니다. 이 出版業은 今日 朝鮮의 現狀으로 보면 完全히 營利化만 하고 말엇습니다(勿論 新聞이나 雜誌를 指稱함이 아니오, 一般 出版物을 意味함). 그리하야 此業에 從事하는 人들은 무엇보다 目前에 잘 팔닐 것이 아니면 出版을 하지 안는 傾向을 가지지 안흔 사람이 거의 업습니다.

勿論 그 書籍을 刊行하여 社會的으로 如何한 害毒을 一般 民衆에게 주게 되느냐 하는 것은 그들의 念頭에 업는 것 갓습니다. 겨우 著述家의 일흠을 보아서 有名하면 일홈으로라도 팔리리라는 僥倖心 알에서 若干의 出版이 잇슬뿐이오, 著作物의 內容 價値는 問題거리도 아니 삼는 듯합니다. 그들에게는 選擇할 餘裕가 거저 滋味잇는 것, 通俗的인 것, 原稿料나 印稅나 아니 줄 것, 되엿든 안 되엿든 新聞紙上에 廣告나 착실히 된 사람의 것만이 겨우 發行하게 됩니다. 營利만을 目的으로 하는 小出版業者便으로 보면 허물할 수도 업는 일이지마는, 이것을 어느 때까지 이러한 現狀 그대로 放置한다는 것은 問題입니다.

朝鮮 文化의 將來를 爲하여 조흔 傾向이 되지 못할 것이라면, 이것은 識者의 考慮를 要하는 바입니다. 이러한 까닭에 春畵에 갓가운 低級小說과 싀집 못가 애쓰는 處女의 한숨을 지어낼 만한 詩나 感想 갓튼 것이 競爭的으로 刊行되는 것도 緣由업는 말이 아닙니다. 무서운 小利만을 貪하여 發行하는 出版物! 이 害毒을 누가 驅逐하겟습닛가?

(마) 出版奉公의 篤志 企業家가 絕然한 것

出版은 事業의 性質上 一個의 文化事業으로 보지 안흘 수 업습니다. 以上에도 말하엿거니와, 우리 朝鮮에는 不識文盲이 만코, 쏘한 經

濟的으로 讀書할 餘裕가 업슴니다. 이러한 가운대에서 그들의 讀書慾을 니르키는 데에는 人間의 理智的 方面보다도, 情景 方面을 붓드는 것이 第一 簡單한 方法인 듯합니다. 이것은 우리 朝鮮뿐이 아니라, 어느 곳 이던지 사람 사는 곳이면 다 그러하겟지마는, 겨우 六百 餘 되는 出版物 中에 卑俗小說이 近 四百에 達한다는 것은 雄辯으로써 此를 證明하는 것입니다.

이러한 境遇에 잇서서 一時의 流行이나 目前의 收入에 齷齪하지 안코, 적어도 그 刊行物이 民衆에게 如何한 影響을 미칠 것이며, 우리 社會生活에 얼마만한 貢獻이 잇슬 것이며, 그 著作이 文獻으로써 엇더한 價値를 가젓는지, 또는 思想의 傾向이 如何한 方面으로 進展하는지—모든 것을 洞察할만한 眼識을 가지고, 적어도 四, 五 年이나 十餘 年 後까지에 希望을 두고 根氣잇게 出版奉公을 하겟다는 自覺下에서 獻身하는 사람이 朝鮮에서 果然 누구이겟슴닛가? 이러한 篤志 出版業者가 잇다면 비록 量으로는 不足할는지 알 수 업지만, 質에 잇서서는 우리 出版界도 얼마콤 그 레벨이 올라갈 것은 事實입니다.

(바) 特殊한 檢閱制度의 影響을 밧는 것

出版은 自由입니다. 그러나 그것이 人類 文化에 큰 原動力인 것만큼 社會의 安寧 秩序를 維持하는 方面으로 엇더한 制限을 주는 것은 現代 國家의 權力인가 합니다. 出版이 特權의 制裁를 밧는 것은 事實입니다. 더욱이 朝鮮에 잇서서는 特殊한 時勢와 民度라는 일흠 아래에서 煩雜한 出版 手續과 苛酷에 갓가운 取締를 밧는 것은 事實입니다. 去番 法曹界에서도 問題를 일으킨 것도 그러한 까닭입니다.

이와 가튼 言論 取締가 出版業에 影響을 주는 것은 말할 것도 업슴니다. 民衆과 官僚들의 利害가 相反하는 境遇도 잇슴니다. 檢閱의 一時의 苛酷이 眞理를 殺戮하야 참으로 民衆이 알어야 할 昭然한 事實을 政策上으로 벙어리와 장님을 만드는 것을 押收나 削除를 當한 著書의 作者는 흔히 經驗하는 일입니다. 이러한 厄運을 만나는 出版物이 其數가 다른 社會에 비하여 特別히 만흔 것은 朝鮮 出版界의 特色이라고 하겟슴니다. 原稿 押收의 處分을 바든 그만큼 著作者의 意氣는

尖銳를 일을 것이며, 出版物은 그만큼 量과 質을 일을 것입니다. 結果는 沈滯의 한 原因을 일으키고 합니다.

3

　以上에서 말한 것은 簡單하나마 朝鮮 出版界의 萎縮 不振의 理由를 便宜上으로 分別한 것이나, 여러 가지가 서로 서로 因果의 關係를 가지고 그러케 만든 것입니다. 그리하야 엇지하면 出版界가 興旺하겟느냐 하는 것을 말하고 저 하는 것이 내의 根本 趣意입니다. 以上에 말한 것 가온대서 엇더한 條件이든지 二, 三만 適當한 方法으로써 곳쳐진다면, 잘 되는 것은 勿論 問題가 업슬 것이니, 一般 民衆이 敎養이 잇서 書籍을 選擇할 能力을 가지고, 쏘한 經濟力이 잇고 優秀한 著述家가 쌀어서 잇고, 出版業者가 時勢와 民度를 洞察할 眼識이 잇고, 出版에 相當한 自由가 잇다면, 이 우에 더 問題될 것이 무엇이겟습니까?

　그러나 朝鮮에는 特殊한 事情이 잇습니다. 不識文盲이 업서질 날을 기다리기는 넘우나 遼然한 將來 問題입니다. 더욱히 朝鮮 文化는 나날이 그 빗을 일어갑니다. 쏘한 經濟的으로 能히 讀書할 餘裕가 생기어 出版界가 自然히 隆昌하기를 기다리는 것은 감나무 알에서 熟枾가 쩌러지기를 기다리는 폭입니다. 그러면 出版 商人더러 小利에 歸하지 말라 하겟습니까? 이것도 안 될 말입니다. 그들은 小利라도 먹는 것이 目的일 것이오, 社會의 奉公이니 무엇이니 하는 것은 그들 辭典에서는 차저보기 어려운 말입니다. 世上이 그러케 그들을 갈으칩니다. 쏘한 著述家만 만하여지면 出版界가 興旺하리라고는 할 수 업습니다. 쏘한 무엇이고 著作이면 다 出版하게 된다는 그러한 自由만 잇서도 될 수 업는 것입니다.

　目下의 形便은 出版에 多少間이라도 生氣를 넘어서 朝鮮 文化의 將來를 考慮한다면, 現今 우리 朝鮮에 잇서서 敎育事業에 數千萬 圓의 財産을 貢獻하는 特志가 年年히 나오는 것 가치, 쏘는 言論機關이 朝鮮에 잇서서는 文化事業 團體로 알고, 物質과 精神을 多大히 犧牲하는 人士가 輩出하는 것 가치, 出版界에 잇서서도 그러한 新特志 企

業家의 新事業慾이 나와야 할 것입니다. 吾人은 이러한 見地에서 出版業의 文化事業化를 提唱하는 바입니다.

—(하), 『동아일보』, 1927. 9. 15

旅行地에서 본 女子의 印象, 異常한 奇緣

C신문사를 퇴사하던 이튿날. 8월 10일 밤 일이엇다. 閒日月을 어든 김에 흡신 철저하게 閒寂을 맛보자 하는 엷지 안흔 욕심을 가지고 釋王寺를 향하게 되엿다. 종로에서 전차를 탈 때부터 나의 마음에는 여행 기분이 가득하엿다. 여행하는 사람의 특성과, 또는 여행의 성질에 따라 여행하는 사람이 늣기는 바가 달으지마는, 나의 그 때의 여행은 대단히 감상적이엇다.

엇제든 4년간이나 정드려 노앗던 C社를 하직한, 섭섭한 마음에 가슴에는 무엇인지를 둑근거리엇다. 그러치 안해도 여행은 흔히 그 특수한 의의가 고독을 늣기는 데에 잇는 터에, 나의 그 때 길은 온 세상을 저바리고 나 혼자 사람 업는 곳을 차저 가는 듯하엿다. 그러케 고독을 늣기는 만큼 사람이 그리웟다. 전차 중에서 한참동안 눈을 감고 울렁거리는 가슴을 진정할 때에, 나의 억개를 흔드는 사람이 잇섯다. 눈을 번쩍 떠서 치어다보앗다.

그는 나의 고향사람 R이엇다.

『자네 어듸 가나?』

그가 손에 旅行具를 들은 까닭에 나는 물엇든 것이다.

『엇던 이가 좀 어듸를 간대서……』

『가는 이가 누구야?』

좀 심악스럽지마는 나는 물어보앗다.

『저이가……』

하고 R의 가르치는 편에는 몸이 날신하고, 얼골 빗이 희고, 트레머리에 에메날 구두를 날러갈 듯이 신은 신여성 한 분이 차창 밧가를 내다보고 섯섯다. 나에게서 일종의 호기심이 벗적 니러낫다.

『어듸를 간대?』

『元山으로 해수욕을 간대…….』

나와는 가튼 북행이엇다. 그러나 그는 元山이오, 나는 釋王寺엿섯다.

『그러면 나와 한 차로 가겟군?』

이러하자 여자는 이 편으로 머리를 둘럿다. 그는 얼골에 비교하여 눈과 입이 적엇다. 극장에서 더러 본 듯한 기억도 잇섯다.

『엇더한 인가?』

『차차 알지!』

R의 대답은 시언치 못하엿다.

꼿치꼿치 뭇기도 안되어서 그대로 정차장까지 아무 말업시 갓다. 한 번 호기심을 가진 이상에 그 여자의 행동이 눈에 아니 띄일 수 업섯다. 그 여자를 작별하려 나온 남자의 수가 의외에 다수인 것을 알엇다. 그는 마침 아양부리는 여왕처럼 그들 사이에서 납되엇다.

발차 시간이 갓가워오자 나는 그대로 사람 물결에 휩싸여 構內로 들어가서 자리를 보전을 하고 그대로 누엇섯다. 그 여자와 나는 차의 等이 벌서 달랏섯다.

석탄 냄새와 입김의 탄산가스로 혼탁해질 대로 혼탁하여진 공기를 밤새도록 마시고, 아침해가 차창을 비최일 때에 나는 釋王寺驛에 내리엇다. 석탄 연기에 감아케 걸은 얼골에 새벽 서늘한 바람을 쏘이며 정거장 출구로 향하자, 어제 밤에 元山으로 해수욕 간다는 漆皮 구두 신흔 여성이 바로 내 압흘 서서 걸어간다. 나는 웬 셈인지를 몰랏다. 물론 元山간다는 말을 그 여성의 입에서 직접으로 들은 것은 아니엇스나, R의 말과는 달은 것이 나로 하여금 더욱 호기심을 니르키엇다.

그 여자는 무심코 뒤를 도라보앗스나, 나는 유심히 보는 것 가티 늣기엇다. 그네는 어제 밤에 자긔의 일을 R과 내가 말할 것을 눈치채엿는지 알 수 업스나, 한 번 보는 데에도 사람의 배ㅅ속을 훌터낼 듯한 매서운 맛이 잇섯다. 그네의 의복은 벌서 어제밤의 복은 아니엇다. 차중에서 청결하게 꾸미고 나온 것이 더욱 눈에 띄엇다. 어제밤 보든 것이란 칠피구두뿐이엇다. 아마 釋王寺를 좀 들려서 목적지로 향하는 것인가 보다 하고, 바로 승합 자동차를 몰아 釋王寺 여관으로 향하엿다. 자동차를 내리자 그는 어느 곳으로 사라저 바렷는지 그림자도 볼 수 업섯다.

　그 몃 칠 뒤이다. 조석으로 약수터에 물 먹으로 왕래하는 것이 한 노동이엇다. 한 번은 아침이 느직하엿슬 때에 약수를 먹으려 내려갓더니, 화장을 힘껏 정성드려 한 그 여자가 물구가를 들고 약수터 안으로 드러왓다. 억개를 서로 나란히 해서 만나기는 처음이엇다. 그의 눈에는 벌서 한두 번 본 것이 아니라는 목례에 갓가운 친한 시선이 떠돌앗다. 가튼 남성끼리도 향수를 늣기는 旅窓에서 이와 가티 정다운 시선을 만나는 것이 그대지 불유쾌한 일이라고는 할 수 업거든, 하물며 꽃 가티 아름다운 여성에서랴! 말 할 수 업는 쇼크를 아니 늣기고는 잇슬 수 업섯다.

　나는 그의 얼골을 바라보느라고 어정어정하다가 물 뜰 자리를 이러바렷다. 그는 물주전자에 한참 물을 뜨다가 물구가를 들고 나를 바라본다. 이것은 컵을 압흐로 내노라는 말이엇다. 나는 감사하는 뜻을 말하고, 물을 컵에 가득히 바다 여러 숨에 생키엇다. 이것이 그 여자와는 말을 나노흔 것이 처음이엇다. 그의 여관을 뭇고자 하엿스나, 엇전지 남점직한 생각이 나서 구만두엇섯다. 그리하야 그대로 그는 산 알에로 내려가고 우리 일행은 우으로 올라왓다. 이러한 일이 잇슨 뒤로 그 여자를 물 먹으로 내왕하는 길에서 두어 번이나 맛낫다. 서로 목례를 반다시 하고 지내엇다.

　이삼 일을 지난 뒤에 S舘에 동숙하든 K 兄과 元山海水浴場으로 一日을 消暢하러 갈랴고 釋王寺驛으로 향하엿다. 정거장에 와보니 칠피구두 신흔 여성이 나와 안젓다. 처음에는 차에서 내리는 이를 마중이나 나왓나 하엿더니, 차표 사는 것을 보니 그도 元山을 가는 것이 분명하엿다. 웬일인지 오늘에는 그는 본체만체하고 인사도 업다. 내가 인사를 먼저 할 필요도 업거니와, 그러케 건망증에 잘 걸리는 것이 현대 녀성인가 하고 혼자 우스면서 K 兄과 함께 發車를 기다리엇다.

　그 여자는 모친인 듯한 중늙은이와 동생인 듯한 어린 게집아이와 동행되엇섯다. 가튼 차에 안저서도 서로 눈 한 번 말 한 마듸 사괴이지 안코 元山驛에 내려서 그들은 인력거를 몰아 어느 곳인지 급히 가바리고, 나는 시가를 어정거리고 한참 돌아다니다가 정오에 松濤園海水浴場으로 차를 몰아갓다. 나는 자연히 그 여자가 해수욕장에 오나 안햇나 하고 삷히게 되엇스나, 그는 보이지 안햇다.

『참 괴상한 여자야! 엇저면 하던 인사를 그러케 적인 듯이 끈허바리나!』

하고, 호기심을 더욱 가지게 되엇다. 소위 세인들이 떠드는 曖昧한 여성인 것이 분명하다고 생각하엿다.

그 날 석양에 釋王寺로 돌아올랴고 급히 元山驛을 향하엿다.

그 여자가 또 나와 잇다. 그리하야 아침이나 맛찬가지로 아모 말업시 차를 탓다. 내 생각에 그는 바로 京城이나 三防으로 향하나 부다 하엿더니, 釋王寺에 니르자 그도 또한 차를 내리엇다.

그 뒤 몃 칠 釋王寺에 머무르면서 한 번인가 두 번인가 역시 물터에서 맛낫다. 그는 여전히 다시 인사를 한다. 나는 이 인사란 결국 물터에서만 하는 인사ㄴ 가 보다 하고 혼자 우섯다.

그 이틀 뒤에 三防을 들려 京城으로 돌아올랴고 정거장으로 나왓다. 자동차 압헤 인력거 세 대가 달아갓다. 그 인력거 셋 가운대에 한아는 분, 또 한 대에 수염을 불란서식으로 剪制한 중년신사가 한 분 탓섯다. 풍채가 당당한 것이 부르주아나 귀족계급인 듯하엿다. 그들은 京城으로 가나 부다 하고 무심히 정거장에서 기차를 기다리엇다. 그들의 인력거가 정거장에 다엿슬 때에, 그 여성은 쏘 다시 몰으는 체하고 시선을 달은 곳으로 돌린다. 약물터에서만 하는 인사인 것이 분명하엿다.

기차는 얼마 뒤에 三防 假停車場에 도착하엿다. 나는 행장을 창겨 가지고 급히 내렷다. 압 二第 乘降臺에서 그 여자 일행이 내려온다.

그 동안 그 여자는 京城에서 元山까지 엇더한 활동을 하기 위하야 몃 번이나 왕래를 하엿는지 그것은 알 수 업스나, 내가 京城으로부터 釋王寺까지에, 또 釋王寺에서 元山까지, 또 다시 釋王寺에서 三防까지에 무슨 약속이나 한 것처럼 또는 일행인 것처럼 道程을 함께 하게 되엇다. 마치 내가 그를 미행이나 한 것처럼 되고 말엇다. 그 여자 역시 하도 이상하게 넉이는 모양이엇다. 그리하야 저의들이 무슨 이약이를 하는 것이, 마침 저이가 나를 따라다니나 바요 하는 듯한 계민적은 생각도 낫다(이 것을 逆用하면 그가 나를 미행하는 것인지도 몰으니마는).

하나 이상한 생각으로 바로 나는 충충 山峽길을 걸어 白水旅館으로 들어갓다. K 군, R 군을 만나 여장을 풀은 뒤에 광장휴게실에 안저서 이 상스러운 여성과 奇緣으로 行程이 집 떠난 뒤로 오늘까지 꼭 가티 된 것을 말하고 웃는 차에, 그 여성이 양장을 하고 우리 안즌 겻흐로 지나어 갓다. 이번에는 그의 얼골과 우리의 눈이 서로 피할 수 업게 꽉 맛낫다. 그는 머리를 숙여 인사를 밧는 사람 아니면 몰을 만큼 슬적 하고는 그대로 문 박그로 나아갓다.

『아! 저 녀자 말이오! 요전에 여긔 와서 돈을 물 쓰드시 쓰고 갓다고 여관 안의 평판이 藉藉한 여자이라우.』

『그리고 올 때마다 따라오는 남자의 얼골은 달느다고 하든 걸요.』

이것은 R 군의 그 여자에 대한 설명이엇다.

그의 얼골을 그 이튼날까지 그곳에서 구경하엿스나, 그 뒤에 그와 가티 온 중년신사만 남어 잇섯고 그는 도모지 보이지 안햇다.

그 뒤에 우리들끼리 안즈면 말말 끄테 그 여자의 말이 나왓다. 그러나 그 여자의 정체는 분명히 아는 이는 업섯다.

三防에서 4일간을 묵은 뒤에 京城으로 돌아오는 車中에서 그가 또 타지나 아니 하엿나 하고 삷히엇스나, 그의 그림자도 보이지 안엇다.

—『별건곤』, 1927. 10.

文壇 誹議에 對한 是非

　近日에 文壇(文壇이란 말이 獨特한 頹落的인 것을 意味하는 問題가 잇다면, 文藝에 從事하는 사람들의 活動하는 現狀이라 하자.) 以外의 사람들의 입에서 坯는 文壇에 現在 일하는 사람의 입에서 흔히 이런 말을 듯는다.
　『우리나라에서 노벨文學賞을 탈만한 作家가 果然 잇느냐 업느냐? 잇다면 누구냐? 三流 文士들은 꿈도 꾸지 못할 일이다.』라고.
　노벨賞! 대단히 조흔 말이다. 엄청나게 조흔 말이다. 이러케 말하는 사람들의 말하는 眞意가 朝鮮에서도 世界的인 作家가 나오기를 熱望하고 企圖하는 데에 잇다면, 所爲 내노라 하는 作家 諸君도 그들 自身의 하는 일이, 坯는 벌서 해 노흔 일이 世界的 作家들의 그것에 比하야 얼마나 幼稚하고 無價値한 것을 스스로 깨닷고 惰死할른지도 알 수 업슬 것이다.
　그러나 항용 朝鮮 文學者는 世界的이 못된다고 말하는 意味는 忠告나 激勵에 잇지 안코, 其實은 作家 그들의 評論과 行勢에 憎惡를 늣길 때에 罵倒하고, 諷刺하고, 誹議하는 데 잇는 듯십다. 이러한 것을 『○○○○』라 하는 好意로 解釋한다면, 여긔에 對하야 自己네의 ○○이나 坯는 不可能의 事實을 ○○히 諒解하지 안흘 것이다. 그러나 그러한 放言이 憎惡에서 나왓다면, 여긔에는 한 말의 抗辯이 업지 못할 것이라 생각한다.
　그러면 朝鮮에 업는 것은 文壇에 잇서서의 世界 作家뿐이냐? 宗敎에, 哲學에, 醫學에, 其他 諸 科學에 잇서서 世界的 學界賞을 바든 일이 잇스며, 坯한 바들만한 篤學者의 新發見이 잇느냐? 다만 文學에 限해서만 거긔에 從事하는 그들의 ○○이 原因으로 寂寂無關함이냐? 그러타면 이것은 文學에서 自己를 完成하랴는 그들의 迷夢을 朝鮮의 將來를 爲하야, 世界的 地位를 爲하야 어쩌한 方法으로든지 깨트려 주지 안흐면 안될 것이다. 그러나 우리가 朝鮮의 現狀을 冷靜히 삷혀보자! 우리의

環境을 흐리지 안흔 눈으로 들여보자! 우리들의 살림살이가 말할 수 업시 艱難한 그것만큼 그것을 土臺로 한 그 우에 構造된 모든 것이 한갈가티 ○○어버렷다. ○○으로 말하면 우리들에게는 아모 것도 업다. 藝術도, 宗敎도, 哲學도, 文學도.

그러나 잇다 하면 그것은 아즉도 將來가 遼遠한 ○○○에 잇다고 생각한다. 이러한 現實을 이미 다른 사람들의 成功한 오늘의 그것에 比較하야 발 미테도 못 미치겟다는 嘲笑와 ○○를 놉혀 싸우는 것은 뜻잇는 사람의 責任잇는 言行으로 볼 수는 업다. 演說터에 팔니어 간 毁謗군이나 能히 할말이나 아닌가 한다.

爲先 그러한 ○○, 嘲笑者가 어쩌한 部類에 屬한 人物인지 그것을 알고 십다. 哲學을 배운 사람이냐, 工學을 배운 사람이냐, 醫學을 배운 사람이냐? 그러타면 저 위선이 ○○○야 自己의 마튼 部門에서 世界的으로 무엇이나 하나 ○○치 아니 하느냐? 文藝 그것만이 갓메고 수염씻는 것 가티 그러케 쉬울 자가 업다. 一朝一夕에 世界的 雄飛 못하는 것을 現在 其 地位에서 一 部門을 마튼 그 사람들의 못 생긴 것으로만 생각하는 것은 非○○的 ○○의 判斷이다. 그럼으로 傾向文學이나 어쩌한 文化의 部門에 잇서서든지 ○○○ ○○는 잇슬지언정, 誹議할 때에는 맛당히 삼가야 할 것이다. 그러케 모다 朝鮮 사람의 하는 일이면 가소롭고 못낫다고 생각한다면 그 사이의 ○○○○의 程度가 어쩌한지는 알 수 업스나, 모름즉이 朝鮮이란 짱을 쩌나 自己가 가장 崇拜하는 作家나 讀者의 나라로 戶籍을 옴기는 것이 돌이어 微○한 追從家라 할 수 잇다.

文學이란 그러케 하로 아츰에 土臺 싸틋 싸하 올리는 수가 업는 것이다. 그짜짓 노벨賞이 무엇이냐? 作品이 世界的으로 紹介되는 것이 무엇이냐? 이것은 一種의 虛榮에서 나온 抽象的 論者의 架空的 自歎이다. 이러한 心慮가 그러한 罵倒 誹毁를 말케 한 것이다. 朝鮮 文學을 建設하기까지에는 아즉도 만흔 前途가 남아 잇다. 사람이 아모리 힘이 잇다 하야도 自己 힘 以上의 무거운 것을 들 수 업슬 것이며, 飛行機가 아모리 싸르다 하야도 그것이 가진 速力 以上의 速力을 낼 수 업는 것은 아모리 天痴라도 아는 事實이 아니냐? 走馬에 加鞭이란 말이 업는 것은 아니지마는, 채ㅅ즉질을 아모리 한들 가진 힘 以上을 내라는 것은 아니다.

노벨賞 그것이 天意에서 나리는 至公無私한 榮光의 賞이라 할지라도, 그것만을 目的한다는 것은 榮譽의 꿈만을 차저다니는 무리의 低劣한 行動이라고 아니할 수 업다. 쏘한 그러한 榮譽 밧는 事實을 偶像視하는 사람에게는—民族에게는 돌이어 그러한 榮譽가 돌아오지 못할 것이다. 웨? 作品을 쓴 動機가 그러한 대에 잇지 아니하얏스니, 쏘한 노벨賞 못 밧는 것이 우리에게 그다지 侮辱이 될 것이 업다. 우리의 現實은 모든 것이 그 以上으로 더 부끄럽다. 족으마한 榮譽가 모든 부끄러움을 벗어줄 줄 아는 것은 迷妄이다. 넘우나 쨘한 생각이다.

作家 中에서 가장 심플하고 퓨어한 이면, 우에서 말한 바와 가튼 對答을 할 줄 생각한다. 誹毁하는 사람이나 쏘는 罵倒밧는 作家들을 써나 第三者로(훨신 멀리 英國人이나 露西亞人이 되어서) 이러한 罵倒 誹毁가 盛行하는 朝鮮을 볼 째에, 그이에게는 어써한 생각이 날가를 想像하야 보면 웃으운 생각이 난다. 그는 必然코『초반이 제 코나물』하는 생각이라 할 것이다.

여긔에서 말한 文藝 方面쑨이 아니라, 이와 가튼 誹毁 罵倒하는 弊端은 朝鮮 사람의 根性이 되어 가지고 各 方面에 發現되는 듯하다. 쏘한 그와 가튼 되지 못한 干涉이나 罵倒에 精神을 몹시 괴롭게 하는 것도, 그들에게는 큰 弱點이 되어 우리의 生活에 根據를 깁히 둔 것이다. 이것이 모다 지금까지의 朝鮮을 글흐친 것이다. 이러한 弊端만이라도 所爲 文藝 云云하는 圈內에서 벗어질 날이 언제인가를 생각한다.

—『중외일보』, 1927. 11. 16

닑히기 爲한 小說

— 新機運이 온 新聞小說을 봄

『新聞小說은 特別히 아긔자긔한 재미가 잇서야 한다.』 다시 말하면 『特別히 아긔자긔한 맛이 잇는 것이 新聞小說이다.』 이것은 小說이 新聞 紙面의 一隔을 차지한 어느 나라에서든지 모다 그러하겟지마는, 現今 우리 朝鮮에 잇서서는 더욱이 그러한 要求가 만흐며, 甚할 時에는 재미잇고 업는 與否가 그 小說 全體를 計測하는 尺度나 範疇가 되고 만다.

一般 讀者뿐만이 아니라 文藝批評家까지라도 新聞小說은 물론 생각일른지도 알 수 업다. 그러나 여긔에서 通俗作家와 藝術品 作家를 區別만은 할 수는 잇스나, 이것은 便宜上의 態度 問題이오, 本質上의 高下 優劣의 決定 問題는 아니다. 結果로 보아 通俗作家의 芝藝作品이라 하야 作品이오, 優秀 作者의 作品이라 하야 반듯이 藝術品이라고 할 수 업다. 나의 보는 바 通俗과 藝術은 結局 作家가 讀者를 念頭에 두엇는지, 아니 두엇는지가 問題의 分岐點이라고 생각한다. 通俗的으로 쓴다는 것은 一方에 讀者를 두고『그들을 어쩌케 알 수 잇슬가?』,『어쩌케 닑힐가?』를 생각하는 作家이다. 이것은 讀者에 對한 親切일른지도 알 수 업다. 朝鮮의 現實과 가튼 文盲打破가 問題ㅅ거리로 남아 잇는 社會에서는 더욱 그러한 勢力이 잇슴 즉하다.

어쩌케 되엇든 新聞小說이란 닑히기 爲한 小說이다. 街頭 書店의 冊장에서 몬지투성이가 되어도 關係업다. 다만 한 사람이라도 親切히 닑어주는 사람이 엇스면 그만이다. 當時에 업서도 次代에 잇스면 조타. 知己를 百年 後에 기다리자! 하는 强한 藝術上의 信念과 個人 本位의 藝術 良心으로 製作하는 問題는 十萬이나 百萬의 讀者를 가진 新聞이 讀者를 닑히기 爲해서 附加하는 그 뜻과 勿論 다른 것이다. 新聞에서는 文藝로써 消費者를 억매 놋는 手段의 하나를 삼는 것도 事實이다. 讀者가 無味하게 녀길 作品은 兒初부터 新聞으로서는 拒絶하게 되는 것이다. 新聞에서는 언제든지 그 小說의 讀者數와 讀者의 熱讀의 分量으로써, 그 作品의 價値를 判定한다.

이것이 勿論 正當한 價値判斷이 되지 못하는 것이겟지만, 新聞으로서는 그러케 判定 안코는 新聞 自體가 小說 連載의 根本 意義를 無視하게 되는 까닭이다. 한 사람이나 두 사람을 爲하야서 여러 사람의 興味를 犧牲할 수도 업스며, 作家 一 個人의 作品 發表 機關으로서만 忠實할 수 업는 것이다. 毋論 거긔에는 商品化해 가는 新聞으로서는 判斷 問題가 잇는 것이다. 이것이 文學에 影響을 주는 저널리즘의 正體이다.

—(1), 『중외일보』, 1928. 1. 1

그러면 여긔에 問題가 하나 남아 잇는 것은, 文藝는 決코 저널리즘의 支配를 바다서는 안 된다. 저널리즘이 文藝를 어느 程度까지 컨트롤하는 그것에 그대로 딸하가서는 안 된다. 文藝는 文藝로서의 獨特한 機能과 使命을 遺憾업시 發揮하고 伸長하랴면 于先 첫 運動으로 저널리즘과 告別을 하여야 하겟다 하는 決定的 問題이다. 이것은 今日에 비롯오 닐어난 問題가 아니다.

歐美의 先進 諸國에서는 벌서부터 問題거리가 되어서 一部에서는 이것을 이미 施行하게까지 되엇다. 그리하야 文藝物의 發表는 大槪 單行本이나 文藝 專門 雜誌에 依케 되엇고, 新聞은 그 일음과 가티 報道機關으로서만 그 機能을 다하는 곳도 잇다. 問題가 그와 가티 容易히 世界的으로 解決된다면, 文藝의 獨特한 生命을 爲하여 文學의 守成이 全人類에게 좀더 深刻한 生活意識과 生存의 批判力을 줄른지도 알 수 업다.

그러나 쏘 한便으로 생각하면 現代의 文藝가 幾部分일지라도 大衆의 가운대로 滲透되어 人生의 現實生活의 如實한 正體를 『O!』을 通하여 보는 것과 가티 漠然한 가운대에도 알게 된 것은 저널리즘의 功勞라고 아니할 수도 업다. 갓가히 日本에서 文藝가 新聞紙에서 엇더한 地位를 가젓는지 그것을 보면 넉넉히 짐작할 수 잇다. 日本 文藝의 黃金時代 (量으로 보아서)를 일운 늣김을 주게 한 것은 一般 民衆이 그만큼 文藝에 熱을 가지고 잇다는 反影이다.

　이러한 熱을 鼓吹한 것은 新聞紙이다. 四, 五十 年을 두고 新聞이 發刊되는 동안에 文藝와 손을 노흔 것이 업섯다. 惑은 小說로, 惑은 評論으로 不絶히 一般 讀者를 繼續的으로 그들의 趣味를 맞추어 주는 同時에, 文藝에 對한 鑑賞力을 多少間이라도 培養해준 것은 事實이다. 그리하야 今日 現象으로 보면 新聞小說의 程度가 훨신 優秀하여진 것은 事實이다.

　　　　　　　　　　　　　　─(2),『중외일보』, 1928. 1. 2

　勿論 國民 全體의 敎養이 그러한 極히 低級한 文學을 容認치 안흔 結果, 時勢를 마추는 新聞으로는 自衛上 그러케 하지 안코는 잇슬 수 업든 것으로 볼 수도 잇지만, 文化의 遺産은 그러케 單純한 觀念論으로 解釋할 수 업는 것이다. 新聞이 暗으로 陽으로 新聞 自體의 ○○를 不顧하고 漸進的으로 레벨을 올린 것이 事實이다. 그러함에는 作家의 素修 問題도 勿論 큰 關係가 업는 것이 아니다. 偉大한 作家이면 作品의 讀物의으로서의 效果를 無視하고라도 그 作家를 爲해서 압자비 선 것도 近代 저널리즘의 功勞가 아니라고 할 수 업다.

　朝鮮에 잇서서 요만큼이라도 小說이 어써한 것인지 그것을 一般 民衆이 넓게 된 것도 亦是 新聞의 效力이라고 생각한다. 아마 至今 文壇에서 글을 쓴다는 사람들로서 新聞雜誌의 小說에서 어써한 衝動을 아니 밧지는 안하엿슬 것이다. 大槪는 小說에 病이 든 사람들일른지도 알 수 업다. 더욱이 單行本 出版物의 發達이 衰退한 朝鮮에서는 그러케 되는 것이 自然한 超越이엇슬는지도 알 수 업다. 新聞雜誌의 購讀의 動機는 全然히 文藝와 親하랴는 것은 아니엇스나, 自然이 그 過小으로 끄을리어 들어간 것이다.

　文藝에서 自己를 發見하고, 그 길에 자기의 발길을 집어 넛는 것이 正命的이 아니오, 偶然한 動機가 先天的으로 自己의 속에 潛在한 勢

力을 衝動하야 呼吸한 것이다. 그러케 文藝와 親할 機會가 업섯드면 一生을 다른 專門 方面에 밧치엇슬는지도 알 수 업고, 쪼한 小說 鑑賞者가 아니 되엇슬는지 알 수 업는 것이다. 지금에 街店板에 울긋붉긋한 꼿단장 小說을 웃지 안는 一部에는 그것을 愛讀하는 讀者가 아즉도 업서지지 안흔 것을 안다. 그러나 그들이 그것을 닑을 동안에 그보다 더 자미잇는 小說을 만나게 되면, 그들은 그것도 熱讀하게 될 것이다. 朝鮮의 新聞小說이 비록 低級하얏섯다고는 할지라도 讀者의 興味를 부처준 것은 事實이다.

그런대 여긔에서 그대로 보아 넘기지 못할 것은 우리 新聞小說도 近日에 와서는 飜譯版을 버서나서 創作期로 들어가게 된 것이다. 在來의 그것은 거의 全部가 外國物의 飜譯案이 아니면 飜譯이 업다. 그러나 近日의 四 新聞의 新聞小說의 全部가 우리의 붓으로 된 創作品이다. 우리의 創作品이 外國의 探偵物이나 로맨틱한 讀物보다 一般 讀者의 興味를 끄을 힘이 弱한 것도 事實이다. 朝鮮 文藝의 發展 過程을 보아서는 저널리스트의 文藝를 爲한 一大 勇斷이라고 아니할 수 업다.

이제로부터는 朝鮮에서도 長篇 作家가 반다시 漸次 나올 줄 안다. 그리고 作家의 레벨도 어느 程度까지 完定되고 創作力의 程度도 窺知할 수 잇게 될 것이다. 短篇 몃 가지 發表하면 一躍하여 作家가 되리라는 迷夢도 어느 程度까지는 깨트릴 수 잇다. 新聞이 長篇을 受容하게 된 것이 그리 큰 影響이 업슬 것이지마는, 朝鮮은 다른 곳과 달르다. 單行本 出版이 업다. 若干 單行本이 出版된대도 新聞小說에 比하여 優越하다고 할 수 업다. 讀者數는 極少數에 不過하며, 結果는 自己의 文集을 發行하며, 知己間에 ○○하는 ○式 出版을 未免하고 만다.

그러나 우리들은 新聞에 依하여만 그 讀者를 爲하여 長篇을 發表하게 되는 同時에, 必然的으로 저널리즘의 支配를 밧게 된다. 이것은 當分間 許치 못한 規約이다. 우리의 作品이 行動으로서 貢獻을 하고 못하는 것은 別問題이오, 엇잿든 朝鮮 文藝가 朝鮮的으로 자리잡히는 劃期的 試驗이라고 아니할 수 업다.(丁卯 十二月 二十八日)

—(3),『중외일보』, 1928. 1. 3

生活을 爲한 藝術

　民衆도 民衆나름이니까 自覺한 民衆과 그러치 못한 民衆이 要求하는 바는, 民衆의 素質과 쏘는 環境에 짜라서 달을 것입니다. 그러나 現今의 朝鮮 民衆이 文藝를 要求하는지가 根本부터 疑問에 잇습니다. 朝鮮의 至今까지의 文藝가 民衆의 現實에 滲透하는 것이 어느 程度까지 미치엇는지 그것조차도 測定할 수 업습니다. 그럼으로 至今에 잇서서는 理論上으로는, 惑은 階級文學, 惑은 民衆藝術, 農民文藝, 鄕土藝術 等 여러 가지를 들어 말할 수 잇지만, 이것은 抽象的으로 생각한 말이오, 實際 問題로 생각한 째는 아즉 遼遠한 늣김이 업지 안습니다.
　그럼으로 一般的으로 民衆이라면 넘우 漠然한 고로, 自覺한 民衆이라면 文藝를 要求한다는 意義가 달라질 것입니다. 結局『生活을 爲한 文藝』이겟지요. 至今에는 第一 큰 問題가 그것밧게 눈압헤 아니 보입니다. 그러나 이것은 所爲 過程을 過程한다는 것이오, 永久히 要求하는 것은 아닐 것입니다. 밥을 차진 뒤에 쏘 무엇을 찻게 될는지, 그것은 그째에 보아야 쏘 알겟지요. 그럼으로 作家도 勿論 民衆의 一 分子라 하면, 要求하는 것도 그 民衆의 것이겟지마는, 나의 생각에는 民衆보다 늘 한 거름 압서 생각할 必要가 잇는 까닭에, 民衆의 要求가 반다시 作家의 要求가 되지 안흘 것을 말해둡니다.
　　　　　　　　　　　　　　　—『조선지광』, 1928. 1.

백모님과 싸우고

 몇 살 때의 일이엇는지 잘 기억할 수는 업스나, 겨우 달음질을 해도 거꾸러지지 않을 만한 때이엇스니, 아마 네 살이나 다섯 살 되엇슬 때의 일인 듯합니다. 막 배운 거름으로 온갖 위험한 짓을 함부로 하는 까닭에, 어머니에게 매양 꾸지람을 어더 들엇습니다.
 안에서 사랑으로 나아가려면 넓은 마당도 잇섯지만, 어찌함인지 처마 밋 돌로 싸올린 토대로 살금살금 줄 타듯이 것게 되엇습니다. 아마 평탄한 마당으로 걸어가는 것보다, 위태한 노픈 길로 거러가는 것이 자기의 재주를 보이는 것이라는 공명심으로 그리한 것이겟습니다.
 나는 한참 줄타는 사람처럼 조심스럽게 발을 내노코 거러 들어 올 때에, 집에서 기르는 개 힌둥이가 나의 길을 뺏으려는 듯이 내 겻흐로 바짝 대서자, 나는 개에게 밀리어 토방 밋 부엌 아궁이로 떠러젓습니다. 시골 부엌이란 서울과 크게 달라서 넓고도 높습니다. 나는 부엌으로 떨어지며 정신업시 재로 탈을 쓰고, 울며불며 야단을 치며 어머니를 차젓든 것입니다. 어머니는 대경실색하야 내가 우는 곳으로 달음질해 오섯습니다. 물론 힌둥이가 악의가 잇서서 그런 것이 아니오, 나를 반기는 나머지 그리한 것이엇겟지만, 어머니는 재로 탈을 쓰고, 울고 업드러진 내가 넘우나 가엽던지 『망한 년의 개도 잇다.』 하고, 개를 나무랏습니다.
 그때에 우리 집에서는 백모가 집안 권리를 가지고 잇섯습니다. 말하자면, 우리는 백모의 집에 부터 산 것이엇습니다.
 『망한 년의 개!』라는 말에 백모가 대노하야 너머진 조카는 상관할 것 업시, 『그래. 게게 뉘 갠줄 알고 그런 욕을 한담!』 하고, 어머니와 말다툼이 시작되엿습니다.
 지금에 그때의 내 심리가 어떠하엿든 것인지 자세하게 기억햇다고 할 수 업스나, 어찌하엿든 속일지라도 슬픈 생각이 난 것은 사실입니다. 지금도 눈 아페 여실히 나타나 보히는 것은 우리 어머니가 나의 얼굴의 재를 물로 씻기면서 흘리시던 눈물입니다.

  그 후 얼마 뒤에 필경 우리 집 가족끼리 따로 나서 살게 되엇습니다. 그 뒤에 들은즉, 큰 원인이 개가 나를 부엌으로 미러트려 너흔 것이 따로 나게 된 원인이엇다 합니다.

―『어린이』, 1928. 5.

浪花의 凱歌를 딸하 發動船도 一片 飄葉

朝鮮도 넓은 줄을 이제야 깨달앗다

바다에서 멀리 바랄 째와 가티 륙디가 언제든지 그리울진대, 우리는 좀더 쌍을 사랑하얏슬는지도 알 수 업고, 조선 연해안을 항해할 째와 가티 지루하고 먼 생각이 날진대, 언제든지 조선도 엔간히 크고 넓다는 것을 절실히 늣기엇슬 것이다. 한 시간에 오륙십 리 달아나는 발동긔선으로 열두 시간이나 뭇이 그리운 생각을 하면서 돌은 것이 겨우 조선반도 남쪽 귀퉁이에도 한 부분인 부산에서 려수반도까지이엇다. 쌍이 그리운 줄 몰르고 조선이 작다고 스스로 업수이 녀기는 사람들아! 모름즉이 뭇에 단단히 부치엇든 발을 한 번 바다 우로 옴겨 보라. 이것은 부산에서 려수까지 갈 째에 쉬일 새 업시 머리에 쩌오른 생각이엇다.

點點島嶼 얼른얼른, 茫茫蒼波 굽이굽이

아츰 여덟 시에 려수지국 정 군과 함께 십팔 돈 되는 발동긔선 학환(鶴丸)으로 려수항을 쩌나 대경도(大鯨島), 소경도(小鯨島) 사이를 지내 돌산(突山)섬을 좌현(左舷)에 바라보고, 송도(松島), 화태(禾太), 라발(羅發), 월호(月湖) 제도를 지내 금오도(金鰲島)를 우현(右舷)에 바라보고, 좌현(左舷)으로는 망망한 남지나해(南支那海)의 수평선을 바라보며 안도(安島), 부도(釜島)를 거쳐 목뎍한 소리섬(鷲島: 소리는 솔개미의 방언)에 들어가는 어구 승강이목에 니르럿다. 일긔는 청명하얏스나, 바람은 세고, 물결은 놉하 십팔 돈 되는 학환도 가랑닙보다도 더 가볍게 흔들리엇다. 배ㅅ멀미에 가만히 선실에 누어서 배가 어서 무난히 이 열목을 건너기만 바랄쑨이엇다.

波對波의 激戰場, 脫喪岩의 奇傳說

이 승강이목이란 의미는 동편 한 바다의 파도와 서편 한 바다의 파도가 서로 부드치어 물결과 물결이 승강이를 하는 곳이라 하야 지은 것이라 하며, 쏘 하나 이름이 잇스니 즉 쑤염이목이라 하는 것이다. 이것은 어류 중에 가장 사나운 쑤염이와 가티 물결이 사납다는 것을 의미함이라 한다. 파도가 세기로 유명한 이곳에 재미스러운 전설이 잇스니, 소리섬은 자고로 이 목 째문에 한 번 들어오고 한 번 나가는 일이 용이한 일이 아니엇섯다 한다. 발동긔선으로도 항해가 이러케 어려운 것을 보아도, 녯날 범선이나 목선으로는 무사히 지내기는 극난하엿든 것은 물론 짐작할 수 잇다.

녯날 류디의 한 상주가 볼일이 잇서서 소리섬에 들어갓다가 대상을 지내랴고 류디로 나오랴 할 째에, 이 승강이목의 물결이 세어서 나오지는 못하고, 여러 날을 두고 물결 가란기를 기다리다가 류디에 나오지 못하고, 필경은 대상날이 닥처와서 하는 수 업시 바다 우에서 제사를 지내고 몽상을 벗게 되엇스니, 뒤ㅅ사람은 그 바위를 가르처 『탈상바위』라 하얏다 한다. 이런 전설로 보아도 이 열목이 녯날 항해자의 심담을 얼마나 서늘하게 하얏는지 넉넉히 상상할 수 잇다. 이 목을 무사히 건너 소리섬 역포에 당도하야 산길 십리를 걸어 소리섬본촌(鶯島 本村)에 려장을 풀엇다.

産物은 豊富타만, 住民生活은 慘憺

이 섬은 려수 압 렬도의 데일 끗으로 이십여 해리 남해 중에 떨어저 잇는 섬으로, 주민이 이백 삼십여 호요, 인구가 일천 사백여 명이나 되며, 논이 사백여 두락이오, 밧이 일천 오백여 두락이나 잇는 작지 안흔 섬이라. 주민은 반어반농하야 산물의 총산액이 팔구만 원에 달하니, 수ㅅ자 통계상으로 보면 전 도민의 생활은 요족하여야 할 것이다. 그러나 실디 생활 정도는 대개가 극빈하야 학교 하나를 유지 못할 정도이다. 이것을 듯는 사람은 고지 듯지 안흘 만하나, 그 원인은 외래의 자본의 힘에 생산물의 대부분을 바치게 되는 까닭이라 한다. 본도 토디의 칠할 이상을 섬 이외의 사람들이 점령하야 농산물을 결국 섬 이외 사람에게 데공하게 되고, 쏘한 풍족한 어산물도 호구하기 위하야 미리 융통하야 쓴 빗과 리자에 모다 데공하고 말게 된다 한다. 그들은 결국 일년 동안의 빗과 리자를 치루기 위하야 농사짓고 고기 잡는 셈이라 한다.

利子로 物品으로, 雪上加霜의 掠取

령리한 자본가들은 중상(仲商)을 시켜, 게다가 약간의 자본을 섬에 피어 노코, 농산어산의 수확긔가 당도하면 시가는 상관할 것 업시 돈을 대금하든 그 째의 가격으로 물산을 거두어 가게 됨으로, 돈 쓴 도민들은 리자로 골코, 물산으로 골아 두 가지를 가티 희생 데공하게 되는 셈이라 한다. 그리하야 어긔어차 젓는 배ㅅ놀애와 어럴럴 럴럴 상사듸어 하는 모내는 놀애도 한갓 사람을 위하야 힘을 희생한다는 비명에 지내지 못한다고 한다.

三神山 어대런고, 絕壁에 빈 遺跡만

일세이세로 지우만세(至于萬歲)하고, 장생불사하랴든 진시황을 속여 동남동녀 오백 인을 거느리고 동해 중 삼신산으로 불사약을 구하러 가든 서의가 지낸 자최가 섬 동쪽 절벽 우에 남아 잇다고 섬사람들은 말한다. 그러나 조류의 관계로 그곳은 보지 못하얏다.

―(1), 『동아일보』, 1928. 7. 17

高麗時에 水軍鎭, 海賊團의 小王國

櫛比튼 高樓巨閣, 今日은 地中 破瓦
　소리섬(鷲島)은 뒤에 험한 승강이목이 가로노히고, 좌우와 압흘 망망한 대해가 싸고 잇는 것만큼 이 섬의 유래에는 여러 가지로 전설이 잇다 한다. 개척되기는 최근 백년 전후라고 섬사람들은 말하지만, 그 이전에도 이 섬에 사람이 살아 도소 규모가 아니오, 대대덕 규모로 살앗든 형적이 남아 잇스니, 본촌 근처의 어느 곳을 파든지 개와와 그릇의 파편들을 무수히 발견할 수 잇는 것을 보아도, 그 일대에는 고루거각이 질비하게 섯든 것을 넉넉히 증명할 수 잇다 한다. 과연 그러타 하면, 어썬 사람들이 이러케 규모가 크게 살앗슬가 하는 것을 그들은 두 가지로 설명을 한다.

高麗 水軍鎭? 海賊團의 巢窟?
　하나는 이 섬은 녯날 김수로왕 때부터 고려시대까지 중요한 섬으로 인덩하야 진과 가튼 것을 두엇든 것이라 하고, 또 하나는 보통사람으로는 개척하라고 엄두도 못내든 곳이 오설렁이(海賊) 도적 일족이 숨어 살든 소굴이니, 그들은 이 섬을 근거로 삼고 갓가이 압바다와 멀리 근해를 항해하는 상고ㅅ배를 엄습하야 중요한 물자를 털어다가 작은 왕국을 건설하고 호화롭게 생활을 하고 지내다가, 을축년 왜바람에 전도의 울창한 나무가 다 쓸어지는 통에 고루거각도 형적이 업시 넘어지고, 그들은 자최를 감추게 되고, 그 후에 량민이 들어가서 개척하게 된 것이 오늘까지 니른 것이라 한다.

密林 엉긴 浦口에 瓢子로 入路 發見
　이 섬의 가히 사람 살 수 잇는 것을 발견한 데는 또한 이러한 이야기도 잇다. 이 곳에는 수목이 울창하고, 섬 주위가 발 부칠 곳 업는 절벽이 둘러 잇섯다. 약간의 들어갈 개(浦)가 잇기는 잇섯스나, 어구와 어구의 숩히 서로 어울어저서 그 안이 틔엇는지 막혓는지를 도모지 몰르고 지내다가,

어떤 지혜 잇는 배ㅅ사람이 숩히 욱어진 미테 박아지를 씌어 노코 쌀하 들어가니, 그 안에 수백 호를 세울만한 포구를 발견한 것이라고 한다. 어 찌 되엿든 여러 가지로 재미잇는 전설이엇다. 그러나 해적의 근거디이엇 든지, 수군의 주재디이엇든 간에, 지금은 천여 도민이 바다와 쌍에 명맥을 걸고 근근자자히 일하면서도 살 수 업서 헐덕이는 소리가 끈치지 안는 것은 듯는 사람으로 하야금 금석의 감을 가지게 할뿐이다.

燒酒 閣民의 魅力, 島中 春色을 獨據

이 섬의 밤은 고요할 것 가트나, 실상은 몹시도 시끌업다. 니르는 그 날은 마츰 이 섬의 주요 산물을 어업조합에서 공동 판매하든 날이라, 각 처에서 중상들이 모여들어 섬 안이 흥청흥청할 째이다. 그것을 긔회로 갓가운 곳에서 출장을 하야 술을 팔러온 행상이 잇스니, 이것을 『소주 각시』라고 섬사람이 불른다. 이 각시들은 최근에 헐한 왜소주를 가지고 다니며 파는 까닭에 이름한 것이라 한다. 이 소주각시는 술만 팔뿐 아니 라, 놀애도 잘 불른다. 육자박이 단가의 아름다운 목소리가 륙디를 그리 워하는 상고들의 객회를 위로할뿐 아니라, 섬사람들의 순진한 정회를 자 아내는 데도 충분한 매력을 가젓다. 그 각시들은 술을 팔고, 놀애를 팔고, 나종에는 고기를 판다. 사람이 사는 곳에 반듯이 쌀흐는 유랑의 긔분이어!

少年會가 全島 中心, 將來 希望도 雙肩에

누구가 장래의 희망을 데이세 국민인 소년에게 두지 안흐리오마는, 이 섬사람처럼 장래를 소년에게 촉망하는 이들은 업다. 이 곳의 중심은 소 년회에 잇다. 진실한 회원이 사십 명 가량이 잇스니, 그들은 섬의 일을 위하야는 일심정력을 다한다. 그들은 이와 가티 빈한한 섬에서 긔본금 사백여 원을 맨들엇다 한다. 이것은 물론 유지의 긔부도 아니오, 삼년 전 부터 삼십 회원의 매월 십전 회비와 리발긔를 준비하야 헐한 갑으로 리 발료를 벌어 저축한 것이라 한다. 그리하야 그들이 자라나는 날에 섬의 륭성을 그들은 긔약한다 한다.

—(2), 『동아일보』, 1928. 7. 18

南面島中 第一位, 天賦 寶庫의 安島

蒼天의 顏色쌀하 沙工의 或笑或愁

망망한 바다에 여긔저긔 외로이 떠잇는 어선들이 한울빗이 변하고, 바람결이 이상하야질 때와 잡은 고기가 배 안에 가득 찰 때, 혹은 공포에 싸인 얼굴로, 혹은 흥겨운 소리로 힘잇게 로를 젓고 키를 달아 모아드는 곳은 소리섬과 승강이목을 격한 안도(安島)이엇다. 안섬은 남면렬도(南面列島) 가운대에서 해산이 풍부하기로 첫 손가락을 쏩는 곳이니, 면적은 넓지 못하나, 조류의 관계와 포구의 출입이 어업에는 가장 덕당한 곳이다.

二百戶 千餘 人口, 海産額 卅餘 萬圓

산에는 야채가 만코, 약간의 뎐답도 잇다. 주민은 조선인, 일본인 합하야 이백여 호에, 인구는 천여 명이다. 이 좁은 곳에 천여 명이 살아가는 것은 전혀 뎡처업시 떠다니는 어족의 은덕이라 한다. 해초가 나고, 고등어, 민어, 문어, 멸치가 잡힌다. 그 근해에서 나는 어산의 생산액이 이십여 만원이라 한다. 그 중에 일본인이 입어(入漁)하야 산액의 반수 이상은 가저가게 되고, 본도에 썰어지는 것만 해도 근 십만 원이나 되어 그들의 생활은 다른 섬사람에 비하야 데일 족하다는 뎡평도 업지 안타.

漁場 權利 問題로 島中에 活劇不絕

그러나 근일에 와서 그들의 생활을 위협할 큰 문뎨가 닐어낫스니, 이것은 어업의 권리 문뎨이다. 우리가 당도하든 그날에도 이 문뎨로 섬에는 큰 분란이 닐어나서 이곳저곳에서 수군거리는 것이 사태가 매우 용이치 안햇다. 그 리유를 대강 듯건대, 그 섬에서 데일 생산액을 점한 멸치 어장으로 데일 만히 멸치가 잡히는 이야포(以也浦)에서 도민이 멸치를 잡지 못하게 된 것이라 한다. 즉 도민의 공동 어장이엇든 이야포가 일본인의 소유가 되어 그 동안에도 여러 가지로 분쟁이 잇섯스나, 보호구역이 좁앗든 관계와 쏘한 도민의 재래 습관과 생존을 보호하는 쯧이엇든지, 권리자 어업에게 직접 방해가 업는 이상에는 재래의 어업 방법으로 어업을 할 수 잇다는 됴건부로 인가가 되얏다 하야, 도민들은 이야포 안에서 멸치를 잡게 되엇든 것이, 그 뒤 조선 사람 여섯의 공동 경영의 어장이 된 이후로는 그 포구 안에 도민의 멸치 배는 들어오는 것도 엄금하게 되어 도민으로서는 어업할 곳을 일헛다 하야 문데가 새로 분규하게 된 것이라 한다. 그리고 근일에 와서는 순사가 밤마다 어장에 출장하야 활극이 끈칠 째가 업다 한다. 도민들은 이 사활 문데를 해결하기 위하야 그 동안 려수군청에 이백여 명이 진정차로 쇄도하야 밤을 새운 일도 잇고, 도청에 진정위원을 보낸 일도 잇다 한다.

荒波에 맷는 甘夢, 辛酸 生活 金子塔

이러한 일이 잇는 듯 업는 듯 입어하는 일본의 고등어ㅅ배의 발동선의 폭발성은 항구 압헤서 요란하고, 료리ㅅ집에서는 샤미센 소리와 어여쓴 계집의 오료쯔부시가 처량하다. 『송판 한 장 미튼 디옥이다!』 하는 그들의 탄식과 절망은 그날 그날의 생긴 돈을 그 곳에다 털어 마치고야 만다. 그들은 『돈이 어여쓴지, 사람이 어여쓴가!』 하며, 어족과 가티 섬과 섬으로 류랑하야 다니는 랑자군과 하루ㅅ밤의 아름다운 꿈을 맷는 것이 물결과 바람과 싸운 긔념탑이오, 훈장이다.

—(3), 『동아일보』, 1928. 7. 19

周衣廢止論 實行, 炎天에 黑色 바지

祭事밧는 開拓生, 子孫은 遊離 客死

안도로 들어가는 어구 왼편에 우쑥 솟은 언덕이 잇스니, 이곳을 섬사람들은 당산이라 한다. 이 당산의 덩자나무ㅅ숩히 우거진 가운대에 족으마한 사당이 잇서 춘추로 제사를 지내니, 이 제사를 밧는 이는 안도란 섬을 처음으로 발견하고 개척한 정(鄭)씨라 한다. 물론 이름도 자세치 못하고, 년대도 긔억치 못하는 모양이나, 좌우간 이 섬을 개척한 공로자인 것은 틀림이 업는 모양이다. 지금으로부터 대략 사백 년 전에 이 섬에 표착을 하얏는지, 쏘는 개척하기 위해 일부러 왓는지는 알 수 업스나, 섬사람들은 그들이 섬을 개척하야 자긔들의 오늘의 생활이 잇게 한 것을 감사히 녀겨 제사지내는 것만은 사실이다. 사백여 년 동안 정씨의 자손이 이 곳에서 종적을 끈치지 안코 루대 살아오드니, 요몃 해 전에 다만 하나인 그의 자손한 분은 세태의 변천으로 생활이 극난하야 일본 어느 탄광으로 벌이를 갓다가 그 곳에서 병들어 죽은 뒤에 지금에는 정씨의 자손이 영영 절종이 되고 말앗다 한다.

물 가운대 놀라는 불, 온섬이 재가 돼버려

그러고 섬에서 흔히 맛나는 것은 해일 가튼 물의 작난일 것이나, 이 곳 사람의 심담을 서늘하게 한 것은 그런 물이 아니오, 불이엇다 한다. 지금으로부터 약 백년 전에, 이 섬에 큰 화재가 닐어나서 전, 섬이 화염중에 들어 한 호 집을 남기고는 모다 재가 되어 전도 백성들은 일시에 각섬으로 류랑하게 되엇스니, 대부분이 겨테 잇는 금오도(金鰲島)로 이주하게 되엇다가, 아모리 경을 치고 나온 안섬이지마는 그래도 그리윗든지, 금오도의 재목을 비어 나려 다시 녯터를 차저 마을을 일우고 오늘의 번영을 보게 한 것이라 한다. 그리하야 지금에 아즉 빈터 그대로 잇는 곳은 섬사람들은 김 모의 터이니, 리 모의 터이니 하야 녯 긔억을 자자손손이 니어오게 된 것이라 한다.

두루막은 벌서 폐지, 녀름에도 검은 바지

이 모든 환란을 격근 그들은 후텬덕으로 영악하게 되엇스니, 인근 섬 가운대에서 가장 생활을 위하야 분투 노력하는 이도 그들이다. 이 섬을 중심삼아 인근 모든 섬에는 근일에 쩌들든 녀름의 두루마기(周衣) 폐지론 가튼 것은 아무러한 소용이 업다. 그들은 벌서부터 폐지하고 잇다. 섬에 니르러 두루마기 닙은 사람은 구경하지 못하얏다. 눈에 안경을 쓰지마는, 두루마기는 닙지 안코, 간단한 우알에 옷이 경편한 생활을 한다. 그뿐 아니다. 조선은 백의국민이라 하야 애수의 상징인 백색을 숭상하는 것은 망국민의 특색이라 하고 근일 유식자 간에서 쩌들지마는, 이 섬의 배ㅅ사람들은 녀름이로되 검은 홋바지를 튼튼하게 닙엇다. 보는 누구는지 처음에는 배 젓는 그들을 중국 사공으로 알 것이다. 그러나 실상은 우리 배달민족이다. 여긔에 와서는 힌빗 폐지론도 역시 시대에 뒤떨어진 주장이다. 그들은 벌서 실행하고 잇다. 햇볏치 불 가티 쏘이는 날에 검은 바지로 배ㅅ머리에서 어긔어차 하는 것을 보면, 이국뎡됴를 늣기게 된다. 힌빗만이 녀름을 상징한 것으로 보는 사람으로는 무리한 일도 아니겟다.

獨特한 漁撈 方法, 斬新 發明도 種種

인구가 주밀하고 농토가 좁아 다만 목숨을 바다에다 걸은 만큼, 고기잡이 째도 여러 가지로 새로운 방법을 연구한 모양이다. 특수한 방법으로는 문어 잡는 『문어 단지』나, 가스로 켜서 멸치를 유인하는 것은 그러할 듯한 발견이다.

—(4),『동아일보』, 1928. 7. 20

棺材 微祿도 간곳 업고, 生活苦의 叫呼만 騷然

安島의 罹災民의 갈곳은 金鰲 封山
안도(安島)의 서북편에 안도보다 칠 배나 큰 섬이 잇스니, 이것을 금오도(金鰲島)라 한다. 이 섬에 오늘에는 면사무소, 학교 가튼 것이 잇스면서 개척되기는 안섬보다 뒤썰어젓스니, 그 리유는 금오도를 봉산(封山)이라 하야(지금 말로는 保安林) 사람의 거주를 금제한 곳이니, 바로부터 수목이 울울창귈하야 련포지재(連抱之材)가 전도에 편만하얏고, 미록(麋鹿)이 깃들여 서울 량반들은 관관(棺槨)의 재목을 이곳에서 구하얏스며, 보신(補身)의 피를 이 곳에서 엇게 되엇다. 만일 이 섬을 개방하면 전 도가 얼마 아니 되여 황폐할 념려가 잇스므로, 사람의 거주를 엄금하게 된 것이라 한다. 그러나 백여 년 전 안도에 화재가 닐어나서 갈곳을 일코 풍파 가운대서 헤매는 안도 백성들은 엄금하든 말앗든, 죽엄을 한하고 이 섬에 들어서서 개척을 시작하얏다고 한다.

少數者의 補身보다 多數한 生命이 益重
수천 생명의 사활 문뎨를 얼마 아니 되는 특수 계급의 보신, 관재 문뎨로는 어찌할 수 업섯든지, 그 뒤로는 개방되고 말앗다. 린근 각처의 섬사람도 이 무진장한 보고의 개방한 소식을 듯고, 살기 어려운 그들은 물밀듯 밀려들어 왓고, 또한 시초 재목을 이 섬에서 구하야 자유로 채벌하게 되엇다. 그러나 미록도 생명이 잇고, 재목도 주회가 잇는지라, 얼마 후에는 미록도 간곳 업고, 수목도 형적이 업서 오늘에는 녯날의 얼굴을 조곰도 볼 게 업게 된 것이라 한다. 재목을 채벌할 째에 채벌하는 그들은 세계에서 다시 보기 어려운 큰 윳(擲)을 놀게 된 것이니, 수백 길 되는 절벽에서 나려 굴린 아람들이 재목이 혹은 바위너절에 부듸치고, 나무등걸에 걸치어 바다 우에 썰어질 째는 제의 몸무게로 썩썩 갈라저서 윳작이 되고 만다. 이것을 보는 여러 사람은 이 큰 윷놀 사람이 누구인 것을 뭇고 깃버 하얏다 한다.

突山의 무심목

돌산(突山)은 근일에는 려수에 부속된 한 도서에 지내지 못하나, 군 폐합 이전에는 한고을(一郡)로 이름이 잇든 곳이다. 북으로 고래섬(鯨島)을 바라보며, 동편으로 돌산섬을 바라볼 째에, 돌산의 북쪽 끗인 듯하면서 쏘 다시 그 뒤에 산이 잇서 륙디가 보인다. 이 끗진 듯한 곳이 유명한 무심목(無心項)이다.

無心이냐, 戊申이냐, 孤海冤魂의 咀呪地

이것은 어쩐 사람은 무신(戊申)목이라고도 한다. 무심인지, 무신인지 어느 것이 올흔지 알 수는 업스나, 무심이라도 그럴 듯하고, 무신이라도 그럴 듯한 이야기가 잇다. 임진란에 충무공이 일본 주군의 잔병을 려수 압바다에서 소멸시킬 째에, 갈곳을 일흔 일본 병선들은 도망할 곳을 발견한 곳이 이 무신목이엇다. 과연 바다 알에서 멀리 보면 니어진 쌍이 수평선 알에로 숨어서 망망한 대해로 툭 터진 것 가티 보인다. 침로(針路)를 그 곳으로 잡고 밧비 그만 안으로 들어서고 보니, 널따란 륙디가 가로막엇다. 결국 들어간 것이 쑥의 속 가튼 포구이엇다. 그들은 몸도 쒸도 못하고, 그곳에서 최후의 운명을 밧치게 되엇다 한다. 그리하야 밋고 미덧든 목이 이와 가티 된 것이 넘우나 나사쎄나이하다는 쯧으로 이 곳을 무심목이라고도 하고, 쏘한 이 싸움의 대승전을 하든 해가 무신(戊申)이라 하야 무신목으로 부르기도 한 것이라 한다. 쏘한 무신목 서편 바다에 디도에는 이름업는 작은 섬이 잇스니, 이것을 까막섬이라 한다. 이 까막섬이 작으면서도 유명한 것은 디도 경위도의 교차뎜이 이 곳에 잇는 까닭이라 한다.

―(5), 『동아일보』, 1928. 7. 21

鼎立한 三島를 擁據튼 英帝國의 雄大한 軍艦

三島에 飄揚하든 英國 軍艦의 旌旗
　대영뎨국의 영토 안에는 해 떨어질 째가 업다는 것은 앵글로색슨의 놉흔 코를 더 놉게 하는 자랑거리엇다. 태산과 가튼 몽동(艨艟)을 동서 대양에 씌우고, 류대주의 항만을 곱이 삿삿으로 뒤지고 다닐 째에, 향항을 점령하고, 위해위(衛海衛)를 조차한 영국은 해군의 리상뎍 근거디를 조선 다도해 동남편 해중에서 발견하얏스니, 이 곳이 이름 놉흔 거문도이다. 이 섬은 동도(東島), 서도(西島), 고도(古島), 세 섬이 서로 포옹하야 한 섬을 일우어서 거문도란 이름이 생기기 전에는 삼도라 하얏다.
　개국 사백팔십구 년에 영국 동양함대사령관 하밀톤 중장이 함대를 거느리고 옹거하게 되어 팔, 구년 동안 대영뎨국의 국긔가 항내의 장두(檣頭)에서 휘날리고 잇섯다. 외양(外洋)에 훨씬 떨어저 잇는 섬으로 거문도처럼 선박의 리상뎍 뎡박디는 업슬 것이다.

英艦 撤歸한 뒤엔 祗遺 孤墳 綠蕪裡
　주위 륙십 리의 서도(西島)와 주위 삼십리의 동도(東島)가 주위 십리 되는 고도(古島)를 서로 다투어 안을 듯이 머리와 발을 맞추고, 허리를 굽흐려 누어 잇는 그 안은 항만이 되어 수심이 십오심(十五尋)으로 내지 이십심이 되 대함거박(大艦巨舶)을 조수의 진퇴를 불관하고 능히 출입할 수 잇다.
　이 섬에 발을 부티는 사람이면 누구든지 방가위지 해군의 나라 형국이라 하야 그 안목을 칭찬 아니 할 수 업슬 것이다. 고도의 해안에는 지금에도 영구 륙전대의 조련하기 위하야 터 다듬어 노흔 운동장의 자최가 남아 잇서 도민에게 채소를 뎨공할뿐이다. 쏘한 고도 후방 산중턱에 영국 장사의 분묘디가 잇스니, 그들이 거문도 근거디권을 내버리고 함대를 철거한 뒤에도 이 분묘를 위하야 매년 성묘객이 쯔치지 안트니, 최근 사, 오년 동안은 그들의 발도 차차 멀어저서 장사의 묘표가 더 쩌친 풀속에 하염업는 눈물을 쌰릴쑨이다. 쎠 뭇기를 어찌 분묘에만 긔약하랴. 인간 니르는 곳마다 청산이 잇다(埋骨豈期墳墓地 人間到處有靑山)는 비장한 문구가 저절로 머리에 쩌올랏다. 방랑표박하야 어느 곳에든지 락원을 건설하고 고향을 맨드는 것이 영국민의 오늘의 번영을 누리게 한 원인인지도 알수 업다.

目白鳥聲何處是 冬柏靑靑懷更新

대해고도(大海孤島) 중에 외로이 무틴 그 무덤이 그의 민족성을 말함이라 생각할 째에, 며츨의 려수에 대륙이 그리워진 내가 유연한 회포가 우거진 동백 가지에서 무심히 우즈짓는 목백됴(目白鳥)와 함께 그의 고혼을 위로할쑨이엇다. 이와 가티 이 섬은 영국 사람과는 인연이 깁흔 관계로 지금에도 륙, 칠십 년 된 로인이 영어를 능히 해석하는 이가 잇다 한다. 만일 영인이 더 오래 그곳에 멈을러 잇섯드면, 어느 곳보다도 데일 먼저 이 섬이 영국 문화를 수입하얏스리라는 것이 그 쌍 유지들의 추측이라 한다. 거문도에 들어선 영국 사람과 도민 간의 우의는 퍽으나 두터웟든 듯하다. 지금에도 영국 사람의 말을 한 삶도 낫브게 말하는 이가 업다. 자긔네의 친구 가티 말한다. 첫 번 옹거하는 바람에 섬사람들의 호감을 사랴고 회유의 책을 쓴 것인지 알 수 업스나, 그들은 총을 들고 칼을 찬 군대 가티 굴지 안햇다 한다.

—(6), 『동아일보』, 1928. 7. 23

能文之士 輩出로 '巨文'이라 島名 改稱

　거문도는 남쪽 바다에 륙디와는 멀리 떨어저 잇는 고도이나, 녜로부터 인문이 대륙 이상으로 발달되어 한학의 웅문거벽이 만히 잇섯다 한다. 지금에도 의관범절과 생활양식이 다른 섬에서 볼 수 업는 침착과 정중을 가젓다.

　거문(巨文)의 유래에는 재미잇는 이야기가 잇다. 이 섬을 처음 불르기를 삼도(三島)라 하얏더니, 지금으로부터 삼십오 년 전에 중원의 텬디에 명성을 휘날리고 신흥 일본의 간담을 서늘케 하든 청국의 남북양함대를 한 마듸 호령으로 좌우하든 당시 수사데독뎡여창(水師提督 丁汝昌)이 군함 팔 척을 거나리고 이 섬에 니르럿다. 륙디가 그리운 그들은 섬 안을 시찰도 하고, 이 디방 사람과 접촉도 하얏다. 그러나 도민과 언어를 상통할 수 업서 필담을 시험하얏다. 그들의 생각은 넓은 바다 외로운 섬 중에 어찌 필담할 정도의 글이 잇스랴 하얏스나, 의외로 도민의 다수가 필담에 감능할쑨 아니라, 그 중에는 웅문(雄文)도 적지 안햇다. 그들의 곱은 혀가 펴지지 안햇다. 그리하야 삼도라 할 것 업시 거문(巨文)으로 고처 불르라 하야, 그 때부터 거문도란 이름이 생겻다 한다.

自古로 人文 發達, 金橘隱 詩文 傑出

　이런 말들이 한학자들의 한학 냄새나는 추상덕 해석인지는 알 수 업스나, 지금 섬 안의 인문 발달로 보아도 넉넉히 그러하얏스리라고 수긍할 수도 잇다. 오색이 찬란한 긔로 장식한 군함 안에 성대히 잔치를 베풀고, 섬의 선비를 초청하야 글로써 서로 화답할 쌔에, 이 섬에서 오늘까지 섬사람에게 숭배를 바더오는 당시 삼도의 거벽이오 웅문인 김귤은(金橘隱)*1)이

---

* 김유(金瀏, 1814~1884): 호 橘隱. 거문도의 유학자. 노사(蘆沙) 기정진(奇正鎭)의 제자이고, 출사하지 않았다. 그의 문집 『橘隱齋集』의 「海上奇聞」에는 1854년 4월 거문도를 방문한 러시아의 푸탸틴(Evfimi Vasilievich Putyatin)제독과 필담을 나눈 기록과 러시아가 조선

덩씨의 막하 팽승무(彭勝武)와 화답한 글은 한학자 간에도 암시가 깁고 상징이 미묘하다 하야 여러 사람의 입에 회자(膾炙)된다. 팽승무는 당시 사마(司馬)로 련소긔예(年少氣銳)한 홍안 장교요, 김귤은은 백발이 소소한 로야(老爺)엇섯다.

一枝丹桂上林生
我欲鑾來莫下鳴
從此梯雲大際去
東風搖曳彩旗橫

이것은 팽이 귤은에게 준 글이엇다.

羨君牙頓異香生
蘭軸梅聯總善鳴
他日芬芳誰買去
美人滯下錦裏橫

이것은 귤은의 화답한 글이엇다.

英船淸艦 다 간 뒤, 今日엔 日本旗^샌
이와 가티 서로 추장하고 축하하는 글로 그 잔치가 얼마나 화긔양양한 가운대 주객이 한 가지로 깃버한 것을 상상하야도 비장한 늣김이 잇다. 영인을 보내고, 청인을 맛고, 쏘 다시 일인을 들인 도민의 풍파는 좁은 섬이지만, 퍽으나 만흘 것이엇다. 귤은 당시에 섬의 동서에 강당을 두고 학도를 모아 강의하든 것도 녯일이오, 고등어잡이 배의 발동긔 소리가 항만에서 산을 울릴뿐이다. 이것은 도민의 생활을 위협하는 됴종이엇다.

無量大海 産物도 大槪 外來者 所得

정부에게 보낸 개항요청서가 수록되어 있다. 이 공문은 러시아가 보낸 최초의 것이다.

천여 호와 근 칠천 명의 주민이 잇는 거문도—바다에서 오십여 만원의 물산을 건저내는 거문도—그러나 그들은 십만 원 밧게 손에 집어 너흘 수 업는 빈약한 그 섬 그들이라 한다. 그들의 생활이 와대봉(瓦臺峰) 밋 평도(平島)ㅅ시절이 될는지, 쪼는 멸치배에 뎐등을 켜고 영리한 멸치를 모으게 될는지 상상하기 어려우나, 현금 도민의 단결은 섬 이외 사람의 상상 이상으로 구더서 어업권 가튼 것도 괴민하게 활동하야 근해의 권리를 그들이 쥐엇다 한다.

그러나 외해(外海)는 입어자(入漁者)의 턴디라 한다. 도민의 다대수는 자수로 고기를 잡는 것보다 입어자의 어선에 고용되는 것이 돌이어 수입이 만타 하야 장뎡의 다수는 로동하게 되엇다 한다. 이대로 가면 어촌피폐(漁村 疲弊)의 부르지짐이 일어날 날도 멀지 안흐리라는 것이 섬 중 유지의 관찰이다.

—(7), 『동아일보』, 1928. 7. 24

自我 忘却도 病弊

(其 一)

　朝鮮에도 文壇이 잇는가? 勿論 問題려니와, 이대로 가다가는 文壇이 잇게 될가도 疑問의 하나이다. 그러나 昨今에 文壇 沈滯의 소리가 四面에 놉핫스니, 朝鮮에도 文壇이 잇다는 것을 前提로 하고 問題를 提出한다면 當面한 重要 問題도 업지 안흘 것이다. 對內的으로는 所謂 文人들의 整理 問題도 잇고, 對外的으로는 文藝의 民衆과의 接觸 交涉 問題도 잇다. 文士의 個人 問題로는 生活 問題가 무엇보다 크다. 이러한 것은 根本的인 問題임으로 누구든지 重要하다고 생각하는 바이겟스나, 그 解決은 當分間 無望하다고 생각한다. 解決이 漠然한 만큼 넘우나 經濟에 붓들리어 自己를 忘却하기 쉽다. 文人들 中에는 自己陶醉와 環境 咀呪를 일삼는 兩極端의 主張이 잇다. 自己陶醉 가튼 極端의 個人主義, 利己主義, 唯我主義 가튼 것은 社會意識이 濃厚하여 갈 今後에 어떠한 收拾과 反省이 업고는 殞命도 社會的으로 保存하게 될는지 그것부터 問題이니 論議할 必要도 업거니와, 다만 環境 咀呪만 일삼어 自我의 反省을 넘우나 無視하는 社會의 受理 傾向만을 보이는 것도 文壇的으로 重視할 問題인 同時에, 朝鮮 文藝 樹立上에도 큰 影響을 미치게 하는 것이라 생각한다. 文壇이란 이름을 肯定하고, 그 前提下에서 主體를 發見하자면 文藝의 製作을 삼는 文士를 두고는 다른 데에 主體를 求할 수 업슬 것이다. 그럼으로 文壇의 主體인 文人의 多大數가 忘我病 自己沒批判病에 걸린 것을 治療하거나 隔離치 안코는 健全한 文壇的 發展을 보기 어려울 것이니, 이만큼 重要한 問題가 업슬 것인 줄 안다.

(其 二)

　作家의 題材를 取하는 것은 極히 自由이다. 다맛 問題되는 것은 그

題材를 어쩌케 잘 살리느냐가 問題이다. 題材를 取하는 데에 ○理가 잇서서는 안 될 것이다. 길을 것든지 座談을 하든지, 무엇을 하든지 간에 다맛 作家의 獨特한 感受性과 批評眼이 題材를 얼마든지 추려낼 수 잇을 것이다. 우리 生活의 어느 部分에서 題材를 取하겟느냐는 것은 結局 作家의 生活에 對한 良心 問題이오, 文學藝術에 對한 態度 問題이다. 그럼으로 여긔에 當面 問題로서 取材 問題를 一般的으로 强要할 수 업다고 생각한다. 生活의 問題面을 描寫하든지, 쏘는 光明面에서 取材를 하든지 프로를 描寫하든지, 꿈을 그려내든지, 쏘는 거긔에다 目的意識을 넛든지, 暗示를 하던지 간에 作家의 態度 如何로 그 作品의 效果 問題를 左右할 것임으로 公利的 見地로 보아도 이 問題는 作者에게 맛겨두는 수밧게 업슬 것이다. 이 보다 먼저 決定할 것은 生活 良心과 藝術 態度일 것이다.

(其 三)

讀者가 업는 文藝가 잇을 수도 업는 것은 아니로되, 닑을 사람 업는 文藝는 그 存在 意圖가 아모리 생각하야도 稀薄하다 아니할 수 업다. 今日에는 업드라도 百年後에는 생기리라는 久遠한 想像 압헤서 作家로서는 藝術에 對한 宗敎的 精神을 遺憾업시 보여주려는 것이니, 참으로 讚賀 아니할 수 업는 바이지마는, 어써한 作家들은 自己 作品이 評價 못 바든 째에 이것을 口實삼아 自己 辯護에 ○○하는 일도 업지 안케 되엇섯다. 低級한 것으로써 讀者의 好評을 어드랴고 헛 애를 쓰는 이도 가엽거니와, 덥허노코 讀者 大衆을 蔑視하는 것도 불상한 생각이 난다. 그러한 氣槪가 잇거든 大衆을 저편으로 돌려노코 自己 혼자 享樂하는 것이 오히려 怜悧한 方法이라 하겟스나, 그래도 理解 못 밧는 것을 苦로 생각하는 不徹底한 感이 업지 안타. 讀者 大衆도 一般的으로 말하기는 어려우나, 가장 自覺한 大衆에 잇서서도 作者로 注意할 것은 表現의 技巧와 內容의 把握에 大衆的이고 아닌 것을 알어야 할 것이다. 이것은 此後 作家의 大衆과 接하는 觸感의 銳鈍 如何에 달릴 것이오, 努力하야 되기 어려운 問題이다. 大衆을 獲得하랴는 努力이 돌이어 大衆의 離反을 보게 될 수 잇고, 無關心 作家로도 大衆을 獲得할 수도 잇는 것이다. 粉을 아모리 발러도 酌婦는 酌婦인 것과 맛찬가지이다. 勿論 여긔에서 말하는 大衆은 『趙雄傳』이나 『春香歌』를 들고 木枕 단장에 春夢이 물으녹는 그들만을 일음은 아니다.

(其 四)
　最近 半年間 讀書를 하지 못하얏다. 僅僅 雜誌卷이나 新聞本을 뒤척거렷슬 쑨이다. 그마큼 나의 生活에는 讀書할 餘裕가 업는 것을 恨歎한다 恨歎하는 동안에 읽어도 조켓지만, 사람의 일이란 그러케 되지 아는 것인 듯십다.

—『중외일보』, 1928. 7. 29

보고 생각하는 데서

일년 중에 사람으로 하여금 생각을 제일 만히 일으키는 철이 가을철입니다. 『신량입교허 정화초가친(新凉入郊墟 情火硝可親)』이란 예로부터 내려 온 문구도 필경은 사람의 샘솟듯 하는 생각을 잘 이용하고 즐기자는 것인 듯합니다. 조용한 밤에 서리 찬 하늘의 교교한 달을 바라보는 것도 가을의 기쁨의 하나이오, 백곡이 익은 넓은 들에서 배부른 생각을 하는 것도 역시 가을을 즐겨함의 하나일 것입니다. 그러나 모두가 보는 그것뿐이 위안이 아니오 기쁨이 아니라, 그것을 보고 생각하는 데에 맛이 잇고, 흥이 잇는 것입니다. 그럼으로 가을을 투철히 즐기는 법은 무슨 일이든지 보고 생각하는 데에 잇슬 줄 압니다.

—『어린이』, 1928. 9.

祝辭

　모든 藝術에 잇서ㅅ도 다 그러하려니와, 詩에 잇서ㅅ는 더욱 넘처 흘느는 生命의 리듬이 업스면 안 될 것이다. 넘처 흘느는 生命의 要求가 업슬 째—詩想이 枯渴될 째에 沈默을 직히는 것은 理의 當然한 일이라 하겟다. 그러나 넘처 흘느는 生命의 리듬이 다시 가슴속에서 躍動될 째에 詩를 짓는 것은 조금도 異常타 할 것이 아니다. 나의 親知의 한 사람인 詩人 黃錫禹 君은 그 동안 朝鮮 詩壇에서 쫴 긴 沈默을 직혓다. 그러나 黃 君의 沈默은 무슨 詩想의 枯渴에 因함이 아니엿다.

　그는 그의 不幸한 生涯의 모든 波瀾에 伴하는 思想의 轉換期에 잇서ㅅ 그 니힐리틱한 性格의 現實 否定과 反抗意識이 맛츰내 滿蒙荒野에까지 내몰아내 여러 가지 마음 쓰라린 流浪의 길을 것게 한 것이다. 黃 君은 事實에 잇서ㅅ 文壇에서 그 存在가 殆히 忘却되리만큼 그 消息이 漠然하엿섯다. 그러나 實은 決코 朝鮮 文壇을 닛지 아니 하엿다. 今日 君이 雜誌 『朝鮮詩壇』을 發刊하는 것은, 곳 君이 平素에 朝鮮 文壇을 爲하여 恒常 慷慨한 뜻을 가저 온 그 쯔거운 誠意 가운데서 生긴 것일 줄 안다. 이에 나는 『朝鮮詩壇』의 健全한 生長을 빌며, 아울너 黃 君의 捲土重來가 文壇에 큰 意義를 이루기를 바란다.

—『조선시단』, 1928. 11.

하로 時間을 엇더케 쓰나

　오전 6시경에 이러나서 약 2시간 가령은 원고를 쓰고, 8시 반쯤하야 조반을 먹으며, 9시 반에 社에 출근하야 매일 예사로 오후 3시까지는 社務를 보고, 그 뒤에 산보 혹은 친구의 방문을 하며, 저녁에는 매양 극장에를 갓다가, 11시 혹은 12시경에 집에 도라가서, 11시 혹은 12시경에 집에 도라가 취침을 한다.

—『별건곤』, 1928. 12.

當찬은 女性에게 抗議를 바더

몃해ㅅ동안 속무(俗務)에 밧버서 창작 가튼 것은 돌이어 부산물이 된 섬인 고로, 그 수효에 잇서서도 그대지 만치 못합니다. 더구나 단편 가튼 것은 최근 수년 동안은 집필한 것이 몃 편이 되지 못하고, 붓그러운 말이나 작년은 『짓밟힌 眞珠』의 장편 하나도 겨우 색책을 하엿습니다.

단편을 쓸 째에는 모델이 누구냐고 뭇는 말을 그대지 듯지 못하얏스나, 장편을 쓰기 시작한 뒤로는 갓금 작중에 나오는 인물이 누구냐고 그 모델을 뭇는 일을 당하엿습니다. 별로 누구라고 대답도 하지 안코 항상 고미소(苦微笑)로 그것을 대신하얏슬 쑨입니다. 대체 이 모델 문뎨가 조선에서는 언제부터 닐어난 것인지 알 수 업스나, 이것은 결국 사회덕으로 쎈세쇼랄한 것을 소설에서도 차저낼 때에 읽는 사람들이 절로 닐으키는 한 의문에 지내지 못할 것입니다. 작자도 쓰는 그 사람의 작품에 대한 태도를 쌀하 모델 문뎨가 반듯이 생길 것이나, 작품에 나타나는 사건이나 인물이 반듯이 사진처럼 흡사히 그대로 취급되는 것은 물론 아닙니다. 자서전이나 혹은 참회록 가튼 것을 쓰는 긔분은 어느 덩도까지 쏘는 전혀 현실 그대로, 경험 그대로 작품에 나타남으로 모델이니 무엇이니 하는 그러한 문뎨도 뭇지 안코 자긔 표현 그대로가 작품이 되지마는, 소위 본격소설에 잇서서 어쩌한 엉터리가 될만한 사실이나 인품을 붓드러 잡고 붓을 내릴 째에는 그 사실에 살도 부치고 쎠도 갈어내며 혹은 인물의 성격을 다소간 변화하야 가는 일이 만할 것입니다. 화가가 그림을 그릴 째에 어쩌한 모델을 사용하면 그 모델이 예술품이 아니고 화가의 붓을 거치어 화포에 재현된 것이 예술품이 될 수 잇는 것과 맛찬가지로, 우리가 엇더한 녀자를 모델 삼아 어느 작품을 쓴다고 하면, 이도 역시 녀자의 생활 그것은 예술덕이 되지는 못하나, 작가의 머리를 한 번 거쳐 재현된 작품은 사람으로 하여금 무한 감흥을 니르키는 수도 잇습니다.

이러한 모델 문뎨는 작가가 순전히 머리에서 비저내 가지고 약간의 눈에 보이는 사람이나 지난 경험에 비최어 부합되는 경우가 잇서 그것을 읽는 사람도 싸달고 만든 사람도 한 가지 인덩치 아니할 수 업는 경우가 적지 아니함으로, 항상 흥미잇는 한 문뎨거리가 되어 잇는 것입니다. 이것은 싸저 말하면 소설에 대한 흥미나 또는 특수한 성격과 생활을 가진 사람에 대한 호기심에서 늘 닐어나게 됩니다. 그다지 중대한 문뎨는 아니지만, 잇다금 뜻도 아니한 방면에 자기를 모델 삼어서 자기네의 내덕 생활을 외면에 발표시켯다는 항의도 듯는 일이 쌀하서 잇습니다. 어쩌한 녀성은 일종의 자긔표현의 욕심이라 할는지, 또는 자가광고라 할는지, 아모가 자긔를 모델 삼아 소설을 쓰기 때문에 자기의 리면생활이 사회덕으로 들어나서 행세를 못하게 되엇느니, 또는 모든 일이 실패가 되엇다느니 하야 마음으로는 실상 기쎠 쓸대업는 원망을 작가에게 하는 일도 잇다 합니다. 아즉껏 소설 쓰는 가운데에 모델 문뎨로 항의를 바더본 일은 업스나, 작년에 한 번 항의 비슷한 문뎨를 어느 녀성에게서 간접으로 들은 일은 잇습니다. 애초부터 얼토당토 안흔 수작이니싸 귀도 기우리지 안햇지만, 모처럼 개성이 강한 녀성을 하나 만들어내여 이 세상에 그러한 녀자가 잇고 업는 것을 별문데로 생각하고 한 깃븜을 늣길 째에, 왜 그 녀자나 그 산애를 그려내느냐 하면 돌이어 마음이 불유쾌하야지는 일도 업지 안습니다.

 소설가가 소설을 쓰는 것도 근대에 잇서서는 가공망상으로만 허무맹랑한 것을 제재로 삼지 안코 이 현실생활에 발을 단단히 부치고 현실의 생활의식을 통하야 자긔 상상이나 실감의 재현을 작품에 보이게 됨으로, 이 세상에 잇슴즉한 사람, 잇는 사람, 잇슴즉한 사실, 잇는 사실을 우리가 늘 보게 됨으로, 필경은 작가가 누구를 모델 삼고 쓰겟다는 그러한 의식이 업는 가운데에 자연히 그 사람, 그 사실이 자연히 누구와 어느 사실에 부합될 것을 넉넉히 상상할 수 잇슬 것입니다. 그뿐 아니라, 작중에 나타나는 사람은 어쩌한 경우, 어쩌한 째에 한 번은 경험한 사람이 나타나는 사람이나 사실인지도 작자 자신도 알 수 업슬 것입니다. 이것이 흔히 잠재의식으로 남어 잇섯든 싸닭일 것입니다.

나도 지금까지 취급해온 작중인물의 성격에 잇서서는 비교뎍 개성의 표현에 진력하얏고, 쏘는 류형뎍 인물은 그대지 중요히 내어노치 안햇스나, 작자 자신도 이러한 녀자가 이 세상에 잇섯스면 조켓다 하는 경우도 업지 안습니다. 그런즉 모델 문뎨는 언제든지 읽은 사람들의 뒤소리요, 표면에 번듯히 내노흔 것은 못됩니다. 어쩌한 인물을 보고 힌트를 어덧다고 그 인물을 반듯이 모델 삼엇다고 할 수 업스며, 설령 모델을 삼엇드라도 작가의 호탕한 세계는 역시 창조의 세계임으로 뎨삼뎨사 문뎨가 될쑨입니다. 제가 지금까지 써온 『키일흔 帆船』,『짓밟힌 眞珠』,「젊은 敎師」가튼 데에 누구를 모델로 썻느냐 뭇는다면, 누구에게든지 당신네들 아시는 사람 가운데에 그러한 이를 더러 보앗습닛가 하고 물을 짜름이다.

—『별건곤』, 1929. 1.

半島 八景

大同江
漢江
釋王寺
金剛山

—『삼천리』, 1929. 7.

저녁 산보

　나는 사철 중에 여름을 제일 실허합니다. 그래서 무엇에다가 재미를 붓처볼가 해마다 생각하는 일이지만은, 별로히 재미붓칠 것을 발견지 못하엿습니다. 만일 이것이라도 재미잇는 일이라면 저녁에 서늘한 바람을 쏘이고, 산보하는 일이 되겟습니다. 여름 저녁의 산보란 형용할 수 업는 취미가 잇습니다. 온종일 땀에 저즌 몸을 깨끗이 씻고, 가벼운 옷을 걸치고, 단장을 이끌고, 친한 친구와 어깨를 맛추어 밝은 등불이 깜박어리는 거리로, 또는 사람의 자취가 고요한 공원이나 산 가튼 곳을 거닐 때는, 그날의 더위를 아주 이저바리고 맙니다.

—『어린이』, 1929. 7.

生活의 奇蹟

『종로 네거리에 서서 분주히 다리는 사람을 일일이 뎜검하고, 너는 어쩌케 사느냐 물으면 여러 사람들은 어쩌한 대답을 나에게 데공할가?』
 이러한 쓸대업는 공상을 나는 흔히 한다. 그 사람들의 대답을 들어서 그 대답을 참고로 생활을 지도할만한 아무러한 힘도 가지지 못한 나에게는 그런 일을 생각하는 만큼 공상의 유희라는 혐의를 면치 못할 일이지만, 나의 생활을 미루어서 여러 사람의 생활을 추측할 때에, 저와 가티 만흔 사람들이 무엇을 먹고, 무엇을 닙고, 어대서 어쩌케 지내는가 하는 의문이 제절로 닐어나고 마는 것이다. 저와 가티 만흔 사람이 다각긔 직업을 가질 리도 만무한 것이며 또한 일평생의 먹을 것을 저축해 노코 지낸다고는 생각도 하기 어려운 일이다. 그러면 직업도 업시, 먹을 것의 저축도 업시 저와 가티 만흔 사람이 무엇을 먹고 살아가느냐 말이다. 아무리 생각해도 긔적덕이다.
 다 굶어죽을 경우에서 어쩌케 어쩌케 련명을 해 가는 것이 긔적이 아니고 무엇이냐. 꼭 죽을 병든 사람이 수년, 수십 년을 두고 신음해 가면서도 목숨이 쓴허지지 안코 보스락보스락 병이 나허가는 편으로 기울러진다면, 이것을 보는 누구가 긔적이 아니라 할 것이냐. 다 굶어죽을 듯한 경우에 빠진 서울 사람들이 그래도 철을 쌀하 류행의 의복을 입고, 삼시로 입에 풀칠을 하고, 술을 먹고, 여자와 향락을 하고, 어린아이들을 학교에 보내고, 뎐차를 타고, 자동차를 몰고 하는 것이 아무리 생각해도 긔적이 아니고 무엇이냐.
 물론 이와 가튼 외면에 나타난 것만으로 생활의 전례를 말할 수 업슬 것이다. 하루에 죽 한 그릇도 변변히 어더 먹지 못하고도 류행의 의복으로 몸을 장식한 이도 잇슬 것이며, 배가 터지도록 어더 먹고도 큰길 우에 들어누어서 엉엉 울어가며 돈 달라는 거지도 잇슬 것이다. 외면을 잘 꿈이자! 반듯이 주림과 인연이 먼 자, 아니 람루를 입엇다고 반듯이 아사와 씨름하는 이가 아닐 것이다.

　이러한 내면의 고통이 얼마가 잇든지 그들이 살기 위하야 사람 모르는 곳에다 얼마나 만흔 죄악을 싸하두든지, 그것은 어쩌케 되엇든 간에 꼭 죽을 경우에 싸진 사람들이 죽지 안코 사는 것은 긔적이다. 그냥 살엇스니까 활동을 하고, 활동을 하니까 귀치 안코 씀즉지 못한 생명에 에너지를 너허주는 것이며, 죽지 안흔 사람만 활동하고 다니니까 죽지 안흔 것 가티 보이는 것이지만, 좌우간 그 만흔 사람이 죽느니 사느니 하면서도 죽지 안코 활동하는 것은 사실이다.

　이러한 현상은 서울뿐이 아니라 농촌도 역시 그러해 보인다. 외면으로 보면 오곡이 바테 익어 잇고, 삼림이 산에 가득하며, 가축이 한가히 놀고 잇다. 보이는 것이 모다 먹을 것이오, 쓸 것이다. 그러나 그들의 일년 근로는 디주계급의 하루밤의 유흥비를 벌기 위함이오, 유한계급의 입의 풀 감을 작만하는 것이다. 갓금 가다가 닥처오는 수재, 한재 등 모든 텬재로 근로할 곳까지 일허버리고 만다. 어린 자식, 늙은 부모, 그의 근로가 아니면 모조리 아사하고야 말 그들이 농토를 일코, 재산의 집행을 당하고도, 그러고도 죽지 안는 것은 긔적이 아니고 무엇이냐.

　참으로 생활은 긔적이다. 아프리카의 넓은 들에서나 남북극의 얼음 벌판에서 여러 기생이 생활하는 것 가티, 고양이가 직업 업시 잘 사는 것 가티, 농 속에 든 새가 놀애만 하고 사는 것 가티, 사람도 역시 그러한 생활 철리 알에서 생활하는 것인가 하는 자신도 잇다. 결국 간신간신이 먹을 무엇을 무형 한가운대에 지니고 나온 것이 안일가?

　생활도 생활다운 생활과 생활답지 못한 그것을 구분한다면야, 천 층이니 오만 층이니 최하층의 생활을 하는 것이 그대지 긔적이 될 것도 업겟지만, 꼭 죽을 운명의 저주에서도 오히려 살고 일할 긔회가 잇다는 것은 아모리 생각해도 고마운 일이다. 이러한 것을 기뻐할 것은 아니다만, 생활에는 어쩌한 텰학뎍으로 사람은 살 수 잇다는 신념을 가지는 것은 우리의 생활을 신장하는 데 큰 근거가 되지나 안흘가?

　어쩌케 할 수 업는 불행에야 그 신념인들 무슨 소용이 잇겟는가마는,

불행은 뜻하지 못하는 변톄의 생활 위험이다. 안젓든 집이 별안간 문허질 것을 누구가 미리 생각하며, 바다에 뜬 배가 별안간 갈어안즐 리가 잇느냐.

 사람은 살게 된 것이다. 꼭 죽을 경우에 죽지 안는 것은 긔적 가트면서도 긔적은 아닌가 한다. 살랴고 발버둥치는 우리를 죽일 리 만무하니, 살아가는 대로 애써 살아나볼가!

—『조선농민』, 1929. 8.

이쏠 저쏠

街頭처럼 民衆의 生活 反面을 보이는 것이 업다. 늘어가는 民衆이 가진 街頭—느진 봄에 피어올르는 숨 가티 보인다. 쏠아드는 民衆이 가진 街頭—凋殘한 가을의 夕陽볏에 누은 荒野처럼 보인다. 前者는 歡喜와 勇躍을 늣기게 한다. 後者는 哀愁와 歎息을 催促한다.

쌔네트 케이나의 머리에 힌 구두를 뒤ㅅ축 놉게 신고, 메린스, 보일, 오갠지, 송고직을 걸치고 活潑하게 것는다는 新女性들! 新時代 新朝鮮을 은근히 보이지만, 亦是 옛날의 哀愁에다 웃음을 죡음 보태엿슬쑨이다. 全體로 보면 웃다가 울고, 울다가 웃는 表情이다. 한層 더 好意로 써본다면, 울음과 웃음이 서로 混合되어 흘르는 變態의 表象이다. 그리고 쌔네트 케이나의 틀에머리 속에는 죡기 치마로 덥흔 가슴 속에는 남에게 말한 적 업는 眞珠와 가튼 秘密! 亞砒酸 가튼 陰謀, 牙片 가튼 誘惑이 얼마나 잇는지 想像할 째에는 쓸데업는 이런 想像이랑 얼핏 쌔터리고 곱다란 마음으로 그들을 對하고 십다.

圓卓 속에서 뒤로 벌렁 나잡바저서 텬정을 통하야 한울을 바라보시는 紳士, 富豪階級갑 헐한 享樂을 어드랴고 視線을 四面으로 放射하며 散策하는 浮浪群! 다가튼 카데고리에 집어 너허서 千度의 熱을 可하야 化合을 시킨다면, 그곳에서 生成될 것은 무엇일가? 이것도 쓸대업는 붓작란하는 사람의 想像이다. 그들의 存在는 社會를 醱酵시키는데 意義가 잇다면 잇서서 못 쓸 것도 그들이오, 업서서 못 쓸 것도 그들이다. 그들의 絕對의 價値를 가지기도 하얏다. 아무러한 價値도 업는 客이다. 零은 數學上 窮大이다. 그들은 無窮大로 跋扈할쑨이다.

몬지와 같이 醜惡, 斯慾, 秘密, 陰謀, 誘惑이 뛰고 노는 街頭다. 朝鮮의 街頭에는 이밧게 몃 가지가 쏘 잇다―그것은 哀調이다. 無氣力이다.

—『별건곤』, 1929. 9.

『짓밟힌 眞珠』와 내 心境

　『東亞日報』에 連載하엿든 通俗長篇小說 『짓밟힌 眞珠』 속에는 實在하엿든 事實도 잇고, 나의 머리가 공상의 날개를 펴서 함부로 맨들어 낸 部分도 잇다. 그 속에 事實이라 함은 아편쟁이가 나오는 장막이라든지, 釋王寺의 光景 가튼 것은 내가 보고 혹은 이약이 듯고 쓴 것이요, 또 仁川 바다속 永宗島를 그린 것은 純全히 나의 理想鄕을 그려본 것이엇다.

　그리고 내가 쓰는 小說 속 人物은 浪漫主義 作家가 아닌 것만치 반드시 男女 主人公을 天才와 英雄과 美人과 貞婦로 아니 만든다. 性格도 퍽 弱하여 어느 나라 어느 社會에 가서도 흔하게 發見할 수 잇는 凡人, 普通人들로 하는 것이다. 마치 露西亞 作家 도스토예프스키가 그리는 아이엣사 가치.

　「三號室의 半身像」이란 것은 東京에서 만세운동이 이러난 뒤 나의 親舊 한 분이 刑務所로 잡히어 갓다. 나는 추운 겨울 어느 날 外套 에리를 올니치면서 그곳으로 面會를 갓섯다. 그때 鐵窓을 隔하야 보이는 그의 半身像 거기에서 이 一 篇의 小說은 構成되기 시작한 것이엇다.

　그 다음에 『朝鮮日報』에 「젊은 敎師」라는 中篇小說을 連載한 일이 잇다. 그것은 내가 扶安普通學校 敎師로 數年 잇는 동안에 어든 實感과 經驗을 土臺로 하여 쓴 것이고, 또 雜誌 『開闢』에 쓴 「戀의 序曲」은 내가 잇든 어느 學生 寄宿舍에서 이러난 事實을 土臺로 하여 쓴 것이엇다.

　나는 지금까지 내가 쓴 小說의 經驗으로 보면, 조곰마한 사실을 붓잡어

가지고 거기에서 힌트를 어더서 느리고 붓치고 하는 것이 편하엿다. 事實 그 물건이야 곳 小說이 되기 어려운즉, 역시 거기에 誇張할 데 誇張하고, 人物을 改造할 곳에 改造하게 되니싸 事實의 胎盤은 抹殺되는 結果를 가저오는 것이다. 그러기에 小說 作家에게 事實이란 그러케 重要한 것이 못되리라고 늣기는 바이다.

—『삼천리』, 1930. 5.

雅號의 由來

『星海』라고 지은 것은 내가 스무 살 때인데, 別로 깁흔 뜻이 업고, 그때 저녁마다 하눌을 바라보면 큰 바다 가치 파란 空中에 金빗 銀빗의 별들이 無數히 반작어리는 것이 엇전지 마음이 조왓다. 저 별 가치 내 靈魂은 九萬里의 하늘 우를 날러가보고 십구나……. 이러한 空想이 끗끗내 나의 雅號를 『星海』라고 決定한 것이엇다.

—『삼천리』, 1930. 5.

讀者 여러분께 보내는 名士 諸氏의 年頭感, 年賀狀 代身으로

압흐로 학생들의 風紀라든지 傾向가튼 것이 퍽 염려가 됩니다. 그리고 요새 학생들은 공부하는 태도부터 아무 열성이 업고 惰氣滿滿하며 녯날학생들과 가튼 신의와 의협을 볼 수 업스니 섭섭합니다.

—『별건곤』, 1931. 1.

一問一答記

記　당신은 요새에 왜 소설을 아니 쓰십니까?
李　일이 밧버서 그랫습니다. 이 압흐로 조흔 재료를 선택하야 力作의 소설을 하나 내노랴고 생각중이올시다.

—『별건곤』, 1931. 4.

白頭山 가는 길에

第一信

　黎明을 通하야 어렴프시 바라보든 三防幽谷의 滴翠와 奔流의 美도 오히려 이즐 수 업거니와, 東海沿線의 海岸은 더욱 旅苦를 慰勞하야 준다. 漂渺한 水平線, 叢雜한 靑松, 點在한 怪石, 兀立한 奇巖, 長連한 白沙, 어느 것이 아름답지 안흔 것이 업다. 二十餘 時間의 長距離 旅行에 倦怠와 無聊를 늣기지 안는 것은 모다 이것의 힘이다. 아름다운 朝鮮의 東海岸!

　頹山이 적은 關北 地方에는 아카시아와 포푸라는 依然히 路傍과 田野에 서늘한 그림자를 썰허트리며 나붓기고 잇다. 언제든지 늣기는 바이지만, 朝鮮의 綠化가 아카시아와 포푸라에 만흔 功勞를 주엇다는 것은 얼마나 促成이오, 歇價이엇든가. 멋정업시 자라나서 하늘거리는 포푸라, 덥퍼노코 繁盛만 하는 아카시아, 이 두 가지가 모도 朝鮮의 모든 現相을 象徵함이나 아니엇슬가? 樹木이 鬱蒼한 關北에 들어서서는 이러한 늣김이 더욱 새로워진다. 아, 헐즉한 朝鮮의 現在 文化여!

　朱乙에서 一日의 旅苦를 풀고 淸津을 向할 째는 細雨가 車窓을 흐리게 하엿다. 車는 다시 山岳地帶로 들어서서 갓분 숨을 쉬인다. 古茂山에서 朝鮮 鐵道의 關北線을 밧구어 탈 째는 다시 晴天. 성양갑 가튼 輕便汽車이다. 溪流를 짤아 山기슭으로 잣구〈 기어올라간다. 朝鮮에도 이러한 鬱林地帶가 잇섯든가 疑心할만큼 樹木이 摩天하엿다. 京釜, 京義 兩線에서 朝鮮의 禿山을 恨歎하는 이에게 참으로 한 번 뵈이고 십다. 朝鮮에 山이란 山이 모다 茂山이 될 날은 언제인가.

　묵어운 짐을 실은 小僮과 가튼 咸北線 輕便車의 헐덕이는 소리가 激甚하여 갈스록 眼界의 展望은 넓혀간다. 脚下에 群山은 起伏하얏다. 谷間에 點在한 人家는 多數가 盖瓦이다. 南方 豊沃한 쌍에서 볼 수 업는 驚異이다. 그리고 家屋의 構造 規模가 다 큼직하다. 關北 民族이 얼마나 大陸的 生活意識을 가진지 豫想할 수 잇다. 그 안에서 감자나 강냉이밥을 三旬九食하는지 누구나 알 것이냐. 南方의 倭小한 茅屋에서 기어들고 기어나는 同胞의 玉食이 오히려 가엽슨 생각이 난다. 그 家族 周圍를 嚴々하게 둘너싼 木柵, 1931년 에로 그로가 全盛한 今日에 虎患이 잇슬 리 萬無하지만, 그 엄마엄마하게 密立한 木柵은 옛날 茂山 地方의 猛獸의 暴威가 엇더 하엿든가를 聯想한다. 만일 그러한 必要가 업섯드면 森林이 豊富한 茂山 同胞에 材木 濫費나 아니엿든가.

三千尺의 車輇嶺 頂上 갓가운 곳에 잇든 車嶺이 到着한 輕便車는 三十分 以上을 休息한다. 이 峻嶺을 넘을 準備인 듯하다. 山中 小驛이지만 附近에는 人家가 散在하야 제법 乘降客이 잇다. 驛에는 족으마한 庭園을 꿈이고 여러 가지의 怪石을 모아 造山을 꿈이엇다. 自然한 山岳美를 버리고 족으마한 造山에 着情한 驛員 生活이 얼마나 單調한 것을 말함이나 안일까?

自己가 무엇이든지 創造해 보겟다는 衝動에서 나온 것이 안일까? 人間 創造性의 俱現이다. 車輇中에 잇는 造山! 몃 개 못 되는 怪石으로 된 造山! 永遠한 人間 創造性의 象徵이 되라.

—『매일신보』, 1931. 7. 25

文士 座談會

出席 諸氏(順序 不同)
金東仁, 一葉 金元周, 曙海 崔鶴松, 春海 方仁根, 憑虛 玄鎭健, 獨鵑 崔象德, 岸曙 金億, 星海 李益相
本社側 金東煥, 崔貞熙

五月 四日 下午 七時부터 十一時까지
서울 鐘路 白合園 樓上에서 開催

最近 小說壇의 收獲

1. 新聞小說

本社側 조선 문단의 전성기라고 부를 수 잇든 칠팔 년 전만 하여도, 朝鮮文壇社나 開闢社를 통하여 文人合評會 가튼 것이 각금 열니어서 퍽으나 文壇에 활기를 주든 일이 잇섯습니다만은, 근래에는 이러한 모힘이 업는 것을 유감으로 생각하고 조선문학의 번영을 비는 마음으로 오늘 저녁 이 모임을 개최하엿더니, 雨中임을 不拘하시고 多數히 오서주심에 謝意를 표합니다. 오늘 저녁 출석하려든 분 중에 不意에 볼 일이 잇서 못 오신 이로 李光洙, 安碩柱, 金永八, 朱耀翰, 李殷相, 廉想涉, 金炯元, 崔義順의 여덜 분이 잇섯습니다. 이제부터 본론에 드러가겟습니다, 최근 네 신문에 발표되는 連載小說을 평하여 주서요. 『東亞日報』의 李光洙 氏 『흙』과 金東仁 氏 「아가네」를 보섯습니까?
曙海 나는 두 가지를 다 첫머리만 보앗는데 그것은 본격적 소설이라기보다, 한 개의 자미잇는 이약이로 밧게 더 아니 보이드군요. 春園의

녯날『無情』, 「開拓者」와 金東仁 氏의 「감자」, 「明文」을 보든 눈으로 보면 이것은 한 이약이라고 박게 더 할 수 업서요.

金一葉　나는 우리 집에선『東亞日報』를 아니 보고『朝鮮日報』만 보기 때문에, 두 소설을 다 보지 못하엿지요.

憑虛　나도 두 소설을 다 보기도 하고 안보기도 한 셈으로 정독을 못하엿스니까 무에라 말할 수 업지만, 역시 行文이 流麗하기는 두 작가에 더한 進境이 잇더군요.

金東仁　내 경험으로 보아서는 우리들 가운데선 아마 피차에 남이 쓴 連載物이라고 잘 아니 읽지요.

本社側　아니 보신 이가 대부분입니다 그려. 그러터래도 두 連載物을 통하여 春園, 東仁 兩氏의 문예사상의 변천이라든지 수법의 進境이라든지가 보이지 안슴니까?

獨鵑　여보게 그 문제는 어렵네. 정독을 못하엿는데 무어라고 하나?

春海　드구나 金東仁 氏의 이번「아기네」는 그것은 소년소설밧게 더 아니 되더군요.

本社側　그러면『朝鮮日報』를 말슴하여 주세요. 連載物로는 전일 懸賞 一等 當選의 韓仁澤 氏,「旋風時代」와 二等 當選의「제힘」이 실녀 잇고, 安碩柱 氏의「星群」이 실녀가는 중이외다. 모다 엇더케 보섯슴니까?

曙海　韓仁澤 氏의 소설은 갓흔 곳 사람의 것이라는 흥미에서 처음 보기 시작하엿는데, 퍽으나 조흔 무게잇는 作이엇슴니다. 夕影 말을 드러서는 만히 곳처내엇다 하지만, 고처서만 가지고는 그러케 안 되지. 원작이 훨신 조흔 것으로 생각되는데, 그 行文에도 사투리가 별반 업섯슴니다. 근래의 우수한 작품이엇지요.

岸曙　소설에 사투리 쓴다는 점으로 흠을 잡을 것이 못되지요. 서울을 배경삼는데도 사투리가 나올걸요.

星海　대화에 잇서 그 지방 사투리를 쓴다는 것은 조곰도 나무랄 일이 못되지만, 지문을 사투리로 쓴다하면 그는 나는 반대해요. 첫재 일반 독자가 아라볼 수 업스니까 작품의 효과가 반감할 우려가 잇지 안녀요?

春海　그러치요 사투리란 대화에만 허락될 것이지요. 그러고 원칙적으로는 작품 가운데 될수록 사투리를 아니 집어 넛는 것이 올겟지요? 교육 정도가 보급되면 사투리는 자연히 일소될 터이니까.

東仁　有島武郞이 北海道를 제재로 하고 쓴 소설이나, 谷崎潤一郞이 大阪을 그린 작품 중에는 어쩌케나 사투리가 만흔지요. 그러치만 그것들을 누구나 大作이라고, 치니까 사투리의 사용 여부가 그러케 작품의 好不好에 결정적 원인이 아니 되겟지요.

獨鵑　「旋風時代」를 나는 처음에 읽고 그러고는 가담가담 읽엇는데, 신문소설로는 실패가 아닐가 하는 감이 잇섯서요. 연락이 잘 닷지 안코, 그러고 기교가 부족하엿서요. 그러치만 존경할 점은 그 묘사에 그 作者 아니고는 볼 수 업는 독창적인 점이 잇서요. 그 다음 「제힘」은 아직 읽지 못하엿스니까, 무에라고 말할 수 업서요.

本社側　『中央日報』에 프로 中堅作家 李箕永 氏가 근래의 力作으로 쓴 「近代風景」이 실리고 잇는데 엇더케 보십니까?

獨鵑　대체로 신문소설로 보아서는 韓仁澤 氏 것만 못하엿지요, 신문소설은 그러한 수법으로는 잘 안 될걸요. 지방에 가보니까 「旋風時代」의 독자는 만엇지만, 「近代風景」을 본다는 사람은 적더군요. 보다가도 끗까지 보지 안코 중지하엿더구만.

曙海　대체로 설명이 만치요. 箕永 氏 소설에는 어느 작품이나 묘사보담 설명이 勝하니까요.

本社側　『每日申報』의 「無花果」는? 이 作은 『三代』로 비롯하야 三部作의 一部로서 제작되어 가는 것인데 엇더케 보섯습니까?

岸曙　작품은 반드시 三部作이라야 되는 게 아니겟지. 에밀 졸라의 「巴里」 등등 三部作이 잇슨 뒤 세상에는 三部作이 돌드구만요.

曙海　그야 그러치요. 三部作이라야만 되는 게 아니겟지요. 그런데 나는 이 소설이 180여 枚를, 난중에서 처음 70여 枚밧게 못 보앗스니까 무에라고 말할 수 업지만, 과연 大家의 作이구나 하고 敬服할 곳이 만허요. 그러치만 이번 「無花果」에는 한 가지 결점이 잇더구만. 독자의 흥미를 끄을기 위하여 사건을 복잡하게 전개식히느라고 作의 주인공의

성격이 사건을 낫지 못하고, 사건이 오히려 주인공을 쓰을고 압서가는 거츠른 대목이 잇더군요.

憑虛　筆致는 놀날만치 老熟하드군 문장이 힘잇고 어휘가 풍부하고.

東仁　심리 묘사에는 當代 獨步야. 더구나 심리의 갈등을 그리어 내는 수법에 잇서서는.

本社側　「사랑과 罪」에 비하여 일단의 약진이 잇습니까?

春海　홍미로 본다면 「사랑과 罪」가 낫지요. 그야 일반 독자에게 환영밧거나 말거나, 作은 作대로 가야 하겟지만.

岸曙　「사랑과 罪」는 그 제목이 내용과 맛지 안치만, 작품으로는 질깃질깃하여 씹으면 씹을수록 깁고 ○으는 힘이 잇서요.

憑虛　제목이 내용과 안 마즐 리 잇나, 내용이 제목과 안 맛는 게지.(一同 哄笑).

獨鵑　「사랑과 罪」보다는 퍽 쉽게 쓰드구만.

星海　그러치. 그 점은 잇지요. 그러고 무게잇는 作이라는 점에는 敬服할 일이야.

2. 雜誌에 실닌 小說

本社側　『批判』, 『東光』, 『集團』, 『彗星』, 『新女性』, 『新東亞』, 『東方評論』, 『三千里』 등 각 잡지에 昨秋 이래로 조흔 작품이 만히 실녓섯는데, 여러분이 감명 깁든 作은?

獨鵑　金東仁 氏의 문제의 作 「발가락이 닮엇다」를 보앗지요, 시골 잇슬 째 여러 가지로 말을 전하는 이가 잇기에 서울 와서 몬저 차저보앗는데 그 묘사라든지, 제재의 深刻이라든지, 東仁 氏 作 중에서도 白眉더군요. 모델 云云說을 염두에 두지 말고라도 근래의 조흔 단편이엇서요.

東仁　『三千里』에 난 春園의 단편 「壽岩의 日記」는 오래간만에 보여준 春園의 作으로는 너무 예상과 달느더구만.

本社側　『改造』에 入選된 張赫宙 氏 「餓鬼道」를 엇더케 보섯서요?

憑虛　좌와! 그런데 廣津和郎이 評한 것을 보앗는데, 이것은 소설로서

빗나기보다, 사실이 더 힘잇다고 하엿더군. 정말 사실의 힘이 너무 강햇서요.

曙海　우리 보기에는 그리 찬성할 점도 업섯지만, 엇잿든 퍽으나 力作이엇습니다. 묘사가 억세고 거칠면서 사람의 가슴을 조리는 점, 제재가 南朝鮮 農村에서 이러난 눈물겨운 점, 조선 문단의 수준에 達하고 남은 作이지요. 다만 결말에 가서 너무 미약하게 매즌 것이 불만이더군.

本社側　그 작품에 확실히 朝鮮 現實相, 又는 朝鮮 情調가 드러낫습니까?

星海　그런 것도 아니지요. 도로혀 과장이 아닌가 하는 점도 만트군요.

女流 作家群 作品

本社側　金一葉 氏의 최근 작품을 엇더케 보십니까?

曙海　一葉의 소설은 남편이 東京을 갓다와서…… 云하는 단편을 읽어 보앗는데, 조키는 하난 련낙이 잘 취해지지 안는 곳이 잇더군요.

一葉　崔 선생이 어대엔가 評文을 쓰섯지요.

獨鵑　一葉 氏 작품은 수필과 갓가운 듯해요.

春海　一葉 氏 작품에는 여성이 아니면 그릴 수 업는 그러한 독특한 一面이 잇서요.

獨鵑　나는 崔貞熙 氏의 「正當한 스파이」를 보앗는데, ○ザット한 긔분이 업고, 퍽으나 조흔 작품으로 읽엇서요. 다만 긔왕이면 스파이의 심리를 좀더 자세히 썻드면 하엿서요. 엇잿든 내가 본 여류작품 중 가장 쒸어나더군요.

憑虛　나도 보앗는데 쇼크를 밧엇서요. 읽어 내려가다가 가슴을 선듯 치는, 즉 ヒヤリトスル 하는 대목이 잇서요. 퍽으나 조케 보앗습니다. 독자를 ○까지 ○으러 내려가는 붓의 魅力에도 놀낫거니와.

春海　나도 보앗서요. 活字로서 처음 대하는 작품으로는 肉迫하는 힘잇는 作이더군요.

星海　金源珠 氏가 아직 발표는 아니 하엿지만, 엇잿든 신문사에 입사하실 ○ 시험답안 비슷한 성질로 쓴 「엇든 女性이 職業線上에 나서는

첫 아츰 感想」의 一文을 본 일이 잇는데, 그것은 과연 잘 쓰신 것이더 군요. 불안과 초조와 희망에 불타는 첫날 아츰의 그 심리묘사는 가히 上乘이라 할 것입데다.

獨鵑 그래요. 金源珠 氏 작품은 센티에 흐르지 안코 퍽으나 조와요. 더구나 『新女性』에 발표된 「동무들 생각하는 글」, 『文藝月刊』에 실녓든 曙海를 잡어서 文人印象記를 쓴 그 글 가튼 것은 독특한 필치여요. 대표적 수필의 하나라 할걸요.

曙海 金源珠 氏 작품은 이지적이지요. 여성이 흔히 빠지기 쉬운 센티가 업고.

本社側 宋柱月 氏의 작품은?

曙海 宋柱月 氏는 아직은 놀날만한 작품이 업섯지요. 결국 장래를 좀 더 두고 보아야 할걸요.

獨鵑 그러치요. 작품에 일부러 부처 맨드는 듯한 「○○○○○○○○○」가 조곰 잇서요.

春海 지금은 平壤에 잇다든지, 東京에 잇다든지요? 朴花城 氏라고 하는 분이 잇섯지요. 녯날 『朝鮮文壇』에 당선한 분으로 아마 역량 잇는 작가로는 氏를 치지 안을 수 업슬 걸요? 근래는 별로 소식을 못 듯지만.

曙海 그러치요. 朴花城 氏 그분은 뛰어나게 才操잇든 분이지요.

本社側 『彗星』에 장편을 쓰는 姜敬愛 氏는?

獨鵑 대단한 것이 못 되든군요.

東仁 나도 각금 보앗는데, 간간 가다가 자미잇는 표현이 잇지만, 련낙이 잘 취하여지지 안는 결점이 잇드구만요.

戱曲 作品

本社側 근래에 희곡이 비교적 만히 나옵니다. 尹白南 氏, 金雲汀 氏, 金永八 氏, 蔡萬植 氏 등.

東仁 尹白南 氏가 이번에 『三千里』 五月號에 실은 「안해에 주우린 사내」를 보앗는데, 대체로 표현이 지나처서 도로혀 작품의 생명을 상

하여 노앗드군요. 가령 주인공이 성적 불구자라는 말을 슬적 지나는 길에 잠간 표현식혓더면 조왓슬 것을 三, 四次 반복하엿기 까닭에 독자가 실증이 나게 불유쾌하게 만드러 버렷더군요.

本社側 다른 분의 작품은?

獨鵑 蔡萬植 氏가 근래에 상당히 만히 발표하는데, 대개가 感想이나 隨筆을 읽는 듯한 감을 주드구만요.

將來를 囑望할 숨은 작가

本社側 희곡을 보신 이가 드문 모양이니 그양 넘깁니다. 將來를 囑望할 숨긴 작가들이 업습니까?

東仁 慶尙道에 鄭日秀라는 사람이 잇는데, 단편소설이란 것을 잘 이해치 못하는 점은 잇스나, 붓에 힘이 잇고 퍽으나 성장할 것 가치 보여요.

獨鵑 금년 『中央日報』 新年號에 金寶玉이란 일홈으로 당선소설 한 편이 실렷는데, 드른 즉 金末峰 女史의 匿名이라고 하는 말도 잇드군요. 엇재든 압날이 잇는 작가더군요.

曙海 朴太苑이라는 분도 조치요? 작년 M신문사에 난 鄭人澤 氏 작품도 무엔가 번적하는 것이 잇섯서요.

詩壇, 時調壇

本社側 소설 쓰시는 여러분은 대체 가튼 문학작품이면서도 詩歌 作品을 보십니까?

一同 대개 보지요. 詩와 時調는 대개 읽어요.

本社側 최근 李殷相 氏가 『鷺山詩調集』을 발행하엿는데, 엇터케 보섯서요?

憑虛 鷺山의 시조에는 入神의 묘라 絶唱이 만허요. 참 훌융해요.

曙海 시조라면 형식이 안타까운 듯하게 생각하엿는대, 李殷相 君의 시조를 보면 新詩에 못지 안케 流麗暢達하게 구사하엿슬 쑨더러, 그 내

용도 퍽으나 새 맛이 잇서요.

岸曙 참말이야요. 그 속에는 絶唱이 만허요. 근래의 큰 수확이지요. 더구나 시조 종장이 三, 五, 七조인데 그것을 打破하고 새로운 경지를 개척한 점이라든지, 二줄 시조를 첫 시험한 것이라든지 놀나워요.

獨鵑 나도 조흔 것을 만히 발견햇습니다.

本社側 梁柱東 氏의 『朝鮮의 脈搏』은?

岸曙 梁 君은 『朝鮮의 脈搏』을 잘못 집헛지요. 그의 卷頭 自序에 보면 思想詩가 本領이라 하고 抒情小曲을 가비엽게 말하엿지만, 梁 君의 本領은 어데까지든지 가비여운 小曲에 잇지요. 石川琢木을 본뜬 듯한 思想詩는 도모지 感心할 수 업서요.

本社側 최근 朱요한 씨의 시작 경향은?

憑虛 인제 전문기술을 요할 묘양이니, 岸曙 자네가 통트러 마터 말 좀 하게.

春海, 獨鵑 그러치. 座中의 言權이 岸曙에게 밧게 갈 곳이 업네.

岸曙 이 사람 몸 괴로우이. 朱 君의 최근작인 「急行列車」를 보앗는데, 작고 작고, 가령 산, 초목, 초가집 우로 기차가 달닌다 달닌다 식으로 쓰는 그 수법이 퍽으나 힘잇게 보여 조와요. 그러치만 그 사람이 일부러 작고 작품 속에다가 이데올로기를 집어 너흐려고 애쓰니까 도로혀 망치는 것이 만허요.

曙海 확실히 그런 점이 잇저요. 『아름다운 새벽』이 역시 요한 氏의 本領이겟지요. 그때 것이 낫지요.

獨鵑 詩歌同人會에 詩歌가 만히 드러와요?

岸曙 네. 잘 드러와요. 대단해요.

春海 우리도 시를 써서 인제 同人會를 통해서 時評을 밧어야 하겟군.

岸曙 돈 삼십오 전 가지고 와야지.

憑虛 여보게 술노는 안 되나?

(一同 笑)

本社側 새로 나오는 시인은?

星海 申石汀 氏 시가 퍽으나 아름다워요.

岸曙　그러치요. 동양적 신비사상을 잘 붓잡은 작가라고 봅니다. 필치가 세련되엇고.

東仁　새로운 이는 아니지만, 小月의 시가 부드럽고 어엽브고 퍽으나 조왓는데, 시작을 중지하는 것은 유감된 일이어요.

春海　曺雲 氏도 그러치요. 曺雲의 시조도 놉흐게 평가하여야 할 것인데, 그만 근래에 중단하고 잇는 것은 유감이지.

獨鵑　죽은 李章熙 君의 시도 조왓지요.

　이 아래에 「文藝思潮에 對한 論評과 小說의 모델 問題」, 「執筆 時間, 執筆 速力」, 「處女作 發表의 年齡과 作品名」, 「過去에 밧어본 原稿料 總額」, 「過去 作品 중 가장 會心의 作」 등, 다수히 논의한 제목이 잇지만 너무 길어지기에 이번에는 그만하고, 아래는 계속하여 6월 1일 발행의 본지에 揭載하겟습니다. 讀者 諸氏여 來號를 기대하소서.

—『삼천리』, 1932. 5.

會心의 作과 處女作

本社側　여러분이 오날까지 수십 수백편의 시가 소설 등 만흔 작품을 제작하여 내노흔 중에서 가장 잘 되엇다고 생각하는 회심의 作은 무엇입니까? 물론 문예비평가와 독자의 감상을 통하야 여러분의 대표작 평가는 대개 결정되여 잇지만은, 世論은 제외하고 작자 자신으로서의 생각을 말슴하여 주서요.

星海　'會心의 作'이라고 볼 것은 과거의 작품 중에서 뚜렷하게 지적이 되지 안치만은, 다만 비교적 작자 자신의 애착이 저절노 가는 작품은 내게 잇서서는 『키일흔 帆船』이외다. 이것은 『東亞日報』에 180회 가량 연재소설노써 발표한 것인데, 내 딴은 정성과 노력을 몹시 붓느라고 한 것이외다.

獨鵑　나도 그러치요, 여러 10편을 써낸 과거의 작품 중에서 그러케 절대성을 가진 會心의 작품이라고 업섯지만 그 중에서 골느라면 「푸로 手記」가 나섯다고 할가요. 『新民』엔가 『朝鮮文壇』엔가 발표한 단편

소설이엿습니다.

本社側　金東仁씨는「감자」일걸요?

金東仁　내게는 업서요. 비교적 마음을 끄으는 작품을 가르친다면「감자」도 드러 갈는지 모르겟지만.

本社側　또다른 분으로? 憑虛는 문제의「불」일걸요?

憑虛　그러치도 안어요. 會心의 作을 꼭 하나 쓰고 십기는 하지만 그것은 아마 장래의 일일걸요.

本社側　'會心의 作'이라면 語弊잇는 듯하야 퍽들 謙讓하십니다 그려. 그러거든 處女作을 말슴하여 주세요. 몃살 나든 때에 엇던 작품을 맨 처음에 세상에 내노앗는지요.

曙海　그런 것은 대답할 수 잇지요. 내가 '處女作'이라고 발표한 것은 지금부터 이럭저럭 8, 9년 전일 수물 둘인가 셋 때에『朝鮮文壇』에 단편소설「脫出記」를 써낸 것이 잇지요. 아마 그것인줄 압니다. 그때 감상은 퍽으나 유쾌하엿든 기억이 지금도 가지고 잇습니다.

岸曙　나도 꽤, 오래된 일이지요. 東京서 도라 나와서『泰西文藝新報』에「北方의 少女」라는 詩를 하나 발표하엿지요. 그것은 스물세 살 나든 해 봄인줄 압니다.

憑虛　나는『開闢』에 실린「犧牲花」라는 단편소설일걸요. 그것이 열아홉 나는 때 일이지요.

東仁　나도 열아홉 나든 해 일이지요.『創造』잡지에「弱한 자의 슬픔」이란 작품을 처음 발표하엿지요. 이것은 東京 明治學院에 잇슬 때 日文으로 써 둔 것을 번역하여 내엿지요.

一葉　내게도 處女作이 잇다면『佛敎』잡지에「自覺」이란 단편을 하나 실은 것이 잇지요. 그것이 지금부터 7년 전입니다. 그 전에도『女子界』등에 活字化식힌 小品 隨筆 기타 잡다한 작품이 잇섯지만, 아마 處女作이라고 볼 것은 이것이엇습니다.

星海　『新生活』잡지의 그것이 어느 때든가 좌우간 내가 東京 學窓에 잇슬 때 일이닉가, 그때「三號室의 半身像」이라 하여 市ヶ谷刑務所에 未決囚를 방문하든 것을 題材로 하고 쓴 작품이 잇섯지요. 그것이 내

게는 처음 活字化식힌 작품이엿지요.

獨鵑　나는 日文新聞에다가 日文으로「蹂爛」이란 단편을 발표한 일이 잇는데, 이것을 處女作이라고 하기는 어렵겟지. 그 뒤 스물다섯 되든 때『新民』에다가「小作人의 딸」이란 단편을 내엇는데 아마 이것이 處女作일걸요.

春海　나는「눈 오는 밤」이겟지요. 그때는 오직 하나의 문예잡지이든『創造』에 실렷든 것인데, 내 나이 열여덜 때의 일이엿습니다.

밧어본 原稿料

本社側　여러분의 오늘까지 작품을 쓰고 그 代償으로 밧어본 報酬가 總額이 얼마나 됩니까? 즉 雜誌社 新聞社 出版冊肆로부터 밧어본 總額 말입니다. 언젠가 春園은 이럭저럭 통트러 헤면 만원쯤 된다고 합데다.

東仁　春園이 만원이라면, 아마 그 다음으로 만히 밧은 이는 岸曙일걸. 녯날 漢城圖書會社의 그 수십 종서 이 대부분은 岸曙의 손으로 번역되여 나왓다니까.

岸曙　그때는 조왓지요.『짠다-크傳』이나,『한니발』傳記 가튼 것도 번역하여다 주면 2, 3백원식 주엇스니까. 그때는 원고료라고 일홈 짓는 돈을 상당히 만저보앗지요. 그런 뒤는 신문사와 잡지사로부터 밧은 돈이 잇섯스니, 그것이야 얼마 될나구. 엇잿든 前後 10여년에 밧은 원고료 총액이 4,000원은 되는 듯해요.

獨鵑　나도 그 정도는 될 것 갓해요. 신문사에 연재소설을 써서 밧은 돈과 단행본으로 출판하여 版權料를 밧은 것을 통치면 4,000원은 되어요.

憑虛　그러치. 출판업이 왕성하지 못한 朝鮮이니까 글쓰는 사람들이 돈을 어더 쥐자면 不可不 신문사의 연재소설편으로 쏠니지 안을 수 업지요. 나는 오늘까지 이럭저럭 2,000원은 될가?

一葉　다들 만해요. 나는 단 100원도 되든지요. 무에 공재 원고는 써 본 일이 잇지만 돈밧는 원고를 마터본 일이 잇서야지요. 언젠가 佛敎에

단편 한 가지 쓰고 20원을 밧어보고는 한꺼번에 몃십원을 밧어본 적이 업서요.

春海 나는 基督敎 雜誌에 쓰고 밧어본 돈까지 모다 치면 2,000원은 되는 줄 알어요. 그 2,000원도 한꺼번에 손에 드러왓다면 거액이라고도 보겟지만 少少이 드러오니까, 딴말이나 나는 『朝鮮文壇』을 다년 경영하엿든 까닭에 그때 내 손으로 지출한 稿料가 상당한 거액이엇습니다.

曙海 그러치요. 『朝鮮文壇』 시대에는 春海의 희생적 노력으로 글써주는 여러분에게 稿料를 깨끗하게 지불하엿지요. 그때와 지금 잡지장이들은 아조 달넛지요. 어서 원고료 지불하는 사회가 와야 할걸요. 그런데 내가 이럭저럭 밧어본 稿料는 글세요. 1,500원 정도나 될는지요.

東仁 나도 원고료에는 퍽으나 박복한 사람인가 봐요. 지금까지 통떠러 친대야 1,500원이나 될가 말가.

星海 나도 이럭저럭 모다 합산한대야 3,000원을 초과하기 어려웟슬걸요. 단행본으로 『汝等의 背後에서』의 版料를 밧아본 것이 잇고, 신문 연재의 小說 稿料를 밧어본 것이 거이 전부이엇스니까.

本社側 아마 이 자리에 안오신 이 중에 원고료 만히 밧은 巨將을 헤자면 想涉을 칠걸요. 氏는 年祖가 오래고 작품도 여러 10편이니까 春園 버금에는 갈걸요. 그리고 지금은 故人이 된 羅稻香도 상당하엿슬 줄 생각합니다. 녯날 朝鮮圖書會社을 통하야 출판이 여러 개 잇섯고, 『時代日報』와 『東亞日報』 등에 연재소설도 만히 썻스니까.

創作 時間과 姿勢

本社側 여러분은 대개 엇던 때에 집필합니까? 하로 동안에도 가령 아츰이라든지 저녁이라든지 그리고 누어서 쓴다든지 안저서 쓴다든지 집필하는 속력은 엇더하다든지요. 숨김업시 이약이하여 주세요. 文人의 사생활이라거나 『樂屋話シ』라고 할 그런 점을 퍽으나 알고 십허하니까.

東仁 다른 사람은 몰나도 나는 누어서 써요. 방안으로 딍딍 나구을면서

조곰도 꺼리낌이 업시 몸을 자유롭게 가지고 업듸어서 쓰지요. 그것이 습관이 되어서 그러켓지만, 퍽으나 자유로워요. 아마 道學者 모양으로 책상에 衣冠을 整然하고 안저서 쓰라면 한 줄도 못쓸걸요. 그리고 집필 시간은 速한 편입니다. 신문에 연재하는 소설 1회분을 30분 넘기어 본 때가 업서요. 처음에 멋줄쓰기 어렵지 붓이 내려가기 시작하면 퍽으나 速합니다. 前前號엔가 『三千里』에 실닌 「붉은 산」이라는 단편은 그날 열한 시에 원고 독촉을 밧어 가지고 想을 생각하여 오후 한 점에는 끗내엇스니까, 일반적으로 速한 편일 것입니다.

本社側　쓰기는 언제 써요.

東仁　전에는 아츰밥 먹고 머리가 깨끗할 때에 흔히 썻는데, 지금은 밤중에 대개 써요. 독방에서……

獨鵑　東仁씨는 빠른데요. 나는 신문소설 한 회분을 쓰자면 50분은 걸녀요. 그리고 누구든지 다 그러켓지만, 처음 着筆이 어렵어요. 구상도 아조 爛熟하여진 때에는 붓이 빨니 다러나 주지만은.

本社側　밤에 씁니까?

獨鵑　신문연재물은 아츰 이불 속에서 쓰고, 단편은 밤을 새워가면서 사방이 조용한 때에 쓰는데, 습관이 되어 그런지 항상 외따로운 방에서 벼개를 바치고 눕어서 씁니다.

曙海　나는 그러치 안어. 반드시 안저서 쓰는데, 다만 이런 性癖이 잇지요. 붓 잡을 일이 잇스면 그날은 저녁밥을 일부러 아니 먹고 방안을 깨끗하게 소제하고, 그러고 녀편네든지 아해든지 방으로 일체 드러오지 못하게 하고, 겻방에서 말소리도 크게 또 웃고 떠들지도 못하게 하고, 물론 다듬이질 가튼 것도 못하게 하고, 그러고는 붓을 잡는데 마음이 가라안질 때까지 퍽으나 고심하지요. 그리고 속력은 느진 편입니다. 처음 着筆할 때는 더욱 더듸지요. 썻다가는 버리고, 썻다가는 버리고 원고지 100매를 가추면 6, 70매는 수지로 나가지요. 그리고 단편소설이면 붓을 대인 이상 밤을 새고 아츰을 굶어 가면서 대개는 끗내고 맙니다.

一葉　퍽으나 고심하십니다 그려. 저는 낮에 써요. 낮에 남편이 학교로 일보러 간 뒤, 방안을 깨끗히 처두고 그러고 여학생 모양으로 책상에

　　　　마조 안저 써요. 그래야 붓이 잘 나가요.

春海　나도 그래요. 업드려서는 도모지 쓸 수가 업서요. 그러기에 책상을 대하여서 쓰는데, 방안을 깨끗하게 거더노키보다 오히려 지저분하게 산란하게 하여 노은 그 속에서 쓰는 것이 도로혀 조와요. 정신이 산만하여지지 안코, 집필은 역시 사방의 萬籟가 俱寂하는 深夜가 조치요.

星海　우리는 그러치도 안어요. 이전 날 일정한 직업이 업슬 때는 밤중에 쓰는 것이 습관이엇는데, 이제는 아츰마다 일정한 시간에 출근하게 되니까 밤을 새이면 그 이튿날에 직업적 일을 하여낸다는 才操가 업서요. 지금은 대개 朝飯 전에 씁니다. 집필의 속력은 처음은 어렵지요. 대개 처음에는 雜書를 합니다. ABC라든지 아모 체계업는 글자를 작고 쓰다가 그리는 사이에 구상이 전부 형성되면, 그제부터는 대번에 쫙 나려갑니다.

岸曙　나는 아츰에 시작하여 대개 밥을 아니 먹고 쓰는데, 업드리어 쓰지 안으면 붓이 잘나가지 안어요. 그리고 글씨가 잘못되어도 다시 쓰고 다시 쓰고 하는 버릇이 잇서요. 그러기에 나종에 보면 버린 원고지가 굉장이 만흔 편이지요.

曙海　遲筆은 憑虛이지.

憑虛　그러치. 나는 붓이 느진 편이네. 더구나 처음 서너 장은 퍽 더듸네. 그리고 업드려서 써야 제 생각이 다 써지는 듯하여요.

本社側　집필할 때에 무엇을 먹어요? 日本人 작가들의 이약이를 드르면 과자나 과실을 겻헤 노코 먹어가면서 쓴다는데.

獨鵑　이 사람아! 먹고 십허도 朝鮮 作家들은 먹을 것이 잇서야 가추어 노코 먹지.(一同 笑)

曙海　담배를 먹지. 나는 원고지 너덧 장 쓰는 사이에 담배 한 갑씩 먹어요.

本社側　부인이 겻헤 잇스면 잘 써집니까?

東仁　방해지요.

曙海, 獨鵑　그러치요. 대단한 방해지요.(一同 笑)

本社側　一葉씨는 밧갓어른이 겻헤 잇스면 더 잘 써저요?

一葉　아이. 숭해라. 더 잘 써지기는 무얼요.(笑)

本社側　일단 쓴 작품을 여러분은 한번 보십니까.
春海　활자가 되기 전에는 보기 실흐니까 안 봐요.
東仁　나도 아니 봐요. 그냥 쓴 대로 보내버리지요.
憑虛　나는 일단 쓴 원고는 한참 만에 끄내어 봅니다. 그날 즉시 보기는 실혀요.
岸曙　나는 다시 봐요. 보아야 안심이 되니깐.
本社側　여러분의 쓴 원고는 깨끗한 편이어요, 또는 지저분한 편이여요?
曙海　처음 썻슬 때는 깨끗하지만 보고는 짓고 또 써너코 하니까 결국 지저분하게 되어요.
獨鵑　그러케 지저분한 편은 아니지요. 내 원고는.
東仁　우리도 그러치. 작고 짓고 써너코 하는 일이 별로 만치 안으니까.
憑虛　나는 원고를 수정하는 편이니까 지저분한 편일걸.

出版業者에 對한 希望

本社側　文人 여러분이 현재의 朝鮮 出版業者에게 대한 주문이나 희망이 퍽으나 만흘 줄 아는데 그것을 말슴하여 주서요.
曙海　대체로 朝鮮의 出版業者들은 一 民族의 문화를 잇글어 나가려 하는 거룩한 뜻이 업시 돈푼이나 버러진다고 녯날 『劉忠烈傳』이나 팔기를 일삼고, 또 그러치 안으면 천박한 호기심을 끄으러가려고 에로 그로를 찻는 弊風이 만흐니 이것은 可謂 통탄할 일이지요.
岸曙　그뿐인가. 문인을 濫用하려 들고 자기의 상업정책에 이용하려 들지요.
春海　出版界 그 중에도 잡지든지 단행본 출판업자든지 모다 타락하여진 것만은 사실인데 이것은 비단 출판문화방향만 그런 것이 아니니까. 時勢라 不可奈何라 할 것이겟지요.
憑虛　신문이나 잡지를 5, 6년 전에 비하여 보면 그 體裁하든지 내용이라든지 놀납게 진보된 것만은 우리들이 승인 아니할 수 업지요. 또 신문과 잡지독자의 증가에는 실로 괄목할 일이지요. 그러니 출판계가 퇴

보하엿다고는 볼 수 업는데 다만 건전한 방향으로 독자층을 잇글어 가
도록 노력하여 주엇스면 조켓더군요.

東仁　그리고 冊肆방면에도 출판자본가로서 시대를 이해하고 상당한 富
力이 잇는 분이 나와서 노력하여 주엇스면 조켓서요.

本社側　알엇슴니다. 또 한 가지. 신문의 근래의 學藝欄을 엇더케 보십
니까? 『東亞日報』는 學藝欄 廢止한다는 말까지 들니드군요.

憑虛　폐지하지 안치요. 婦人欄과 합병한다고 드럿슴니다. 실상 學藝欄
을 두엇대야 당국 검열이 어렵고 글 쓸 사람도 특별한 분이 업고, 그러
타고 학술적 전문적 논문을 실으면 독자가 업고!

東仁　또 學藝欄 원고면 돈 주고 사야 하고……. 엇잿든 퍽 문제거리지
요. 社의 당국자로 안저서는 그러터래도 신문과 잡지 방면 밧게 문예
작품을 발표할 길이 업스니까, 신문 잡지에서 만흔 紙面을 할애하여
작품 실어주기를 바랍니다.(以下 次號 完)

—『삼천리』, 1932. 5.

술 업스면 다른 것으로

　나는 귀사 설문에 대답보담 먼저 불평을 말하겟소.『금주법이 실시된다면 酒仙인 선생은 엇저실 터임닛까?』하는 설문을 나안태 물어 보는 것이, 나를 순전히 주객으로 취급하는 모양 갓흠으로 여간 괫심하지 안소. 웨 만흔 사람 중에 하필 나안태 차저 와서 물어보시는지. 아모리 생각해도 알 수 업는 일인 걸—. 허허허. 그러나 나는 그닥지 술을 조와하는 사람은 아닙니다. 안 먹어도 그만이고 먹어도 그만인데, 금주법이 실시된 후에 법령에 접촉되면서 술 먹을 필요는 업다고 생각합니다. 혹 알콜 중독자라면 금주법이 실시된대도 남몰내 먹을 군영을 차즐 것입니다만은, 나는 단지 교제하기 위해서 먹는 술이닛깐, 술이 업서진다면 또 다른 교제법이 생겨질 것임으로 술을 못 먹게 되여도 관게업슬 줄 압니다.

—『삼천리』, 1932. 7.

금년은 이러케 합시다

　우리 사회의 생활위축은 외적으로 원인이 된 것이 퍽으나 만습니다. 그러나 그뿐만 아닙니다. 우리의 보는 바에 의하면 내적으로도 원인이 되는 것이 퍽으나 만흘 것입니다. 우리가 좀더 생활을 향상하랴거든, 자력으로 능히 할 수 잇는 내적 원인을 업시하는 데에 새해부터는 좀 노력하여야 할 것입니다. 우리의 생활을 위축케 하는 내적 원인, 즉 최대 병폐를 하나 들어서 구체적으로 말하랴 합니다.
　우리 사회에는 관용이 적습니다. 결과는 보기 실은 갈등과 투쟁이 만습니다. 남을 중상하고 비훼하고 모욕합니다. 남의 자라는 것을 저해합니다. 남보다 한 걸음 나아가지는 안코, 남을 뒤으로부터 잡아끌어서 자기가 한 걸음 압섯다는 것을 표시코자 하는 경향이 업지 안습니다. 이러 하고야 우리가 긔대하는 바와 가튼 진보가 우리 사회에 엇지 잇슬 수 잇겟습니까? 우리 개인으로서는 새해마다 딴 경윤 딴 포부가 잇겟습니다마는, 우리는 사회적으로 관용, 추장(推獎), 분려(奮勵)의 미풍을 조장하고 십습니다.

—『별건곤』, 1932. 12.

稱號부터 不可當

　現代 朝鮮에 잇서서 第二夫人 問題는 듯기에 처음인 듯한 늣김이 잇습니다. 一夫多妻 時代의 遺風인 蓄妾 制度가 어느 程度까지 容認을 밧는 今日의 朝鮮 社會이니 妾이나 小室이란 말은 자조 듯는 말이지만, 第一, 第二, 第三…… 等等은 中國의 軍閥富豪의 性的 橫暴에 犧牲된 可憐한 女性들의 別名으로만 알아온 나로서는 이러한 名稱을 부치는 데에 奇怪한 늣김이 업지도 안습니다. 蓄妾이 制度上으로 公認이 되는 社會에서는 그들 女性의 戶籍上 地位가 그들 子女가 長子, 次子, 長女, 三女를 記入하는 것 가티 第一, 第二, 第三 等 順番을 딸을는지 알 수 업스나, 이러한 必要를 늣기지 안는 朝鮮 社會에서는 法律上으로 이 存在도 容認치 안치만, 慣習上으로 第九號가 되엿든, 第二號가 되엿든, 妾이란 一言으로 다 表示되는 줄 압니다. 第二夫人이라는 稱號가 法이라는 地位를 決코 美化시키고 昇格시킬 수는 업는 것 갓소이다.

　萬一에 第二夫人이라는 稱號에 自洽自足하는 女性이 잇다면, 이것은 女性 自體를 自侮하는 것이 될는지도 알 수 잇습니다. 現代의 不自然한 性的 關係에 잇서서 制度上의 모든 것을 否認하는 主觀的 夫婦生活, 다시 말하면 社會에 들어내노치 안는 夫婦生活, 戀愛 本位의 共同生活 가튼 것에는 더구나 第二夫人이니 第三夫人이니 하는 制度上 稱號를 부치지는 못할 것인가 합니다. 結局 이것은 妾이라는 賤名을 第二夫人이라는 美名으로 代하야 自慰하랴는 것은 結局 掩耳盜鈴이나 何等의 差가 업는 것입니다. 男女의 性的 關係를 自然現象에 依하야 說明한다면, 人口 統計上으로 보아 男性이 女性보다 少數한 今日이니 一夫가 多妻를 가질 수도 잇다고 하겟지만, 이것은 極端의 自然現象論이니 여긔에서 論할 바도 못 되지만, 同時에 多數를 占有한다는 것은 不道德한 일인 만큼 第二, 第三을 云云하는 것은 現代 朝鮮에서는 容認할 수 업는

女性을 奴隷視하는 侮辱하는 稱號로박게 들리지 안습니다.

　男女 兩性 關係에 잇서서 同時의 所有物로서 넘버를 부치는 것보다는, 차라리 妾이라는 것이 主觀的으로 自尊하는 意味가 만흐리라고 생각합니다. 모든 것을 超越한 愛人關係가 云云되는 今日에 第二夫人 云云은 古色이 蒼然한 感도 업지 안습니다.

—『신여성』, 1933. 2.

現代人의 心境 打診

1) 귀하가 만일 다시 태어나신다면? 어떤 사람으로 그리고 어떤 일을 하시렵니까?
— 순박한 농부 혹은 노동자, 한 그릇 밥 한 그릇 국에도 만족을 늣길 사람, 비단 족기 하나만 입고도 시장에 가서 구경시키고자 하는 단순한 성격의 소유자, 사업은 이에 상응한 것
2) 귀하는 어떤 사람(남녀)을 조와하십니까?
— 거짓말 안는 사람 의협심이 잇는 사람
3) 영화가 귀하에 깨처 준 것은 무엇입니까?
— 無. 다맛 無聊을 慰할뿐
4) 십년 후의 朝鮮을 어떠케 상상하십니까?
— 수명을 안대도 별 수 업겟지오. 사라가는대로 사라간 뿐
5) 귀하가 만약 귀하의 수명을 미리 아신다면? 어떠케 하시렵니까?
— 종교적 신앙의 변태한 것
6) 연애를 한마듸 말노 표현하신다면?
—
7) 귀하의 청춘에 영향을 준 서책은 무엇입니까?
— 木下尙江의 소설, 火柱, 걸식
8) 엇고 업서진 것 중에 가장 그리운 것은 朝鮮멋, 朝鮮情調?
— 무엇이나 정조에 별로 앗가운 것은 無. 업서진 것이 별로 업스니까
9) 朝鮮에서 가장 먼저 생각하고 또 간수할 일은 무엇입니까?
— 朝鮮사람의 지위, 실력, 약점, 이러한 모든 것에 대한 강력적 개선
10) 무엇이 업서지면 제일 곤란하겟습니까?
— 의식이 업스면 제일 곤란

— 『별건곤』, 1933. 3.

海外로 遠走하려고

　인생의 20 전후라면 봄 시절이오, 꽃의 계절입니다. 憧憬, 幻像, 希望, 歡喜, 哀愁 等 常軌를 버서난 모든 심리가 아지 못할 곡조를 알게 되면 철업는 젊은 피는 멋도 모르고 춤을 추게 됩니다. 멋 업시 뛰노는 동안에 청춘은 그대로 뒤도 돌아보지 안코 가버립니다. 이러한 청춘이 얼마나 조흔 것을 청춘 그 시절에 안 사람이 과연 얼마나 되는지 이것은 알고 시픈 것의 하나입니다. 늙어서 보낸 청춘을 회고하고 앗가워하지 안는 사람이 과연 얼마나 되겟습니까? 이것도 알고 시픈 것의 하나입니다. 꾀테가 『파우스트』에서 보낸 청춘을 차즈랴 하얏지만, 그 노력은 한갓 사람을 괴롭게 하얏슬 뿐입니다.
　나의 20 전후의 지난 일 또 理想─생각만 해도 반갑습니다. 20 전후 그 때에는 20 전후가 어서 넘어가기를 퍽으나 바랏습니다. 그러나 오늘에는 咀呪하든 그 20 전후가 얼마나 부럽고 다정한지 알 수 업소이다. 어찌하야 20 전후로 잇지 못하는가를 탄식할 뿐입니다. 청춘을 너무나 동경하는 그 마음은 不動心時期가 갓가워 오는 今日에도 오히려 20 전후의 생각을 가지게 합니다. 身老心不老란 아마 이를 두고 이른 듯합니다. 中學을 나온 직후의 나는 처음에 닐어나는 것은 생활문제 이엿습니다. 그러나 老母가 잇는 나로서는 생활이 중대한 문제이지만, 모든 노력은 생활문제를 떠나서 齷齪한 生에서 해방되는 데에 잇섯습니다. 해외로 高飛遠走를 얼마나 도모하엿는지 알 수 업섯소이다.
　이것은 물론 청춘 시절의 로맨틱한 생각이엿지만, 모든 것을 초월해서 自意로 행동해보자는 결심은 종교적 신앙과 다름업시 사소한 言辭에까지 制肘를 밧게 되엇소이다. 지금에 생각하면 자기가 유명한 인물이 되어 보겟다는 허영에 갓가운 동경과 현실에 대한 비판업는 불평이 學窓에서 實社會에 발을 들여 노코난 즉시에 폭발된 것이엇습니다. 人生 問

題나 社會 問題 가튼 것은 생각한 餘暇도 업섯소이다. 今日의 20 전후의 청년의 사상 가튼 것을 보면 대개 성인으로 一家見을 가지게 되엇지만, 時勢와 문화의 관계도 잇지만 우리들의 20 전후란 정말 稚氣滿滿한 時期이엇습니다. 열렬한 切名心을 가지엇스면서도 항상 자기의 실력이 업다는 것을 恨歎하야 기회만 잇거든 上海나 東京으로 공부의 길을 떠나기로 하야 1년 동안은 딴 생각을 하지 못하엿소이다. 그러나 불우의 청년에게 해외유학의 길이 그리 쉽게 더질 理 업섯습니다. 하는 수 업시 센치멘탈한 생각은 소극적으로 자기완성을 期하게 되어 敎員生活을 하게 되엇소이다. 생각이 鬱蟄할스록 자연히 思索的 生活로 들어가게 되어 별로 신통치 안케 알든 문학 방면에 留意를 하게 되엇소이다. 소설을 탐독하고 문학강의록을 구독하게 되엇소이다. 친하게 되는 것이 文學書類, 文學書類에서 어든 지식은 내의 視野를 문학에 局限하게 되여 숭배하든 인물도 前日과는 달라서 나폴레온이 쉑스피어로, 諸葛亮이가 칸트로 변하게 되엇소이다. 大砲나 毒瓦旗를 발명하야 世人을 恐怖케 하는 것보다, 名篇傑作을 내어 世人으로 하여금 驚嘆케 하고 십헛나이다. 물론 稚氣滿滿한 생각이엇지만, 그때의 感情的 主觀 生活은 내의 일평생에 가장 주관적으로 意義잇는 時代이엇소이다.

 天眞爛漫한 아동을 아페 두고 선생님이라 불러가며 자기의 공상은 공상대로 天涯地角에서 浮遊할 때의 기억은 아즉도 달콤하게 머리 한편 구석에 남아 잇습니다. 역시 그때가 그립소이다.

—『삼천리』, 1933. 3.

셰집 어드러

3월 12일(日曜)

社는 公休 아츰부터 貸家數 三處를 棟選. 적당한 것을 未發見.

오후에 C와 함께 京城 그라운드에서 락비 경기를 관람. 春寒이 아즉도 살을 베이는 듯 쌀쌀한 때에 健兒의 열기를 보는 것도 매우 狀快. 관중은 極少 中에도 松葉杖을 兩腋에 집혼 不具 中學生이 介在. 불구의 몸으로 健脚의 快走를 보는 그 심경 무엇인지 가슴을 치미는 늣김이 不無. 그와는 세계가 전혀 달치 안혼가. 隻脚으로 축구를 관람하는 그 소년의 얼골에서 관용과 羨望이 흐름을 눈을 감고 만진들 누구가 모르리. 시寺에 나가서 나무가지에 하늘거리는 봄기운을 바라보고 밤을 기다려 歸城.

13일(月曜)

社로부터 돌아오니 老親이 집일로 또 걱정. 거의 결정은 되고도 들어 잇는 사람의 갈 곳 업서 그대로 밀려오든 授恩洞 집을 어머니가 가서 보신 모양이다. 말슴하시되, 그런 집은 거저 주어도 가지 안켓다고. 그 이유=그 집에 梁木에 목을 매어 죽은 귀신이 잇다고 한다. 아비가 돈을 못 쓰게 하니까 방탕한 아들이 들보에 목을 매어 자살하엿다 한다. 그리고 그 집에 살든 자로 하나도 잘된 이가 업시 모다 망해서 나아 갓다고. 물론 凶家라 하야 자기의 安住를 방해하는 이를 저주하는 말이겟지만, 미신을 초월하여서라도 듯기에 유쾌한 일은 아니다. 어머니로서 끄리는 것도 무리한 일이 아니다. 『그 집은 단념하지요』로 대답할 뿐.

3월 14일(火曜)

퇴사 후에 貸家를 또 차젓다. 마음에 맛는 것은 업섯다. 밤에는 K동에서 C군의 快濶한 談話를 듯느라고 밤 늣는 상도 몰낫다.

—『삼천리』, 1933. 4.

建設 途中의 國都 新京

　大陸의 여름 黎明은 初秋의 늣김이 잇다. 蒼色과 暗絲의 相接한 곳이 東方平原이다. 서늘한 아츰바람에 紅塵이 날리는 新京市를 바라볼 때는 벌서 日高三丈이 되엇다.
　新京(長春)은 長久한 歷史를 가진 都市가 아니다. 荒凉한 曠野로 잇다가 乾隆째에 山東 農民을 招來하여 滿洲를 開拓하게 되면서 비로소 人煙이 遞增하야 長春廳을 두고, 理事通判을 두고, 民國 二年에 長春縣으로 改稱하엿다. 歷史上으로 長春 地方을 보면 漢代로부터 南北朝時代까지는 夫餘의 領有이엇고, 其後에는 高句麗, 遼, 金, 元 等의 所屬으로 今日에 至하엿섯다.
　長春이 都市로 著名하게 되기는 露西亞가 東淸鐵道를 經營할 째부터이다. 1899년에 露西亞가 로마노프條約을 締結하고 東鐵南部線의 敷設權을 獲得하고 哈爾濱에서 南部路線을 寬城子에 終端驛을 設하고, 更히 大連까지 延着할 째부터 吉奉黑 三省의 交叉點이 되어 經濟上으로 存在 價値를 發揮하게 되엇다. 日露戰爭 後 포스머스條約에 依하야 日本이 長春 以南의 鐵道를 讓受하야 鐵道 附屬地를 맨들고, 支那側은 域內와 附屬地間에 商埠地를 設定하야 一大 市街를 形成하고 漸次 發展하게 되고, 滿洲國이 成立되어서는 이 곳을 國都로 삼아 新京이라 稱하게 되엿다.
　그리하야 今日의 新京은 新興 滿洲國의 中樞인 것은 勿論이오, 經濟, 軍事, 交通上으로 보아 實로 國際的 要衝 都市가 되었다.
　그러나 建都가 不過 二年이라 조고마한 農村經濟的 集散地에 不過하든 新京인지라, 昔日과 今時를 同一히 語할 수 없다. 大都市의 建設 計劃이 잇슬 것은 當然한 일이다. 滿洲事變 當時에 九萬에 不過하든 것이 今日에는 十四萬으로 激增하야 住宅難이 極度에 達하고, 萬事가

草創하여 보이는 것은 無理가 아니다. 五年 內에 十四萬을 抱容할 大都市의 計劃은 着着 進行中이다.

—『매일신보』, 1933. 9. 15

各界 各人 新年 誌上 멘탈 테스트

1. 새해 첫 아츰에 무엇을 생각하섯습니까?
―만근 수년간은 별로 생각한 일이 업습니다. 생각만 하고 실행이 업는 북그러움을 덜고자 한 까닭입니다.
2. 지금 조선의 실정으로 보아 우리에게 가장 시급한 일이 무엇이겟습니까?
―경제적 갱생인가 압니다. 동시에 현실을 투시할 엑스광선 가튼 관찰력이 대중적으로 필요합니다.
3. 남에게 알리지 안은 비밀을 딱 한 가지만 아르켜 주십쇼.
―안될 말입니다.
4. 부인에 대한 불평 감사를 한 가지씩만 말슴해 주십쇼.
―불평은 업습니다. 이것은 불평을 상쇄한 대답입니다. 감사는 고생을 달게 녁이는 것입니다.
5. 일상 생활 중에서 가장 소중하게 생각하시는 일이 무엇입니까?
―자긔의 맛튼 책임인가 합니다.
6. 만약 선생을 가장 열렬히 연모하는 녀자가 잇다면, 그를 어떠케 대정하시겟습니까?
―열이 나리기를 기다리는 수밧게 별수 업겟지요. 가정과 사실을 혼동하면 부정확, 불진실한 대답이 나옵니다.
7. 선생은 술을 잡수십니까? 만일 조선의 금주법이 실현된다면?
―금주법 때문에 고통을 바들 정도의 중독은 아닙니다. 그러나 우리에게서 취흥까지를 빼아서 간다는 것은 너무 참혹한 일입니다. 미국의 제2철을 밟지 말기를 바랍니다.
8. 선생이 만일 녀자로 태여나신다면 지금의 녀생애를 도라보시고 어떤 층의 사람이 되야 무슨 일을 하시겟습니까?

―생각해 본 일은 업습니다. 현상으로 보아 대다수의 녀자가 너무나 불행하니까.
9. 선생에게 만약 백만 원의 거대한 돈이 생겨진다면 무슨 일에 어떠케 쓰시겟습니까?
―백만 원 잇다면 내 마음대로 신문이나 하나 만들어 보지요.
10. 선생은 어떤 사람의 감화를 재일 만히 바드섯습니까? 또 어떤 인물을 가장 숭배하십니까?
―온 세상 사람의 감화를 모다 밧고 잇습니다. 한 사람을 지정할 수 업습니다. 선악이다. 스승이 되는 까닭입니다. 제 책임 잘 리행하는 사람이면 누구든지 존경합니다. 나는 남을 숭배할 줄 모르는 야한(野漢)이니 존경과 혼동할 수 업습니다.

―『별건곤』, 1934. 1.

부록

〔해설〕

생활 중심 문학의 선구적 모습
―이익상론

최명표

I. 서론

　제1차 세계대전(1914. 7~1918. 11)과 1917년 러시아혁명의 성공은 일제의 식민지로 전락한 한반도에 사회주의 사상이 대량 유입될 수 있는 역사적 단초를 제공하였다. 이러한 사상적 조류는 기미독립만세운동 이후 개량주의적 운동에 진력하던 민족해방운동을 충격할 수밖에 없었다. 이전의 문학은 개인의 발견에 전력하여 근대의식을 고양시키려는 목적을 지향하고 있었는 바, 이 시기에 이르러 민족운동의 사상적 기반으로 사회주의 이념이 개입되면서 계급적 투쟁성을 강조하게 되었다. 당시의 작가들은 문학운동의 성과를 극대화하기 위해 사회단체와의 연대를 모색하였고, 마침내 1925년에 이르러 조선프롤레타리아예술동맹이라는 조직체를 결성하게 되었다. 이로써 전대의 문학을 견인했던 동인 중심 체제는 지양되고, 신념의 차이에 따라 문단의 조직이 구분되는 전례가 성립하였다.
　이와 함께 1920년대의 한국문학에서 두드러지게 나타난 점은 문단의 주도세력이 유학파 작가들로 교체되었다는 사실이다. 그들은 식민지 종주국에서 선진 문물을 학습하는 도중에 습득한 문학적 지식과 사상의 우위를 바탕으로 선배 작가들을 향해 적극적인 대결의식을 표출하였다. 그들은 대부분 당시에 국제적으로 세력을 확장하던 사회주의를 민족해방운동의 가능성을 담보해줄 수 있는 강력한 사상적 기반으로 수용했기 때문에, 국제적

연대와 관련 사회단체와의 협력을 공공연하게 주장하였다. 또한 그들은 신문과 잡지 등의 언론매체를 이념 전파의 통로로 확보하면서 발표지면의 증대를 의도하였다. 그들이 실천했던 문학운동의 공과에 대한 평가는 차치하더라도, 외세에 의해 강제로 식민지화된 나라의 문학은 사회적 현실과 괴리될 수 없다는 점에서 그들의 논리는 충분한 타당성을 지닌다.

성해 이익상(星海 李益相)은 이 시기의 문단적 흐름에 적절히 대응하는 작가이다. 그는 일본 유학, 사회주의 운동전선의 복무, 주요 언론사 기자라는 당대의 작가들이 소망했던 이상적 경력의 소지자였다. 자신에게 부과된 시대적 과제를 외면하지 않았던 그는 소설뿐만 아니라, 비평, 영화, 연극, 언론 부문에서도 활발하게 활동하며 지식인으로서의 사회적 책무를 이행하려고 전력하였다. 그의 활약상은 당시의 여느 작가와 비교해도 손색이 없을 정도로 혁혁하지만, 연구자들의 소홀한 관심에 밀려 정당한 평가를 받지 못하고 있는 실정이다. 그 원인으로는 "작가의 조기 출향으로 인한 지역과의 소원, 전집의 미발간을 비롯한 자료 정리의 미흡, 작가의 가족사적 문제, 작가에 관한 지역 연구자들의 무관심 등이 복합적으로 어우러져 야기된 결과"[2]이다. 그 이유 중에서 으뜸가는 것은 이익상이 소설집 『흙의 세례』(문예운동사, 1926)를 발간하고 요절한 뒤에 작품 정리가 이루어지지 않았다는 점을 지적할 수 있다. 그렇지만 한 작가의 작품 수습은 연구자들의 고유한 업무라는 점을 고려하면, 이 또한 정당화될 수 없다.

그것보다는 오히려 학계에 만연된 유명 작가 중심의 연구 풍토를 지적하는 편이 적절할 터이다. 그들의 편애적인 연구 분위기는 동일 작가에 대한 동어반복적 성과를 방임하면서, 문학사적으로 반드시 검토되어야 할 작가들에게는 소홀한 과오를 범하고 있다. 그리고 대상 작가의 전 작품을 대상으로 논의를 진행하는 것이 아니라, 일부 작품에 대한 집중적 접근을 시도하는 허물도 지적되어야 할 것이다. 그 결과로, 한 작가의 작품 세계를 두고 판이한 연구물을 제출하여 학계에 혼동을 야기하기도 한다. 이익상의 소설적 성취에 대해서도 예외가 아니어서, 종래의 연구자들은 극명한 대립 양상을 보인다. 한편에서는 "초기 프로문학의 자연발생적인

---

[2] 최명표, 「전북 지역 문학 연구의 현황과 과제」, 『전북지역시인론』, 청동거울, 2007, 21-22쪽.

반항적 요소를 대표"[3]하는 작가라거나, 또는 "서해만큼 프로문학가로서 인기가 높지 않았고 작품이 많지 못했을 뿐이지, 작품 수준은 서해보다 못하지 않았다."[4]라고 긍정적인 연구 성과들을 제출하고 있다. 그에 반하여 부정적인 논자들은 "범상한 쇄말사를 사실적인 객관묘사로 그리는 데에도 뛰어나지 못했을 뿐더러, 소위 신경향파 작가로서도 내세울 만한 업적을 남기지 못하고 만 영원히 미완성의 작가"[5]라거나, 또는 "이렇다 할 특색이나 작품도 남기지 못한, 습작의 단계를 벗어나지 못한 작가"[6]라고 폄하하고 있다.

이처럼 대립적 견해들이 연구자들에게 성행하는 이유인즉, 무엇보다도 이익상의 작품을 제대로 읽지 않았다는 사실에서 찾아볼 수 있다. 그들은 그의 초기작 몇 편을 읽고 나서 작품 세계를 자의적으로 재단하고 말았다. 따라서 이익상의 소설 세계를 종합적인 관점에서 파악하고 이해하여 이전의 대척적인 연구 성과를 지양하려는 노력이 필요하다. 지금까지 그의 작품들은 산일된 채 정리되지 못한 상태에 놓여 있었다. 이제 그의 전집이 발간되는 만큼, 앞으로는 이익상의 작품 전량을 숙독한 뒤에 문학사적 평가를 시도해야 할 것이다.

Ⅱ. 식민 생활의 모순과 세태 비판

1. 전기적 생애

이익상(1891~1935)의 본명은 윤상(允相)이다. 그는 전주에서 출생하여 전주보통학교를 마친 후에 1914년 4월 서울의 보성중학교에 진학하였는데, 횡보 염상섭이 1년 후배였다. 이후에 그는 경성고등보통학교 부설 교

---

3) 조연현, 『한국현대문학사』, 1969, 425쪽.
4) 김우종, 『한국현대소설사』 증보판, 1995, 성문각, 227쪽.
5) 채 훈, 「성해 이익상론」, 『진단학보』 제37집, 1974, 198쪽.
6) 김 철, 「성해 이익상론」, 『잠 없는 시대의 꿈』, 문학과지성사, 1989, 91쪽.

원양성소를 수료한 뒤에 전라북도에 있는 부안보통학교의 훈도로 부임하였다. 그는 부안에서 생활하던 1915년 4월 부안 출신 신계정과 결혼하고 나서 교직생활을 청산한 뒤에, 1918년 일본대학 사회학과로 유학하였다. 그는 체일기간 중에 1920년 1월 발족한 '동경 조선 고학생 동우회'에 가입하였고, 7월에는 동인지 『폐허』에 추가 합류하였다. 1921년에 그는 '동경 조선인유학생회 학우회'의 기관지 『학지광』 편집부원을 역임했다. 이 무렵에 이익상은 일본에 유행하던 사회주의와 무정부주의를 접하게 되어 1921년 11월 김약수, 박열, 황석우 등이 조직한 재일본 무정부주의단체 '흑도회(黑濤會)'에 가입하였고, 이듬해에는 계급투쟁 공개 선언서 「전국 노동자 제군에 격함」에 서명하였다. 일본의 프롤레타리아 작가 나카니시 이노스케(中西伊之助)7)로부터 큰 감명을 받은 그는 식민지 원주민들의 피압박 상태를 해소하기 위한 사상적 기반을 마련하면서 서조회8)와 전주청년회 등, 동향의 사회주의 조직과도 긴밀히 협력하였다. 이익상은 1922년 대학을 졸업한 뒤에 일본에서의 취직이 어렵자, 이듬해 4월 교제하던 대학 동기생 야마구치 마사코(山口誠子)과 함께 귀국하였다.

그는 귀국 후에 김기진, 박영희를 위시한 작가들과 교류하면서 사회주의 이념의 실천 방안을 모색하였다. 그는 1923년 4월 박영희, 안석영, 김형원,

---

7) 이익상은 中西伊之助의 장편소설 『汝等의 背後에서』(『중외일보』, 1926. 6. 23-11. 7)와 『熱風』(『조선일보』, 1926. 12. 23-1927. 12. 21)을 번역하여 소개하기도 했다. 中西伊之助에 관해서는 高柳俊男, 「민족의 고랑을 의식하면서 연대를 지향하다―나카니시 이노스케」, 館野晳 편, 오정환·이정환 역, 『그때 그 일본인들』, 한길사, 2006, 265-270쪽 참조.

8) 서조회(曙潮會)는 1919년 9월 박정근, 신시철, 신동기 등이 동경에서 조직한 재일본 전주 출신 유학생 단체이다. 이익상은 그들과 함께 1920년 8월 5일 회원들의 귀국을 기회로 전북공회당에서 '문화 발전에 공헌코자' 박정근, 송주상, 신석주 등과 함께 국내 지부에 해당하는 '전주 서조회'를 발족시키고, 그 해 8월 8일 전주좌에서 전주 지역 수재민 구조 자비 음악 연주회를 개최하였다. 또 1921년 8월 8일부터 27일까지 '지식 발전을 위하여' 사립 신흥학교에서 문화, 사상, 교육, 산업, 정치, 기타 도서 수백종의 무료 전람회를 열었으며, 1922년 8월 16일 전주청년회 후원으로 전주제일보통학교에서 하기 대강연회를 개최하였다. 같은 해에는 문화사업 기금을 마련하기 위해 전주청년회의 후원으로 3일간(1922. 8. 17-19) 전주좌에서 하기 활동사진대회를 개최하였다. 1920년 8월 28일자 『동아일보』 기사에 의하면, 당시 전주의 유지들은 서조회원들의 향학열을 고취하고, 전주 출신 인재의 양성을 위해서 동경에 기숙사를 신설하고자 모금 운동을 전개할 정도로 서조회원들의 활약에 관심을 가졌다고 한다.

김복진, 김기진, 연학년 등과 그들의 성 또는 이름의 두문자를 따서 '파스큘라(PASKYULA)'를 결성하고 '인생을 위한 예술, 현실과 투쟁하는 예술'을 표방하였다. 파스큘라는 정백, 이성태, 신일용9) 등의 서울청년회 계열 인사들과 잦은 회합을 통해 사회주의 사상을 학습하면서 운동전선의 확대를 도모하였다. 그들은 유학파 지식인이라는 신분상의 강점을 바탕으로 각종 강연회를 개최하고 평문들을 발표하면서, 자신들의 문단 내 입지를 서서히 확보하였다. 이익상 역시 1921년 7월 동경 조선인유학생 학우회에서 주최한 제2회 전국 순회 강연회에 참가하여 강연한 것을 비롯하여 전국 각지의 강연 활동에 활발히 참여하여 지식인으로서의 사회적 책임을 다하려고 노력하였다. 1925년 8월 17일 개최된 이노스케 환영간담회에서 그는 파스큘라 동인들과 함께 염군사 동인들의 통합 제의를 수용하여 '조선프롤레타리아예술가동맹(KAPF)'을 결성하고 발기인으로 참여하였다10). 그러나 1926년 12월 개최된 카프 임시총회에서 노출된 맹원 명단11)에 이익상은 등재되지 않았다. 당초 카프의 발기인으로 참여한 그가 임시총회에 즈음하여 탈퇴 의사를 표명한 것이다. 이에 대해서는 그가 동기를 명확하게 표명하지 않았기 때문에, 여러 가지 정황 증거들을 수집하여 추측할 수밖에 없다.

첫째, 외부적 요인으로는 이익상의 사회주의 이념에 대한 회의를 상정할 수 있다. 사실 카프는 조직 이래 파스큘라 계열과 염군사 계열 간의 대립으로 특별히 활동하지 않다가, 1926년 1월 기관지『문예운동』을 창

---

9) 신일용(辛日鎔, 1894~?, 張日星, 赤笑)은 부안 출신의 의사이며 사회운동가였다. 그는 1916년 조선총독부의학교를 마치고 1918년 전주에서 개원하였다. 1920년 전주청년회 간부로 활동하며 지역사회의 변혁운동에 가담한 그는 1922년 신생활사 사건으로 검거되었고, 1924년 서울과를 대표하여 13인회의에 참가하였으며, 1925년부터『조선일보』기자로 재직하였다. 해방 후에 제헌의원 선거에 한국민주당의 공천으로 부안에서 출마하기도 하였다. (강만길・성대경 편,『한국사회주의운동인명사전』, 창작과비평사, 1996, 256쪽)
10) 그 과정에 관한 자세한 내용은 권영민,『한국계급문학운동사』, 문예출판사, 1998, 48-84쪽 참조.
11) 당시『동아일보』(1926. 12. 27)에 보도된 동맹원은 이기영, 김영팔, 이량, 조명희, 홍기문, 김경태, 임정재, 양명, 이호, 김온, 박용대, 권구현, 이적효, 김기진, 이상화, 김복진, 최학송, 최승일, 박괄양, 박영희, 김동환, 안석주 등이고, 위원은 김복진, 김기진, 이량, 박영희, 최승일, 안석주, 김경태 등이다.

간하고 이익상의 소설 「위협의 채찍」 등을 수록하였다. 그러나 이 잡지의 제2호는 창간호와 달리 염군사 계열에서 작품 발표의 주도권을 행사하면서 전호보다 선명한 이념과 경향성을 내포하게 되었고, 그들의 이념지향적 태도에 실망한 이익상은 작품을 발표하지 않았다. 또한 1926년 11월 정우회 선언을 계기로 사회주의 운동전선에 본격적으로 방향전환론이 대두되고, 카프는 조직 내 논쟁을 거쳐 마르크스주의를 운동상의 이념적 기반으로 공식화하였다. 내부적으로는 동료 김기진과 박영희 간에 전개된 이른바 '내용-형식 논쟁'에 사회주의 간부들이 개입하면서, 카프는 점차 정치지향적 성격을 강하게 표방하게 되었다. 이러한 일련의 움직임은 이익상으로 하여금 운동에 대한 회의를 갖도록 조장하였고, 조직원들에 대한 당국의 체포와 탄압이 자행되면서 탈퇴를 재촉했을 것이다.

둘째, 이익상의 개인 사정으로는 성격과 문학적 신념을 들 수 있다. 그는 일제의 감시 속에서 사회주의 활동을 하기에는 천부적으로 '유나(柔懦)한 성격'을 지니고 있었다. 그 스스로 "극단이라 할 만한 은둔적 생활을 하는 것이 자신에 배태한 생명력을 신장"(「흙의 세례」)시키는 데 유효하다고 진단한 특질과 "좌익 진영에 동정과 협력을 하는 체 하면서도 신문기자라는 핑계로 늘 중립적인 태도"12)를 견지했다는 동료 작가의 비판은, 투철한 사회주의 이념으로 무장된 투사를 필요로 하는 조직과 부합되지 않았던 그의 성격을 증명한다. 또한 문학적으로 그는 1925년에 "사상이란 영원성이 없다."13)고 선언하고, 문학을 사회주의나 예술지상주의 등으로 범주화하려는 시도를 비판한 바 있다. 이어서 그는 앞으로 "좀더 우리의 현실 생활을 단단히 붙잡은 뒤에 어떻게 하였으면 좋겠다는 지표가 붙은 작품"14)을 생산할 것을 공표함으로써, 계급성을 강조한 문학보다는 생활 중심의 문학을 우선시하는 태도를 보였다. 이처럼 조직과 상충되는 문학적 신념을 소유한 그는 "물질의 곤란이며, 사상의 착오로 무

---

12) 박영희, 「초창기의 문단측면사」, 이동희·노상래 편, 『박영희전집 (Ⅱ)』, 영남대출판부, 1997, 347쪽.
13) 이익상, 「사상문예에 대한 편상」, 『개벽』, 1925. 2, 98쪽.
14) 이익상, 「현실 생활을 붙잡은 뒤에」, 『개벽』, 1926. 1, 135쪽.

수한 파란"(「생을 구하는 마음」)을 이유로 카프의 출범에 동조한 발기인이면서도 자진 탈퇴하였다. 아울러 일본 출신 부인과 생활하는 특이한 경력은 그로 하여금 사회주의 운동원으로서의 운신 폭을 제어했을 터이다.

이익상은 1924년 9월 『조선일보』 기자로 출발하여 1927년 11월 『동아일보』 학예부 기자와 학예부장을 역임한 뒤에 1930년 2월부터 『매일신보』 편집국장 대리로 재직하는 등, 언론계에 오랫동안 근무했다. 그는 주로 학예 부문을 담당했던 경력을 활용하여 문학 외의 예술 발전에도 힘을 기울였다. 그는 1926년 2월 김기진, 연학년, 안석주, 윤심덕 등과 함께 진보적 연극단체 '백조회(白鳥會)'를 결성했으며, 1929년 5월에는 김홍진, 박승희, 김팔봉 등과 동양영화사를 출범시키기도 했다. 같은 해에 이익상(『동아일보』)은 이서구(『매일신보』), 김기진(『중외일보』), 안석영(『조선일보』) 등 주요 신문사의 영화 담당 기자들과 함께 영화산업의 진흥을 위해 '찬영회(讚映會)'를 조직하였다. 찬영회에서는 출범 기념으로 최승희의 무용과 극단 토월회의 연극 공연, 영화 상영회 등을 개최하였으나, 1931년 1월 나운규가 주도한 소위 '찬영회 사건'을 계기로 해산하였다. 이러한 움직임은 그가 기자의 신분을 생산적으로 활용하여 식민지의 지식인으로서의 책무를 이행한 실례라고 할 수 있다.

그리고 천성적으로 "인상 깊고 정다운 후덕한 얼골"15)을 지녔던 이익상은 동료작가들에게도 여러 가지 편의를 제공하였다. 그는 신인작가들의 등단을 지원하기도 했는데, 특히 고향의 후배 작가들에게도 깊은 관심을 기울였다. 전주 출신 시인 유엽이 주도한 동인지 『금성』이 일제의 검열 정책에 의해 발행인 등록 문제에 직면하자, 그는 후배를 위해 1924년 1월 일본 부인 마사코를 『금성』 제3호의 발행인으로 등록하도록 허락하였다16). 그에 대한 보은으로 유엽은 일본 부인이 생활고로 귀국한 뒤에, 이익상의 본부인과 자녀들이 서울에서 동숙할 수 있도록 경제적으로 지원해주었다17). 또한 이익상은 향리의 후배 시인 김창술, 김해강, 신석정

---

15) 방춘해, 「문인상, 성해」, 『문예공론』, 1929. 6, 137쪽.
16) 유엽과 이익상의 관계에 대해서는 최명표, 「범애주의자의 시와 시론—유엽론」, 『전북지역시문학연구』, 2007, 청동거울, 216쪽 참조.

등이 주요 신문에 작품을 발표할 수 있도록 후원해주기도 했다18). 그는 『경성일보』기자로 활동하던 일본 부인이 1927년 1월에 생활고로 인해 외아들을 데리고 귀국한 뒤에 불안정하게 생활하던 중, 투병하던 최서해에게 대량수혈한 후유증으로 1935년 4월 향년 41세로 유명을 달리했다. 그의 부음 소식을 들은 동료작가들은 다투어 조사를 발표하며 명복을 빌었다.19)

2. 궁핍한 삶의 객관적 묘사

이익상은 초창기 한국 문단의 물질적 토대를 구축한 주요 작가이다. 그는 소위 '신경향파'로 분류된 이래 지금까지 그 범주에서 단편적으로 논의되었다. 주지하다시피 신경향파란 박영희가 "일반적으로 그 창작의 내면을 보면 유탕(遊蕩)을 떠나고, 정서지상(情緒至上)을 떠나고, 압박과 착취적 기분을 떠나 생활에, 사색에, 해방에, 민중으로 나아오려고 하는 새로운 경향"20)을 가리키며 사용한 용어이다. 그는 전대의 문학 경향과 다른 '신'경향의 작가들이 문단에 다수 출현했다는 사실을 의도적으로 강조하면서, 그 예로 이익상의 소설 「광란」(『개벽』, 1925. 3) 등을 제시하였다. 그에 의해 주창된 신경향파의 담론은 "철저히 문단 정치적인 맥락을 바탕으로 하여 작품을 강제하는 폭력적인 실천적 성격으로 인해서 작가적 실천 및 독서 태도를 규정하는 결과를 낳은, 창작상의 지침이자 작품의 성격에 대한 선규정력으로 기능"21)하기를 주저하지 않았다. 그러나 이 작품은 식민자본주의의 제도화 과정에 적응하지 못하고 소외된 한 직

---

17) 이에 관해서는 유엽, 「잊혀지지 않는 벗들 (2) 성해 이익상 씨」, 『현대문학』, 1968. 3, 103~107쪽 참조.
18) 이에 관해서는 최명표 편, 『김해강시전집』, 국학자료원, 2006, 769쪽 참조.
19) 이익상의 부음에 조사를 발표한 작가는 최상덕(「곡 성해 대형」, 『매일신보』, 1935. 4. 21), 박월탄(「영결 성해」, 『매일신보』, 1935. 4. 23), 안서(「성해여 명목하라」, 『매일신보』, 1935. 4. 24), 유엽(「통곡 성해」, 『매일신보』, 1935. 4. 25), 김동인(「왜 벌서 갓는가」, 『매일신보』, 1935. 4. 26) 등이다.
20) 박영희, 「신경향파의 문학과 그 문단적 지위」, 『개벽』, 1925. 12; 『박영희전집 (Ⅲ)』, 121쪽.
21) 박상준, 『한국근대문학과 신경향파』, 소명출판, 2000, 293쪽.

장인의 '광란'을 그린 것이어서, 박영희의 방식대로 신경향파 작품으로 분류하기에는 어색하다.

『옳다! 옳다! 돈 싫어하는 사람이 어데 있겠니? 너희들 아는 범위 안에서는……말이다.』
『그런 말씀은 그만두세요!』
『그만두어?……하……하……이 애들아! 너희들도 돈이 많이 있었더라면 모모한 집 아가씨란 말을 들었지……또는……뉘집 영부인……뉘집 마님이라고 세상 사람들이 말하겠지! 돈이지! 돈이지! 돈만 있으면 그만이지?…….』
『그만두세요! 왜 그렇게 쑥스러우세요?』
『쑥스러워? 돈 말하는 것이?』
영순은 양복 포켓에 손을 집어넣었다. 집어넣던 손이 조금 떨려 나왔다. 그 손에는 지화(紙貨) 뭉치가 쥐었다.
그는 그 뭉치로 요리상을 한 번 탁 치며,
『이것이 돈이지! 이 돈을 가져보려무나……응……속가(俗歌)에 그런 노래가 있지. 잘나고도 못난 놈, 못나고도 잘난 놈……잘난 년도 못난 년, 못난 년도 잘난 년! 이게 어떻게 무서운 말이야! 이게 어떻게 인생의 타락을 그대로 폭로시킨 말이야.』

영순은 회계 업무를 담당하는 회사원으로, 회사의 공금을 횡령하여 요정에서 동료들과 기생들에게 호기를 부리고 있다. 그는 청계천에 깨끗한 물과 오염된 물이 합류하여 한강으로 흐르는 것을 보고 "큰 것 앞에는, 절대의 큰 것 앞에는 오(汚)도 청(淸)도 없다."고 강변한다. 그는 회사 금고의 지폐를 종로 네거리에서 살포하는 환상을 실천하기 위해 기생집을 출입하고, 노상에서 공중에 지폐를 뿌린다. 그는 "인류의 타락한 생활을 도절(盜竊)한 재산의 결과"로 인식하고 현실상의 불만을 환상과 결합시키고 있다. 그는 회사의 공금이 남의 것을 편취한 것이기 때문에 그것을 횡령한 자신의 행동은 범죄가 아니라는 억지 논리로 합리화한다. 더욱이

"요만한 향락과 사치를 하룻밤밖에는 못 누리게 될 것"이라는 사실을 알고 있다는 점에서, 그의 행태는 현재의 욕구불만을 해소하는 일탈 행동 외의 특별한 의미를 획득하지 못한다. 또한 영순은 기생들에게 "너희들도 돈이 많이 있었더라면 모모한 집 아가씨란 말을 들었지."라고 말하여 자본주의의 모순을 인식하지만, 그것을 도입하여 왜곡시킨 당국을 향해 저항하지 않고 관헌에게 순순히 체포당한다. 결국 그의 발언은 기생이 아니라 자본주의의 부속물로 전락한 자신을 향한 신세한탄으로, 왜곡된 배금주의적 가치관을 드러내는 데 기여할 뿐이다.

그러므로 박영희의 견해를 존중하여 이익상의 작품에서 신경향파 소설에 적합한 자질들을 찾아내기란 난망하다. 앞의 작품이 신경향파의 미적 기준과 유리된 것만큼, 이익상은 비정치적인 다양한 군상들을 작품 속에 등장시키고 있다. 예컨대, 그는 유학간 남편을 기다리는 여성(「번뇌의 밤」), 목의 상처로 괴로워하는 여성(「흠집」), 유학생(「연의 서곡」), 교사(「젊은 교사」), 소년(「남극의 가을밤」, 「새끼 잃은 검둥이」), 어부(「어촌」), 귀농한 지식인(「흙의 세례」), 학생(「어린이의 예언」), 농민(「위협의 채찍」), 기자(「구속의 첫날」, 「그믐날」, 「대필 연서」), 기생(「가상의 불량소녀」), 호스티스(「황원행」) 등, 다양한 직업을 지닌 인물들을 등장시키고 있다. 그들은 대개 개인적 한계로 인해 세계와의 대결 국면에서 실패하거나 방황하는 인물로, 사회적 환경에 순응하는 양상을 보인다22). 곧 그들은 궁핍한 현실적 조건에 불만을 지니고 있으나, 그것이 식민지의 구조적 모순이 결과한 바라고 인식하지는 못한다. 가난이 작품의 전개에 필요한 소도구로 기능하는 것이지, 가난을 매개로 제도적 모순에 대하여 반항하거나 투쟁하는 경지로 나아가지 않는 것이다.

소설 「위협의 채찍」(『문예운동』, 1926. 1)은 이익상의 서술 태도를 선명하게 보여주는 가작이다. 주인공 성삼은 죽어가는 자식을 두고 지주에게 소작료를 내기 위해 농장으로 향한다. 소작인들에게 도조를 받기 전에

---

22) 이 점에서 이익상을 '소시민적 자유주의' 작가로 분류한 김기진의 견해는 타당성을 지닌다. (김팔봉, 「조선문학의 현재의 수준」, 『신동아』, 1934. 1 : 홍정선 편, 『김팔봉문학전집 Ⅰ』, 문학과지성사, 1988, 372쪽).

잡역을 시키는 사무원에게 성삼은 가정사정을 얘기하지만 거절당하고, 잡역을 마친 후 귀가하여 자식의 주검을 대한다. 아비의 절규는 근본적으로 소작농의 신분이 감당할 수밖에 없는 가난 때문이다. 그는 "지금 성삼의 마음 같으면 그 주운 돌로 농장 사무실 안에 거만히 앉아 있던 자들을 모조리 때려죽여도 분이 오히려 아니 풀릴 듯하였다."고 분노하지만, 이윽고 그것을 삭히며 주검을 매장한다. 이처럼 이익상은 '위협의 채찍'이라는 제목을 통해 물질적 조건에 구속된 인물의 체념적인 삶을 묘사할 뿐이다. 그의 암시는 당시까지 지주계급에 대한 물리적 투쟁보다는, 과거로부터 전승된 체제순응적 삶을 영위하는 대다수 민중들의 모습을 대변하기에 충분하다.

그는 「어촌」(『생장』, 1925. 3)에서도 이러한 서술 방식을 지속하였다. 작가는 성팔을 기다리는 모자의 간절한 마음을 '한 폭의 엷은 묵화를 쳐놓음 같이' 묘사에 전력하여 "폭풍우 속에 가족을 장사지내 버리게 되는 어촌의 참상이 한 폭의 엷은 묵화를 쳐놓음 같이 읽는 이의 눈앞에 방불히 던지어졌다."[23]는 평을 받는다. 이처럼 그는 해마다 되풀이되는 풍랑에 지아비를 잃는 어촌의 비극상을 묘파한 작품에서도 굳이 주제를 외면화하지 않는다. 그것은 민중들의 일상사를 취급하는 작품에서 주제의식을 강화할 경우에 수반되는 역기능을 고려했기 때문으로 보인다. 주제를 전달할 목적으로 작가가 개입하게 되면, 민중들의 삶은 단편화되고 일상은 분절적으로 서술될 수밖에 없다. 당대 민중들의 생활 모습을 객관적으로 묘사하는 사례는 자전적 소설 「그믐날」(『별건곤』, 1927. 1)에서도 확인할 수 있다.

『글쎄 지금 형편으로는 별 도리 없어요. 글줄이나 쓴대야 그것으로는 한 달 집세도 못 되고, 또는 자본 없어 장사도 할 수 없고, 자본이 있다고 해도 장사치로 나설 천성을 타지 못하였고, 그렇다고 굶어죽을 수도 없고, 테러리스트나 니힐리스트 같은 행동은 마음이 약해 할 수 없고, 결국 월급쟁이라도 받아 가지고 어린것 배나 안 골리도록 해 보는 수밖에 별 도리가 없겠지요.』

---

23) 박월탄, 「3월 창작평—『개벽』, 『조선문단』, 『생장』, 『개벽』」, 1925. 4.

하고, 한참 동안 숨도 쉬지 않고 대번에 이렇게 절망적으로 대답하였다. 이렇게 말하는 동안에 성호도 얼마큼 흥분하였다.

『참으로 딱한 일도 많아요.』

하고, 아내는 한숨을 내쉰다.

『별수 없겠지. 이도 못해서 굶어죽는 사람도 많으니까, 우리는 무던한 폭이라고 뱃속을 좀 편하게 먹는 수밖에 별 도리가 없겠지…….』

『글쎄요…….』

하고, 아내는 시원치 못한 대답을 한다.

성호의 눈에는 월급 받는 때의 자기의 광경, 그것을 받아 가지고 조선은행 앞으로 달음질을 하는 광경, 모든 것이 다시 어떠한 환영처럼 전개되었다. 어떠한 딴 사람의 행동을 비판하는 눈으로 바라보는 사람과 같은 느낌이 있었다. 지금 누워서 생각하는 먼저 돌아다니던 사람과는 딴 사람 같은 느낌이 있다. 아내도 무엇인지 생각하는 듯하였다. 다만 문환이만 곤한 잠이 들어 가끔 잠짓을 할 뿐이었다.

어두운 가운데에 두 혼은 활개를 치고 뛰놀았다.

성호 부부는 밀린 월급이 나오자 생필품을 구입하고 외식하는 등, 전형적인 소시민의 소비 형태를 보인다. 그들은 가난으로 인해 빚쟁이들로부터 성화와 함께 아이의 반찬투정까지 받았으면서도, 백화점과 레스토랑에서 과소비를 일삼아 충동적 구매욕을 만족시킨다. 이처럼 이익상은 기자 부부의 사소한 일상을 초점화하여 묘사함으로써, 당시의 민중들에게 만연되어 있던 자본주의 의식의 내면화 과정을 제시할 따름이다. 백화점은 "사람들은 뭔가를 소비하기 위해서 백화점에 오는 것이 아니라, 백화점에 들어가면서부터 비로소 무엇인가 갖고 싶은 것을 찾아내게끔 되었던 것"[24]이란 점에서, 작품의 말미에서 '어떠한 딴 사람의 행동을 비판하는 눈으로 바라보는 사람과 같은 느낌'을 갖는 성호의 감각은 타인지향적이다. 하지만 작가는 성호에게 타인의 시선을 의식하도록 배려하면서도, 그에 대한 일체의 반성을 시도하지 않는다. 도리어 그의 '글줄이나 쓴대야 그것

---

24) 初田 亨, 이태문 역, 『백화점』, 논형, 2003, 110쪽.

으로는 한 달 집세도 못 되고, 또는 자본 없어 장사도 할 수 없고, 자본이 있다고 해도 장사치로 나설 천성을 타지 못하였고, 그렇다고 굶어죽을 수도 없고, 테러리스트나 니힐리스트 같은 행동은 마음이 약해 할 수 없고, 결국 월급이라도 받아 가지고 어린것 배나 안 골리도록 해 보는 수밖에 별 도리가 없겠지요.'라는 체념을 앞서 기술하여 생활의 조건들을 수락할 수밖에 없는 가장의 처지를 사실적으로 제시할 뿐이다.

위에서 살펴본 바와 같이, 이익상의 소설들은 과격한 투쟁이나 급진적 이념을 강조하는 '신경향파'의 미적 준거에 부합하지 않는다. 그는 작가적 신념에 기초하여 현실 생활을 우선시하는 작품의 발표에 진력하고 있었다. 특히 그가 이 시기에 집중적으로 묘사했던 식민지 원주민들의 일상이 생활양식을 재현한다는 사실에 주목하여야 한다. 일상은 "결정과 정향 문제 내지 그 속에서 사회적 행위가 규칙에 의해 각인되고, 동시에 스스로 자신의 규칙을 창출하는 상호행위와 의사소통행위의 심층적 결과"[25]로 파악되어야 하는 것이므로, 인물들이 처한 일상의 사회사적 가치는 식민지 사회의 무정향성과 소통의 단절로 범주화될 수 있다. 이런 측면에서 소설 「쫓기어가는 이들」(『개벽』, 1926. 1)에서 득춘의 행보는 주의를 요한다. 그는 고지식한 인물로 생존하기 위해 타관살이를 하던 중에 마음에서 밀려난 뒤, 야반도주하여 T역 근처에서 '주먹질'로 연명한다. 그곳에서 아내를 유혹하는 부르주아건달을 폭행하고 나서 그는 "지금까지의 자기의 살아가려고 애쓰고 다른 사람에게 굴종한 것이 무엇보다도 부끄러웠다."며 분노한다. 이익상은 득춘처럼 '쫓기어가는 이들'의 신산스러운 일상을 담담한 어조로 묘사할 뿐, 그들을 억압하는 사회적 환경에 대한 언급은 의도적으로 배제한다. 그의 서술 태도에 힘입어 정처없이 고향에서 이향으로, 이향에서 다시 이향할 처지에 직면한 득춘의 의사소통행위는 차단되고 일상처럼 반복되는 이향에 내재된 비극성은 행간으로 확산된다. 이러한 경향을 주제의 내면화라고 칭할 수 있다면, 이익상의 작품에서 '신경향파'의 특질을 찾아내는 일은 더 이상 무료해진다.

---

25) Alf Lüdtke, 나종석 외 역, 『일상사란 무엇인가』, 청년사, 2002, 260쪽.

3. 지식인 작가의 책임의식

이익상이 카프를 탈퇴한 후에 발표한 소설의 서술상 특징은 설명이 두드러진다는 점이다. 이런 작품들을 산견하노라면, 그가 상황에 대한 설명에 치중하여 인물의 행동반경을 구속하는 모습을 발견할 수 있다. 그는 교사로 재직한 경력에 기초하여 앞서 살펴보았던 묘사 위주의 소설들과 **달리**, 이른바 '말하기'를 통해 선명한 주제의식을 표출하였다. 작가가 교사의 역할을 담당하여 지속적으로 개입하고 논평하며 설명하는 태도는 지식인 작가로서의 책임감을 이행하려는 자세의 소산이자, 이념 시비로부터 자유로워진 사유의 신축성에 기인한 것이다. 이 계열에 속하는 작품들은 교사, 기자, 신여성 등으로, 당대의 사회 현상을 대변하기에 적합한 군상들이다. 그는 지식인으로서의 책임감을 의식하면서 자전적이고 대중에게 친밀한 소재를 취급하기 시작하였다. 이런 소재들을 통해 자신의 이상이었던 귀농 의지를 드러내는 동안, 그는 불가피하게 교사의식을 노출시키게 된다. 그것은 교사로 근무하며 생활했던 부안에서 체험한 과거로의 회귀의식인 동시에, 모조 자본주의가 이식되는 과정에서 필연적으로 야기되는 부작용과 첨예한 이념의 대결장으로 변모한 식민지 수도의 물질적 조건에 환멸의식이기도 하다.

이 점에서 이익상의 귀농소설을 1920년대 중반에 범문단적으로 유행했던 브나로드운동과 관련시키는 것은 논리의 비약이다. 왜냐하면 그의 귀농은 농민들의 의식화에 목적을 둔 것이 아니라 자기만족적인 선택이었고, 그 운동이 발발하기 이전부터 내면에 자리잡았던 욕망의 소설적 실천이기 때문이다. 그러므로 귀농을 소재로 한 작품에서는 의식상의 갈등과 고민이 검출되지 않는다. 식민지시대의 소설에 나타난 귀농 모티프는 "궁핍한 농촌과 절망어린 농민의 삶에 대한 인식과 각성의 도모로 풀이되는 것이며, 또 그러한 부정적 현실에 대한 적극적인 타개의지를 알리는 것"[26]인데, 이익상의 소설에서는 농민의 삶에 대한 인식을 토대로 현실 국면을 타개하려는 적극적 의지를 검출할 수 없다. 그것은 그가 자신을

---

26) 조남현, 「한국 근대소설에 나타난 지식인 귀농 모티프」, 『한국현대소설연구』, 민음사, 1987, 153쪽.

구속하는 내외 상황의 압박감을 농촌이라는 안식적 공간 표지에 의탁하여 심리적 안정감을 도모했기 때문이다. 그의 귀농 의지는 등단작27) 「낙오자」(『매일신보』, 1919. 7. 14)에서부터 비롯되었다.

이 매연과 진애 속에서 죽어가는 해쓱한 얼굴을 가지고 꾸무럭꾸무럭 하는 것은 차마 할 수 없다. 어서 뒤에 산이 있고, 산에 수목이 울(鬱)하고, 앞에는 맑은 시내가 탕탕(湯湯)하게 흐르고, 거개는 고기 노는 데에…… 가서 살아야하겠다. 무사기한 순박한 농부들과 함께 술을 먹고, 밥을 먹고 뛰고 노는 것도 또한 취미가 있음 즉하다. 새 갓을 쓰고 아침볕에 영롱하게 빛나는 이슬 맺힌 풀을 밟고 돌아다니는 것도 유쾌하겠지! 종일토록 땀을 흘리고 일하다가 벽공에서 떠오는 듯한 둥근 달을 쳐다보고 땅이불 끌고 돌아올 때에는, 신성하고 순결한 생각이 가슴에서 무럭무럭 나오겠지! 가족이 단란하게 모여 식사를 마치고 신간 서적을 보면서, 이 세상의 모든 일의 형편을 추상할 때에는……. 이와 같은 것을 초월한 묵상을 계속할 때에는, 나의 앞에는 아무것도 없겠지……. 나는 어서 용단을 하여야 하겠다 하였다.

이익상의 귀향의식이 명확하게 드러난 작품이다. 그는 일본에서 유학 하는 중에 투르게네프, 톨스토이, 도스토옙스키 등 러시아 작가들의 소설 작품을 애독하였다. 그 중에서도 톨스토이의 농민에 대한 사랑에 경도되어 인도주의적 문학관을 형성하게 되었다. 이러한 영향 관계를 파악하게 되면, 농촌으로 돌아간 소설 속 인물들이 평화한 표정으로 생활에 매진하는 모습을 수긍할 수 있다. 귀농은 '무사기하고 순박한 농부'들과 어우러져 개인적 이상을 실천할 수 있는 생활의 장으로 귀의하는 것이다. 그렇지만

---

27) 이익상은 「처녀작 발표 당시의 감상—3호실의 반신상」(『조선문단』, 1925. 3)에서 최초의 작품을 「3호실의 반신상」으로 언급하고 나서, 이 작품은 "발표하기 위하여 쓴 것이 아니라 취직하기 위하여 취직문으로 쓴 것"이었다고 회고하였다. 그러나 이 작품은 아직 발표지면이 확인되지 않아 작품이 미발굴되었을 뿐만 아니라, 그가 언급한 취직은 대학 졸업 후의 일이므로 유학하기 이전에 발표한 「낙오자」를 최초의 작품으로 인정하는 것이 타당하다.

그의 귀농은 기존의 작가들의 실천한 바를 재현한 것이 아니라, 단지 '이매연과 진애 속에서 죽어가는 해쓱한 얼굴을 가지고 꾸무럭꾸무럭하는 것은 차마 할 수 없다'는 도피적 행동으로 실천된 것이어서 농부가 출현하지 않는다. 곧, 그의 귀농은 '낙오자'의 귀향이라는 패배의식을 전제로 성립하기 때문에, 식민지 사회에 적응하지 못한 지식인의 자기만족적 은둔 행위로 파악되어야 한다. 그 적절한 답은 「흙의 세례」(『개벽』, 1925. 5)에서 귀농한 명호의 발언에서 찾아볼 수 있다.

나는 테러리스트가 되지 못하였다. 그러한 모험할 성격이 없는 것은 큰 유감이다. 명예와 공리만을 위하여 인간의 참생활에서 거리가 너무나 먼 단적 문제에만 구니(拘泥)하는 이매망량(魑魅魍魎)과는 언제까지든지 길을 같이 할 수 없다. 나는 그러한 비열한 생활 수단을 취하여 사회적으로 성공자가 되는 것보다, 차라리 자기 야심을 속이지 않고 진실한 내면의 요구에 응하기 위하여 사회적으로 실패자가 됨을 도리어 기뻐한다.

명호는 낙향하여 '흙의 세례'를 받는 것이 '명예와 공리만을 위하여 인간의 참생활에서 거리가 너무나 먼 단적 문제에만 구니하는 이매망량'이라는 '성공자'보다는, 차라리 '자기 양심을 속이지 않고 진실한 내면의 요구에 응하기 위하여 사회적으로 실패자가 됨을 도리어 기뻐'하는 '낙오자'가 되기를 마다하지 않는다. 즉, 이익상은 '인간의 참생활'과 거리가 먼 극단적인 관념론으로 일관하는 문단에 호응하기보다는, 자신의 '진실한 내면의 요구'에 따른 귀농을 택한 것이다. 그의 결정은 사회주의 운동 단체들과 상거를 유지하게 된 배경으로 작용하였고, 그런 태도는 "식민지와 반(半)봉건이라는 이중의 질곡 하에서 살아가고 있던 당대 민중들의 삶의 모습이 너무나 압도적이었기에, 그 앞에서 예술적 주체가 위축된 것"[28] 이라고 볼 수 있다. 그 결과 그의 소설에 나타난 귀농 모티프들은 부정적 현실을 타개하려는 적극적 열망을 함의하기보다는, 현실에 좌절한 지식인의 은둔하는 모습을 형상화하도록 추동하였다. 이런 이유로 그의 귀농

---

28) 유문선, 「신경향파 문학비평 연구」, 서울대대학원 박사논문, 1995, 152쪽.

소설들은 정치적 의미를 거세당한 '낙오자'의 기록이다.

중편소설 「젊은 교사」(『조선일보』, 1924. 12. 3~1925. 1. 18)는 "부안 보통학교 교사로 수년 있는 동안에 얻은 실감과 경험을 토대로 하여 쓴 것"29)으로, 그의 귀농의식과 교사의식이 혼재되어 있다. 이익상은 자전적 작품에 신규교사를 등장시켜 민족의 현실에 분노하고, 교장에게 항명하는 과정을 자세히 서술하였다. 영민은 조선어가 아니라 '국어'로 부임 인사 하라는 일인 교장의 지시에 반감을 느끼던 중에, 한반도를 일본의 복속 영토로 가르치는 지리 수업을 참관하고 자괴감을 느낀다. 지도는 세계를 가시화하여 모상으로 제시하는 과정에 필연적으로 권력의 개입을 수락하게 된다. 지도의 속성을 간파한 최남선은 일본 지리학자가 한반도를 대륙을 향한 토끼 형상으로 비유하자, 자신이 발간하던 잡지에서 그의 왜곡된 견해를 비판하였다. 그는 일본의 지도를 태평양을 바라보는 토끼로 비유한 사례를 제시한 뒤, 한반도를 대륙을 향해 포효하는 호랑이 형상으로 비유하였다30).

이처럼 지도는 "세계 그 자체인 것이 아니라 인간에 의해 포착된 세계의 개념이며 상"31)이기 때문에, 불가피하게 그것들이 모사되고 읽히는 단계에서 제작자가 은닉한 의미를 생산하게 된다. 결국 지도는 권력이 기획한 세계를 모사한 텍스트로서, 타자를 배격하며 소정의 의미를 반복재생산하는 것이다. 곧, 한반도가 일본의 부속 영토라는 지리적 사실을 지도에서 확인하는 찰나, 학습자들은 상상의 공간 체험을 통해 일본인과 영토를 공유하며 식민지의식을 내면화하게 된다. 학교에서 행해지는 지도 학습은 식민지의 학습자들에게 반복적으로 주입되어 극심한 열등감과 패배의식을 고착화시키기 마련이다. 영민이 교실에 게시된 한반도 지도를 보고 "우리나라 지도의 형상은 한 마리 호랑이 같다."던 은사의 말에 "조선 지형이란 좋은 집을 많이 지으면 안 된다. 누에가 고치를 지으면 조선은 망하는 날이다."라는 말을 중첩시키는 것도, 결국 한반도를 일본의 영토로 교수-

---

29) 이익상, 「내 소설과 모델—'짓밟힌 진주'와 내 심경」, 『삼천리』, 1930. 5, 68쪽.
30) 최남선, 「봉길이 지리 공부」, 『소년』 창간호, 1908. 11, 65-68쪽.
31) 若林幹夫, 정선태 역, 『지도의 상상력』, 산처럼, 2007, 71쪽.

학습하는 교육현장의 비극적 결과를 예감했기 때문이다.

영민은 이러한 옛날 생각이 교수를 참관하며, 또는 조선 지도를 바라보는 동안에 저절로 나왔었다. 영민은 힘없이 마음으로 부르짖었다. "조선 지도는 역시 누에였던 것이다. 아세아대륙이란 뽕잎을 삭여 먹어 들어가는 누에가 아니었던 것이다. 거기에다 발을 붙이고 집 지을 곳을 찾느라고 방황하는 누에였던 것이다. 철도망, 해저전선, 항해선로—모두 다 누에가 게워 놓은 고치실이다." 그리고 문득 한숨을 쉬었다.

1909년 일제는 '보통학교령'과 시행령을 개정하여 역사의 비중을 낮추고, 역사와 지리를 통합하여 '지리역사'로 통합해버렸다. 이런 실정에서 대륙을 향해 포효하는 '한 마리 호랑이'가 내포한 정적 형상보다 '아세아대륙이란 뽕잎을 삭여 먹어 들어가는 누에'의 동적 움직임을 기대하는 영민에게 한반도는 '집 지을 곳을 찾느라고 방황하는 누에'로 인식될 수밖에 없다. 누에는 집을 짓고 번데기가 되어 죽음을 맞으므로, 누에로 추락한 한반도의 전도는 암울하다. 그러나 이익상은 지도학습이 초래하게 될 부정적 효과를 정확히 인식하고 있었으면서도, 행동으로 전이시키지 않은 채 사태의 국면 제시에 머문다. 그것은 제도교육에 종사하는 교사들이 식민체제의 수호자로 전락해버린 비극적 현실의 단면이다. 그런 양상은 그의 소설 「생을 구하는 마음」(『신생활』, 1922. 9)의 교사 최우가 "창공을 우러러보고, 표묘(漂渺)한 해양을 바라보며, 바람소리와 물소리가 섞여 들리는 때의 사색하는 순간에만 참으로 만족과 감사"를 느끼고, 그의 친구 김준경이 우를 찾아가서 유숙하려는 자신의 행위를 '생을 구하는 마음'인 양 인식할 때부터 마련되어 있었다. 이처럼 이익상은 일제의 강점에 대한 비판적 의견을 서술하면서도, 행동화를 주저하고 현상의 제시에 국한하는 서술 경향으로 일관하여 당대 지식인들의 현실주의적 태도를 보여주었다.

지식인으로서의 사회적 책무를 작품상으로 구현하고자 시도했던 이익상의 노력은 연애소설로 변주되었다. 1920년대의 식민지 사회는 가히 연애의 시대였다. 신여성들은 일본 『청탑』지의 연애론을 복사하여 유포하였고,

소설 작품에서는 연애가 주요 소재로 활용되었다. 그러나 당시의 연애 담론은 주체적 생산 과정이 결여된 번역본이었다. 알렉산드라 콜론타이 (Alexandra Kolontai)의 '붉은 연애(赤戀)론'과 앨런 케이(Ellen Key)의 '연애 결혼론'이 유입되면서 연애 담론은 식민지 사회를 장악하였으나, 그것은 식민지보다 근대화를 앞서 이룩한 나라의 선진적 담론이었다. 이러한 추세와 관련된 정보를 신속히 접할 수 있었던 기자 이익상은 윤심덕의 연애 사건[32]에 비판적 의견을 표하고, 나아가 연애를 소설의 주요 소재로 활용하기에 이른다. 그가 연애에 관심을 표명하게 된 이유는 당시의 연애가 "현실의 저항적 요소들을 열등한 주체의 특징으로 편성해가는 가운데, 신문명이라는 추상적인 이상을 견지하는 기만적 표상으로 기능"[33]하고 있었기 때문이다.

연애는 개인 간의 은밀한 감정의 교환이라기보다는 사회체계의 영향권에서 이루어지는 계약행위이다. 이익상은 기성세대의 일원으로서, 연애를 억압된 성적 욕망의 충족 양상으로 변질시키는 세태를 관망할 수는 없었다. 그런 까닭에 그는 연애소설에 시대적 조류를 반영하면서도, 개별적 사안에 대해서는 보수적인 가치관을 내세웠다. 먼저「번뇌의 밤」(『학지광』, 1921. 6)에서 숙경은 동경 유학생들 사이에 자유연애가 유행이란 소문을 듣고 노심초사하던 중에, 남편으로부터 위로의 편지를 받고 안심한다. 작가는 시어머니의 위로 속에서 '번민의 밤'을 맞는 전통적인 여성의 복잡한 심사를 서술하면서 보수적인 애정관을 보여주었다. 그가 일본 유학 중의 기숙사에서 체험한 남녀학생들의 연애담을 그린「연의 서곡」(『개벽』, 1924. 4)의 K는 신여성이다. 그녀는 연애가 가능한 상황에 노출되어 있지만, 전래의 정조관을 훼손하지 않는다. 또 다른 남자를 짝사랑하는 여인을 위해 연서를 대필해주는 청년의 얘기를 다룬 중편소설「대필 연서」(『동아일보』, 1927. 12. 5~17)는 급격히 변화하는 세태를 묘사한 작품이다. 이익상의 연애관이 극명하게 드러난 작품은「유산」(『신소설』, 1929. 12)이다.

---

[32] 이익상,「윤심덕 정사에 관하여」,『신여성』, 1925. 8, 34~37쪽.
[33] 김지영,『연애라는 표상』, 소명출판, 2007, 255쪽.

그러나 유산, 세상에 고상한 운명의 장난도 많다. 사회적으로 살아볼까 하고 새로운 생명이 이 몸에 붙을 때에 어떻게 고민을 하였더냐. 어떻게 몹시도 저주를 하였더냐. 인과의 씨! 조그마한 핏덩이 하나를 이 몸에서 떼내면 영원한 행복이 올 것같이 그것을 떼려고 발버둥을 치지 않았느냐. 이것이 생김으로 인하여 남성의 노예가 될까 두려워하여 의사의 문을 두들기고, 혀 고부라진 소리로 애걸을 하지 않았느냐. 그러나 그 핏덩이는 영영 떨어지지 않았다.

그러나 다시 사람으로서, 어머니로서 뱃속의 새로운 생명에 애착을 느끼게 되지 않았는가. 전날의 저주한 죄를 몇 번이나 남몰래 어린 생명에 애걸하지 않았는가. 이 생명을 위하여 명예도, 지위도, 개성도 모두 버리자고 약속하지 않았느냐. 그러한 결심이 뭉치고 뭉치어 다시 박정한 남자를 찾아 서울로 올라온 오늘에 이 생명이 받은 기화가 웬일이냐. 그는 저주할 때는 떼려도 뗄 수 없다가, 그의 행복을 위하여 어머니로 사랑을 바치려 하는 오늘에 와서는 이 지경이 되지 않았는가. 사람의 운명이 얼마나 심술궂으면 이렇게 장난을 칠까. 다시 앞이 캄캄하였다.

경숙은 임신을 '남성의 노예'가 되는 구속물로 여기고, 신여성으로서의 '영원한 행복'을 찾기 위해 유산을 결심한다. 하지만 모성 본능을 삭제하지 못하여 낙태를 철회하며 '이 생명을 위하여 명예도, 지위도, 개성도 모두 버리자고 약속'하였다가 불의의 교통사고를 당하였다. 이러한 극적 상황은 작가가 의도적으로 조성한 것으로, 신여성들이 당면하게 될 임신 문제를 통해 당시의 문란했던 이성교제의 후유증을 지적하고 있다. 무책임하고 방종한 연애보다는 자신의 행동에 대한 사회적 책임을 이행하기를 권고하는 이익상의 전언은, 무분별한 연애 풍조를 주도하는 신여성들을 향한 책임감의 촉구이다. 경숙을 통해 파악할 수 있는 그의 연애관은 자유연애라는 시대적 조류를 수긍하면서도 그 부작용에 대한 염려 때문에 전적으로 찬성하지 못하는 윤리적 갈등을 여실히 보여준다. 그런 태도야말로 봉건적 여성관이 지닌 폐해를 인정하면서도, 신여성들이 숙명적으로 감당하게 될 비극적 운명을 동정하는 지식인 작가의 염려이다. 소설 「어여

뿐 악마」(『동광』, 1927. 1)의 명수가 평범한 인연의 기생을 위해 퇴근 후의 출장 교수를 마다하지 않거나, 다른 작품 「옛 보금자리로」(『신소설』, 1930. 1)의 내가 가출한 기생에게 자기 집을 은신처로 제공하는 것도 동일한 범주에 속한다.

이처럼 이익상은 지식인의 관점으로 사회적 약자를 향한 관심을 지속적으로 표명하였다. 그의 입각점은 소모적인 관념의 유희에 함몰되지 않고, 지식계급의 사회적 책무성을 이행하려는 노력의 일단이었다. 그는 이러한 태도를 앞세워 정치와 사회로부터 이중적 고통을 감당하는 식민지 민중들의 아픔을 위로하는 행렬에 지식인들이 동참하기를 기대하였다. 이것은 그의 작가적 신념이었던 생활 중심의 문학을 실천하기 위한 방법론적 자각의 산물로서, 당시의 문단에 성행하였던 카프 계열의 소설들과 구분되는 미적 자질이다. 그러나 설명 위주의 서술 태도를 견지하게 되면서, 묘사 중심의 작품들에 비해 소설적 성취 수준을 저하시키는 요인으로 작용하였다. 따라서 그를 신경향파의 일원으로 고정한 채 논의를 진행하던 종전의 연구 자세는 재고되어야 한다. 그는 식민지 원주민들의 궁핍상을 구성하는 다양한 세목들에 애정을 갖고 소설적 구현 방안을 진지하게 모색한 휴머니스트이자, 사회적 책임감을 수행하기 위해 고민했던 지식인이었다.

Ⅲ. 결론

앞에서 살펴본 바와 같이, 이익상은 한국 문학의 토대를 닦은 선구적 작가이다. 그는 1917년 11월 『청춘』에 소설 「일상의 벗」이 선외가작으로 뽑힌 뒤에, 「낙오자」를 발표하며 소설가의 길에 뛰어들었다. 이로 미루건대 그는 부안에서 생활하던 시절부터 문학에 뜻을 두었다가, 일본 유학 후에 본격적으로 작품 활동에 임한 것으로 보인다.

그는 문학 활동 외에도 여러 부문에서 문화예술의 발전에 진력하였다. 그는 사회주의 이념에 입각하여 식민지의 현실적 조건들을 정확히 인식하고, 다양한 활동으로 유학 중에 습득한 지식을 활용하기 위해 노력하였다. 그는 각종 사회주의 단체에 가담했던 초기의 직접적 복무 방식 대신에, 소설 작품에서 작가적 신념을 구현하는 방식을 택하였다. 그의 태도 변화는 조선프롤레타리아예술동맹의 자진 탈퇴로 결행되었고, 식민지 원주민들에 대한 지속적인 소설적 관심의 표명으로 실천되었다.

이익상은 지식인 작가로서의 책임감을 의식하고, 당대 민중들의 궁핍한 생활에 집중적인 관심을 기울이는 생활 중심의 문학을 추구하였다. 그의 중단편소설들은 크게 나누어 '보여주기' 중심의 소설과 '말하기' 중심의 소설로 이분할 수 있다. 전자는 문제사태에 대한 객관적 묘사를 통해서 주제를 내면화하는 양상으로 전개되었고, 후자는 당대의 현안과제로 대두되었던 문제에 대한 활발한 의견 개진으로 구체화되었다. 이러한 작법은 이른바 신경향파의 미학적 수락기준과 변별된다는 점에서, 기존의 논의들이 지닌 오류들을 재검토할 것을 요구한다.

아울러 이익상은 전북 문단의 선구자였다. 그는 전라북도에 미처 문단이 형성되기 전에 고향을 떠났으나, 언론기관에 종사하는 동안 고향의 유엽, 김해강, 김창술, 신석정 등에게 지면을 적극 할애한 후원자였다. 전북 출신의 시인들은 전부 그의 도움을 받아 문단 활동을 시작하게 되었다고 해도 과언이 아니다. 그는 아동문학에도 관심을 기울였다.[34] 이것은 보성학교 후배였던 방정환과의 인연에 기인한 듯하다. 그는 1931년 어린이날 중앙준비위원으로 활동하기도 하였으며, 소년운동단체들의 분열상을 비판하기도 하였다.[35] 이처럼 이익상의 활동 폭은 넓었고, 문학적 관심도 여러 장르에 걸쳐 있다. 그의 활발한 문단 활동에 적합한 문학적 평가가 이루어져야 할 이유이다.

---

[34] 이익상의 아동문학에 관해서는 최명표, 「전북 지역 아동문단의 형성 과정」, 『전북지역아동문학연구』, 청동거울, 2010, 12-54쪽 참조.
[35] 성해, 「어린이날을 당하야―소년운동의 통일을 제언」, 『조선일보』, 1927. 5. 2.

李益相 연보

본명 李允相, 호 星海

1891. 5. 12 전라북도 全州府 相生町(현 전주시 태평동) 76번지에서 전주 李씨 健漢과 김해金씨 姓女의 2형제(禹相-允相) 중 차남으로 출생 (원적지 : 전주군 전주면 大和町 24번지)

1908. 전주보통학교(현 전주초등학교) 졸업

1914. 4. 서울 보성고등보통학교 졸업

1914. 경성고등보통학교(현 경기고등학교) 부설 임시 교원양성소 수료

1915. 4. 전북 부안의 영월辛씨 柱貞(부 辛基良과 모 鄭允方의 2녀, 신석정의 사촌누이)과 결혼하여 슬하에 1남 6녀(仙英-仙玉-仙同-晶-仙男-仙姬-仙香)를 둠(제적등본에는 1930. 2. 20 결혼으로 등재) 이후 부안보통학교 훈도로 3년간 재직

1917. 6. 장녀 仙英 출생(그녀는 1937. 11. 19 육당 최남선 장남 崔漢因과 결혼함. 최한인은 결혼 후 부안에서 한의원을 경영하다가 해방 후 사망)

1918. 11. 차녀 仙玉 출생

1918-1922. 일본대학 사회학과 유학 중에 일본 작가 니카니시 이노스케(中西伊之助)를 흠모하게 되어 그의 장편소설 『熱風』을 『조선일보』 (1926. 12. 23~1927. 12. 21)에 번역했으며, 동기생 야마구치 마사코(山口誠子)와 동거를 시작함

1920. 7. 김억, 남궁벽, 오상순, 황석우, 변영로, 나혜석, 염상섭 등이 창간한 동인지 『폐허』 가담

1920. 7. 동경 조선인유학생회 주최 제1회 전국 순회 강연회 참가

1920. 8. '黑雨會'를 모방하여 전주 지역의 박정근, 송주상, 신석주, 정준찬 등과 함께 '曙潮會'를 결성하고, 발족 기념 강연회에서 「예술과 실생활」을 강연

1921. 동경 조선인유학생회 학우회 기관지 『학지광』 편집부원

1921. 6. 3녀 仙同 출생
1921. 7. 동경 조선인유학생 학우회 주최 제2회 전국 순회 강연회에 참가하여「생활과 개조」란 주제로 강연
1921. 11. 29 일본 무정부주의자 岩佐太郎의 영향으로 일본 사회주의단체 '黑濤會' 가입
1922. 일본대학 사회학과 졸업
1922. 2. 4 김두전, 이용기 등과 계급투쟁 공개 선언서「全朝鮮 勞動者 諸君에 檄함」(『조선일보』)이라는 동우회 선언 발표
1923. 4. 일본에서의 취직이 용이치 않고, 마침 山口誠子가 아들 晶을 임신하게 되자 함께 귀국하여 서울 낙원동에서 동거하며 박영희, 안석영, 김형원, 김복진, 김기진, 연학년 등과 그들의 성과 이름의 머리글자를 따서 '파스큘라(PASKYULA)'를 결성하고, '인생을 위한 예술, 현실과 투쟁하는 예술'을 표방함
1923. 6. 장남 晶 출생
1924. 1. 동향 시인 유엽의 요청으로 일제의 검열을 피하기 위해 山口誠子를『金星』제3호의 발행인으로 등록
1924. 9. 조선일보 기자로 입사. 일본 부인은『경성일보』기자로 입사
1925. 2. 8 파스큘라 맹원들과 한국 최초의 문예강연회(천도교기념관) 개최
1925. 5. 11 서울청년회 주최 학술대강연회(기독교청년회관)에서 '민중이 요구하는 문예'란 주제로 강연
1925. 6. 20 문우수양회 주최 문우수양강연회(蠹島예배당)에서 '현대교육' 강연
1925. 8. 문예 강연회, 詩脚本 낭독회, 일본 프롤레타리아 작가 초청강연회 등을 개최
1925. 8. '파스큘라'와 1922년 조직된 최승일, 심훈, 송영, 김영팔 등의 좌익 문학단체 염군사가 통합하여 조선프롤레타리아예술가동맹(KAPF)를 결성
1926. 1. 25 김팔봉, 이상화, 박영희 등과『문예운동』창간
1926. 9. 中西伊之助의 소설『汝等의 背後에서』(문예운동사)를 번역

출간하였는 바, 이 작품은 "조선을 재료로 하고, 혁명적 기분을 배경으로 한 소설로, 조선 사정에 극히 어두운 점이 있음에도 불구하고, 조선인이 보아서 어떠한 감명을 아니 받지 못할 作"(『동아일보』, 1926. 9. 17)으로 소개됨

1926. 11. 소설집『흙의 세례』(문예운동사) 발간
1926. 12. 18 문예운동사 주최 문예대강연회(중앙기독청년회관)에서 강연
1926. 12. 25 김억, 김기진 등과 조선문예가협회(중앙기독청년회관)를 발족시키고 간사를 맡음. 이후에 일본 부인은 아들을 데리고 친정으로 돌아감
1927. 5. 5 문예시대사 주최 문예강연 및 음악회(중앙청년회관)에서 「쎄네리즘과 문예」란 주제로 강연
1927. 11.『동아일보』학예부 기자로 입사
1927. 12. 6 이서구(『매일신보』), 김기진(『중외일보』), 안석주(『조선일보』) 등 영화 담당 기자들과 '讚映會' 설립. 최승희의 무용, 극단 토월회의 연극 공연, 영화 상영회 등을 개최하다가, 나운규 주도의 '찬영회 사건'(1931. 1. 1)을 계기로 해산
1928. 3. 4~1930. 2. 5『동아일보』학예부장으로 재직
1928. 5. 6 소년총연맹 주최 어린이날기념식(수송보통학교)에서 축사
1929. 3. 4녀 仙男 출생
1929. 5. 2 김홍진, 박승희, 김팔봉 등과 동양영화사 출범
1929. 6. 1 조선문예가협회 주최 경북 기근 구제 문예강연회(천도교기념관)에서 '조선 문예와 현대 취미'를 강연
1929. 6. 4 신우회 경성지부 주최 조선소년문예대강연회(천도교기념관)에서 '동화에 나타난 조선 정조'(이 원고는 1924. 10. 13~20『조선일보』에 발표한 원고를 바탕으로 한 강연으로 추측)를 강연
1929. 10. 31 이윤재, 이극로, 이병기 등과 조선어사전편찬위원회 발기총회(조선교육협회) 개최
1930. 2.『매일신보』편집국장으로 부임. 이 무렵 불안정한 가정생활과 고혈압, 대동맥경화증 등 신병으로 고생

1931. 3. 21 방정환 등과 전조선어린이날중앙준비회 위원으로 활동
1931. 6. 5녀 仙姬 출생
1931. 7. 백두산 등정
1933. 5. 6녀 仙香 출생
1934. 7. 9 조선문예가협회 회원 자격으로 「한글 철자법 시비에 대한 성명서」 서명
1934. 세계언론인대회(중국 大連) 참석
1935. 4. 19 서울 종로구 연건동 270번지에서 향년 41세로 사망
1935. 4. 21 서울 각황사에서 영결식 거행됨

이익상 작품 목록

*미발굴작

발표연월일	발표지	작품 명	비고
?	?	「三號室의 半身像」*	소설
1919. 7. 14	매일신보	「落伍者」	소설
1921. 1.	학지광	「亡友 崔 君의 追憶」	수필
1.	폐허	「廢墟 雜記」	〃
5.	개벽	「憑虛君의 '貧妻'와 牧星君의 '그날밤'을 읽은 印象」	평론
6.	학지광	「煩惱의 밤」	소설
6.	개벽	「藝術的 良心이 缺如한 우리 文壇」	평론
1922. 9.	신생활	「生을 求하는 마음」	소설
1923. 7. 17-19	매일신보	「建設 途中에 잇는 우리 文壇을 爲하야」	평론
1923. 11. 25	〃	「헛집」	소설
1924. 1.	금성	「苦言 二, 三」	평론
1924. 4.	개벽	「戀의 序曲」	소설
1924. 4.	〃	「生活의 傀儡」	수필
1924. 10. 13-20	조선일보	「童話에 나타난 朝鮮 情調」	평론
1924. 11. 3	〃	「文學運動을 하려거든 좀더 活氣를 내보자」	〃
1924. 11. 10-17	〃	「十一月 創作評」	〃
1924. 12. 3-1925. 1. 18	〃	「젊은 敎師」	소설
1924. 12. 14	매일신보	「明年度 文壇에 對한 希望과 豫想」	설문
1925. 1.	개벽	「思想 文藝에 對한 片想」	평론
1925. 1.	생장	「中學時代 追憶―廉想涉論」	수필
1925. 1	신여성	「南極의 가을 밤」	소설
1925. 2.	생장	「文藝의 永遠性」	평론
1925. 2.	개벽	「親切이 적은 文壇」	〃
1925. 3.	어린이	「새끼 일흔 검둥이」	동화
1925. 3.	조선문단	「處女作 發表 當時의 感想―三號室의 半身像」	수필
1925. 3.	개벽	「狂亂」	소설
1925. 3.	생장	「漁村」	〃
1925. 4.	〃	「追憶」*	수필

발표연월일	발표지	작품명	비고
1925. 5.	개벽	「흙의 洗禮」	소설
1925. 4. 27	시대일보	「文壇散話」	평론
1925. 6. 8-12	조선일보	「錯誤된 批評」	〃
1925. 6.	개벽	「劇化하는 合評會」	평론
1925. 7.	조선문단	「運命의 戀愛」	수필
1925. 8.	개벽	「拘束의 첫날」	소설
1926. 1.	개벽	「쫓기어가는 이들」	소설
1926. 1.	〃	「現實生活을 붓잡은 뒤에」	평론
1926. 1	문예운동	「威脅의 채쭉」	소설
1926.12.23-1927.12. 21	조선일보	『熱風』(中西伊之助 원작)	번역 소설
1926. 2.	문예운동	「쥐 이야기」*	소설
1926. 5.	〃	「藝術쟁이와 阿片쟁이」*	〃
1926. 5.	개벽	「亡靈의 亂舞」	〃
1926. 9.	신여성	「尹心悳 情死에 關하야」	수필
1926. 9.	문예운동사	『汝等의 背後』(中西伊之助 원작)	번역소설
1926. 11.	별건곤	「婦人 運動者와 會見記」	대담
1926. 11.	문예운동사	『흙의 洗禮』	소설집
1926. 11.	『흙의 洗禮』	「어린이의 囈語」	소설
1926. 12. 5	매일신보	「紅恨綠愁─운명의 작란」	6인 연작소설
1926. 12.	별건곤	「다시는 안보겟소」	소설
1926.		『문사들의 연애관』(조선문단사)	염상섭 외
1927. 1. 1	매일신보	「沈滯된 半島 文壇 振興策」	평론
1927. 1. 1-7. 19	조선일보	『키일혼 帆船』	장편소설
1927. 7. 19	〃	「前篇을 마치고」	수필
1927. 1.	별건곤	「그믐날」	소설
1927. 1.	동광	「어여쁜 惡魔」	〃
1927. 1.	조선지광	「다다미房 生活」*	〃
1927. 1.	문예운동	「文壇 沈滯의 個人的 原因」	평론
1927. 3.	신민	「그러케 問題삼을 것은 업다」	설문
1927. 5. 2	조선일보	「어린이날을 当하야」	평론
1927. 5.	동광	「점잖은 態度를 變하지 말라」	설문
1927. 9. 13-15	동아일보	「現下 出版과 文化」	평론
1927. 10.	별건곤	「旅行地에서 본 女子의 印象, 異常한 奇緣」	수필
1927. 11. 16	중외일보	「文藝 誹議에 대한 是非」	평론
1927. 12. 5-17	동아일보	「代筆 戀書」	소설

발표연월일	발표지	작품명	비고
1928. 1. 1-2	중외일보	「닑히기 爲한 小說―新氣運이 온 新聞小說을 봄」	평론
1928. 1.	조선지광	「生活을 爲한 藝術」	〃
1928. 5. 5-11. 27	동아일보	『짓밟힌 眞珠』	장편소설
1928. 7. 17-24	〃	「浪花의 凱歌를 딸하 發動船도 一片飄葉」	수필
1928. 7. 29	중외일보	「自我 忘却도 病弊」	평론
1928. 7.	여명	「임자업는 遺骸」*	소설
1929. 7.	삼천리	「半島八景」	설문
1929. 9.	어린이	「보고 생각하는 데서」	수필
1928. 11.	조선시단	「祝辭」	창간 축사
1928. 12.	별건곤	「하로 時間을 엇더케 쓰나」	설문
1929. 1.	별건곤	「當찬흔 女性에게 抗議를 바더」	수필
1929. 3. 16	조선일보	「男子업는 나라」	콩트
1929. 6. 1	동아일보	「女流 音樂家」	9인 연작소설
1929. 6.	문예공론	「버릇」	소설
1929. 6.	중성	「假想의 不良少女」	〃
1929. 8.	조선농민	「生活의 奇蹟」	수필
1929. 9. 17-10. 21	동아일보	「荒原行」	5인 연작소설
1929. 9.	별건곤	「이쏠 저쏠」	수필
1929. 12.	신소설	「流産」	소설
1929.	조선일보사	「移鄕」(「쏫기어가는이들」 개제)	소설
1930. 1.	신소설	「넷 보금자리로」	소설
1930. 5.	삼천리	「『짓밟힌 眞珠』와 내 心境」	수필
1930. 5.	삼천리	「雅號의 由來」	설문
?	?	「魑魅의 亂舞」*	소설?
1931. 4.	별건곤	「一問 一答記」	설문
1931. 7. 25	매일신보	「白頭山 가는 길에」	수필
1931. 10. 3-1932. 9. 29	매일신보	『그들은 어대로』	장편소설
1932. 5.	삼천리	「文士 座談會」	김동인 외
1932. 7.	〃	「술 업스면 다른 것으로」	설문
1932. 12.	별건곤	「今年은 이러케 합시다」	설문
1933. 2.	신여성	「稱號부터 不可當」	수필
1933. 3.	삼천리	「海外로 遠走하려고」	〃
1933. 4.	〃	「셰 집 어드러」	〃
1933. 9. 15	매일신보	「建設 途中의 國都 新京」	〃
1934. 1.	별건곤	「各界 各人 新年 誌上 멘탈 테스트」	설문
1935. 1.	삼천리	「흙의 洗禮」	재수록

연구 목록

김기진, 「우리가 걸어온 길 30년 (3)」, 『사상계』, 1958. 19.
김동인, 「왜 벌서 갓는가」, 『매일신보』, 1935. 4. 26
김복진, 「성해의 코물」, 『조선문학』, 1939. 3.
김영숙, 「성해 이익상의 생애와 문학」, 『자하어문논집』 제17집, 상명어문학회, 2002.
김 철, 「성해 이익상론」, 『잠 없는 시대의 꿈』, 문학과지성사, 1989.
김해강, 「나의 문학 60년」, 최명표 편, 『김해강시전집』, 국학자료원, 2006.
매일신보, 「소설가 이익상씨와 씨의 육필 원고」, 1927. 8. 7
민병휘, 「조선푸로작가론」, 『삼천리』, 1932. 9.
박범신, 「이익상 소설 연구」, 고려대교육대학원 석사논문, 1984.
박영희, 「신경향파의 문학과 그 문단적 지위, 금년은 문단에 잇서서 새로운 첫거름을 시작하엿다」, 『개벽』, 1925. 12.
_____, 「문예운동의 과거 1년간의 과정」, 『중외일보』, 1928, 1. 1
박월탄, 「3월 창작평」, 『개벽』, 1925. 4.
박종화 외, 「3월 소설 창작 총평」, 『조선문단』, 1925. 4.
방인근, 「2월 소설평」, 『조선문단』, 1926. 3.
_____, 「인물평, 성해」, 『문예공론』, 1929. 6.
배상철, 「문인의 골상학: 金局土體의 이익상」, 『중외일보』, 1930. 8. 19
상 화, 「지난달 시와 소설」, 『개벽』, 1925. 6.
송하춘, 「이익상론」, 『국어문학』 제20집, 국어문학회, 1979.
신석정, 「나의 문학적 자서전」, 『난초잎에 별이 내릴 때』, 예전사, 1984.
신춘호, 「이익상론」, 『어문논집』 제18호, 안암어문학회, 1977.
안 서, 「성해여! 명목하라」, 『매일신보』, 1935. 4. 24

안석영, 「조선 문단 삼십년 측면사」, 『조광』, 1939. 5.
염상섭, 「문단시평」, 『신민』, 1927. 2.
오창은, 「식민지 일상성과 생활의 곤란―이익상 소설을 중심으로」, 『우리말글』 제39집, 우리말글학회, 2007.
오창은, 「'저항의 논리'에서 '생활의 수락'으로」, 『그믐날 (외)』 해설, 범우사, 2007.
元湖漁笛, 「『황원행』 독후감 (1-4)」, 『동아일보』, 1929. 11. 7-10
월 탄, 「영결 성해」, 『매일신보』, 1935. 4. 23
유 엽, 「통곡 성해」, 『매일신보』, 1935. 4. 25
_____, 「성해 이익상」, 『현대문학』 통권 제157호, 1968. 3.
유철종, 「성해 이익상 문학 연구」, 충남대대학원 석사논문, 1987.
유춘섭, 「『키 일흔 범선』을 읽고 (상-하)」, 『조선일보』, 1927. 8. 28-30
이수창, 「문단 제가의 측면관 (11)」, 『중외일보』, 1928. 8. 19
이조욱, 「이익상연구」, 인하대교육대학원 석사논문, 1984.
일기자, 「문사들의 얼골 (2)」, 『조선문단』, 1926. 5.
장순희, 「한국 신경향파 소설의 현실 대응 양상 연구―이익상, 주요섭을 중심으로」, 한국외국어대대학원 석사논문, 1999.
주요한, 「취제의 경향과 제3층 문예운동―신년호 소설 월평」, 『조선문단』, 1927. 2.
채 훈, 「성해 이익상론」, 『진단학보』 제37호, 1974.
_____, 「1920년대 작가 연구」, 숙명여대대학원 박사논문, 1976.
최독견, 「이익상 형에게 주는 글」, 『현대문학』, 1963. 2.
최명표, 「생활 중심 문학의 선구적 모습―이익상 단편소설론」, 『이익상단편소설전집』, 현대문학, 2009.
최상덕, 「곡 성해 대형」, 『매일신보』, 1935. 4. 21
춘 해, 「2월 소설평」, 『조선문단』, 1926. 2.

편자 **최 명 표**

- 문학박사, 문학평론가
- 전북대학교대학원 국어국문학과 수료
- 계간 『문예연구』 편집위원
- 편서 : 『김창술시전집』, 『김해강시전집』, 『윤규섭비평전집 1』
  『인식론적비평과 문학』
- 저서 : 『전북지역시문학연구』, 『전북지역아동문학연구』,
  『한국근대소년소설작가론』, 『해방기시문학연구』
- 평론집 : 『균형감각의 비평』, 『아동문학의 옛길과 새길 사이에서』

이익상문학전집 Ⅳ
평론 · 기타

인 쇄	2011년 5월 26일	
발 행	2011년 6월 1일	

저 자	이 익 상	
편 자	최 명 표	
발 행 인	서 정 환	
발 행 처	신아출판사	

출판등록	1984년 8월 17일 제 28호
주 소	전주시 완산구 태평동 251-30
전 화	(063)275-4000, 252-5633
팩 스	(063)274-3131
메 일	sina321@hanmail.net

값 25,000원(전4권 100,000원)

ISBN 978-89-5925-861-1 04810
ISBN 978-89-5925-857-4 (전4권)

※ 저자와 협의하여 인지는 생략합니다.
※ 잘못된 책은 바꿔드립니다.